德国保安处分制度研究

赵冠男 ◎ 著

湖南师范大学出版社

·长沙·

图书在版编目（CIP）数据

德国保安处分制度研究 / 赵冠男著. —长沙：湖南师范大学出版社，2021.9

ISBN 978-7-5648-4330-4

Ⅰ.①德… Ⅱ.①赵… Ⅲ.①保安处分—司法制度—研究—德国 Ⅳ.①D951.668

中国版本图书馆 CIP 数据核字（2021）第 169011 号

德国保安处分制度研究

Deguo Baoan Chufen Zhidu Yanjiu

赵冠男　著

◇出 版 人：吴真文
◇责任编辑：孙雪姣
◇责任校对：胡晓军
◇出版发行：湖南师范大学出版社
　　　　　　地址/长沙市岳麓区　邮编/410081
　　　　　　电话/0731-88873071　88873070　传真/0731-88872636
　　　　　　网址/http：//press. hunnu. edu. cn
◇经销：新华书店
◇印刷：湖南雅嘉彩色印刷有限公司
◇开本：710 mm×1000 mm　1/16
◇印张：14.75
◇字数：245 千字
◇版次：2021 年 9 月第 1 版
◇印次：2021 年 9 月第 1 次印刷
◇书号：ISBN 978-7-5648-4330-4
◇定价：68.00 元

内容提要

从理念上，李斯特（Franz von Liszt）于 1882 年在《刑法中的目的观念》一文中第一次提出"保安处分措施"的设想；从立法上，1933 年《惯犯法》将"保安处分措施"正式写入刑法。发展至今，德国保安处分制度与传统刑罚措施并存于德国刑事处罚体系之中，形成了具有代表性的德国刑罚体系的"双轨制"。

以宾丁（Karl Binding）为代表的德国刑法古典学派秉持刑事处罚纯粹的"报应性"本质，虽然在理论和逻辑上具有显著的自洽性，但在面对不断恶化的社会治安局面时却显得"办法不多"甚至"束手无策"。这在一定程度上说明，以李斯特为代表的德国刑事现代学派倡导"目的刑罚"，具有特定的时代背景和实践因应。世纪之交的新旧派论战，促使"目的刑罚"理论在德国刑法学界乃至更为广阔的范围内获得广泛认可，从而为保安处分措施写入刑法以及保安处分制度的正式建立奠定了理论基础，提供了正当性证明。

保安处分制度与传统的刑事处罚措施，在抽象的价值定位、具体的制度设置以及最终的适用目标等方面存在着巨大的差异。对于一般的刑事处罚措施的正当性证成，难以当然地适用于对于保安处分措施合理性的说明。相较于对刑罚措施正当性的普遍认可，德国保安处分制度屡屡亟需面对"侵犯人权"的诟病。鉴此，对保安处分制度在刑法理论上进行论证的目的，就在于使得保安处分措施区别于传统的刑罚措施而获得自身的正当性。

德国保安处分制度主要包括《德国刑法典》所规定的六种具体的保安处分措施。保安处分制度借由对具体犯罪（人）的有效预防来达成犯罪惩处的有效目的。在这一总体目标的指导下，各个具体的保安处分措施在适用过程中对刑事政策目的的侧重点各有不同。整体而言，六种保安处分措施预防犯罪的刑事政策目的之实现均以"行为人"为核心，在对犯罪人"人身危险性"进行分析确定的基础之上，由法院判处与其人身危险性及其程度相适应的保安处分措施。法院对行为人科处保安处分措施，原则上应通过完全的法院审判程序。在对行为人最终确定科处保安处分措施之前，司法者须绝对地确信，行为人的个人情况已经完全满足刑法典所规定的形式及实质要件。

在形式与实质条件之间，存在着决定与被决定的关系。即，实质条件决定形式条件，而形式条件的确定实际上是对实质条件存在的确证。法院对行为人判处保安处分措施，不论何种，行为人均须具有相当程度的人身危险性，即行为人在将来很有可能继续犯罪而危害社会，此系保安处分措施科处的实质条件。而且，在整个保安处分措施判处以及执行的过程中，行为人及其人身危险性始终是司法以及执行机关所应关注的重中之重。在执行过程中，倘若行为人人身危险性消除或者在程度上有明显降低，则法院应决定将对行为人判处的保安处分措施缓期执行或者提前宣告执行结束。由此可见，不管是对行为人判处保安处分措施，对其具体执行保安处分措施，还是决定不再对其（继续）执行保安处分措施，均由行为人的人身危险性所决定。与此同时，鉴于行为人之人身危险性很大程度上指的是行为人再次犯罪的可能性，故在规定、判处及执行保安处分措施的全过程中，整个保安处分制度运转的内核就在于行为人个人权益的剥夺与社会公共利益的保护之间的衡量与平衡。因此，保安处分制度适用的理想状态也就应该是，以对个人权益的最小侵害，来达到对社会安全利益保护的目的。

目 录

研究缘起：德国保安处分制度的"模糊轮廓"

作为近代刑法或曰刑事制裁体系的一项重要制度，"保安处分（Maßregeln der Besserung und Sicherung）"已被公认为近代刑法进步的重要表现。不论是保安处分理念被体系化地提出并证阐，还是保安处分作为一种制度被正式写入刑法，均属刑罚发展史上具有里程碑意义的事件。与我国刑法学界对保安处分这一概念和制度所持的一般性理解不同，德国保安处分制度具有其特殊性。可以说，德国保安处分制度作为世界范围内保安处分制度的典型代表，对于我国刑法学界而言还属于一个"熟悉的陌生人"。这一论断的根据主要包括以下三个方面：

第一，如何定义保安处分，存在分歧。

我国刑法学界对保安处分的界定存在广狭二义。广义上看，保安处分是指"国家刑事法律抑或行政法规所规定的，对有害的人或物所采取的，旨在消除其危险状态、预防犯罪、保持社会安全的各种治疗、矫正措施的总称"[1]。或者说，"保安处分，是国家刑事法律和行政法规所规定的，对实施了危害行为的无责任能力人、限制责任能力人以及其他有相当人身危险性的人所采取的，代替或补充刑罚而适用的，旨在消除行为者的危险状态、预防犯罪、保卫社会安全的各种治疗、矫正措施的总称"[2]。而狭义上的保安处分，则是指"刑法所规定的，对有害的人或物所采取的，旨在消除其危险状态、预防犯罪、保持社会安全的各种治疗、矫正措施的总称"[3]。对

---

① 马克昌：《外国刑法学总论（大陆法系）》，中国人民大学出版社 2009 年版，第 476 页。
② 苗有水：《保安处分与中国刑法发展》，中国方正出版社 2001 年版，第 1 页。
③ 马克昌：《外国刑法学总论（大陆法系）》，中国人民大学出版社 2009 年版，第 477 页。

之进一步限缩和细化，保安处分是指"以特殊预防为目的而设立的刑罚以外的刑法上的法律效果"①，也可以说，是指"以特殊预防为目的，以人身危险性为适用基础，对符合法定条件的特定人所采用的以矫正、感化、医疗等方法，改善适用对象、预防犯罪的特殊措施"②。

对上列定义略加分析和梳理可以发现，对保安处分所作广狭之义的区分，关键区别有二：其一，保安处分是仅能由刑事法律加以规定，还是亦可由行政法规予以规定；其二，保安处分是仅可对"人"科处，还是亦可对"物"适用。

虽然德国刑法学者并未重点讨论保安处分的定义问题，但由保安处分措施的范围观之，能够探知德国刑法中保安处分的内涵与外延。在德国刑法学界达成普遍共识的是，"保安处分"作为一种理念，最先源于弗兰茨·冯·李斯特（Franz von Liszt）在《刑法中的目的观念》一文中对"目的刑罚"理论的倡导。③ 所谓的目的刑罚，顾名思义，指的就是刑法中的刑罚措施，除了德国刑法古典学派所坚持的"报应"本性之外，为更好地惩处与预防犯罪，理应追求一种"目的"。在李斯特看来，这种目的就在于对犯罪的预防以及对社会秩序的维护。按照对犯罪人的三类界分——需要被改造的犯罪人、能够被改造的犯罪人以及不能被改造的犯罪人，李斯特提出了刑罚的威慑、改造以及防卫三大目的。因李斯特将犯罪预防重点置于具有人身危险性的犯罪人身上，故其预防思想又被称为"特殊预防"。需要指出的是，在《刑法中的目的观念》一文中，李斯特并未明确提出保安处分措施的制定以及相关制度的构建，因为在其看来，保安与处分应当作为全部刑罚措施实施的目的。实际上，从其所著《德国刑法教科书》第 18 版开始，李斯特才首次提出并论证了在刑法中对保安处分措施单独立法的设想与规划。

并无疑问的是，保安处分作为一种理念得以产生并不断扩大影响，作为一种制度得以构建并最终写入刑法，成为与刑罚措施相并列的刑事制裁体系"双轨制"中的一轨，均得益于李斯特在其刑法著述中对之展开的系

---

① 马克昌：《比较刑法原理：外国刑法学总论》，武汉大学出版社 2002 年版，第 872 页。
② 马克昌：《刑罚通论》，武汉大学出版社 1999 年版，第 758 页。
③ 关于李斯特对于保安处分所进行的思想上的思考及制度上的构建，详见本书第二章第一节的相关论述。

统思考，以及在刑法典草案拟定过程中对之进行的积极倡导。从李斯特对保安处分的相关论述中，我们可以得出关于保安处分的两点基础的共性认识：一者，保安处分的制度目标就在于实现预防犯罪、保护社会的特殊预防目的；二者，保安处分的特殊预防目的决定了这一措施的适用对象系具有人身危险性的行为人（犯罪人）。立基于此，可以进一步简要考察德国保安处分的理论与实践，并对我国学者关于保安处分的界定加以评判。

关于保安处分措施是否只能存在于刑事法律之中，抑或能够以行政法规加以规定这一问题，考察德国保安处分的现行规定不难发现，严格意义上的保安处分措施只能由刑法加以规定。自保安处分作为一种理念被提出，历经《瑞士刑法典》将之首次写进刑法，以及此后这一制度在世界范围内不断扩大影响，其制度目标从未发生变化：一是保护社会免受将来犯罪的侵害；二是对犯罪人予以改造。达致以上目的均需以对行为人一定权益的剥夺为条件。甚至，德国刑法中所规定的三种剥夺自由的保安处分措施的执行需以对行为人自由的完全剥夺为条件。必须承认，保安处分措施的科处与执行同样意味着对行为人基本权益的剥夺，其严酷性实质上与刑法中规定的传统刑罚措施相当。故而，此类措施只能由作为最后手段的刑事法律加以规定，而在行政法规中规定的行政处罚与保安处分措施之间存在着天然的隔阂与本质的差异。

明确了这一点，部分学者提出的我国现行法律规定了保安处分措施的主张显然难以成立，因为其所指涉的保安处分措施，实际上均为行政法规中规定的劳动教养、收容教养等行政性强制措施。[①] 我国行政法规针对违法者（并非犯罪人）规定了长时间剥夺人身自由的劳动教养等处罚措施，诸多学者就此提出了侵犯人权的质疑与诟病。[②] 在 1997 年刑法全面修改过程中，更有不少学者提出了将行政法规中规定的劳动教养等措施以保安处分的形式规定纳入刑法的设想。[③] 以上观点的共通之处在于，对于意在实现特

---

① 参见苗有水：《保安处分与中国刑法发展》，中国方正出版社 2001 年版，第 140 – 173 页；侯保田：《我国现行法中的保安处分》，载《法律科学（西北政法学院学报）》1994 年第 4 期。

② 参见梁根林：《劳动教养何去何从》，载《法学》2001 年第 6 期；陈忠林：《我国劳动教养制度的法律困境、价值危机与改革方向——关于制定〈强制性社会预防措施法〉的设想》，载《法学家》2004 年第 4 期。

③ 参见屈学武：《保安处分与中国刑法改革》，载《法学研究》1996 年第 5 期；喻伟：《保安处分刑事立法化——我国刑法改革上的重大议题》，载《法学评论》1996 年第 5 期。

殊预防目的的保安处分措施，由于其自身所具有的与刑罚措施相当的严厉性，应将之规定在刑法当中。之所以很多学者认为我国存在保安处分措施，是因为其将"保安处分措施"与"具有保安处分性质的措施"两个概念相混淆，而两者的重要区别就在于，"保安处分措施"限定于刑法中明文规定的制裁措施，而"具有保安处分性质的措施"则无此限制。相应地，我国行政法中规定的相关措施只能归于"具有保安处分性质的措施"。

就保安处分的适用对象限于"人"还是包括"物"这一问题，以上论述同样具有可适性。基于保安处分所具有的犯罪预防与犯罪人改造的双重目的，其理应限于对具有人身危险性的行为人进行适用。在此之外，对物适用的措施也只能属于前文所述的"具有保安处分性质的措施"。此类措施在刑法以及相关法律尤其是程序法中大量存在，对于其中相当部分措施（典型的如对犯罪所用之物的没收），犯罪预防无疑属于其所追求的目标之一。但对犯罪人改造的目的并非其所追求的，也非通过此类措施所能达到的。

基于我国刑法学界对于保安处分的多种定义，归结定义之间所存在的实质差别，结合德国刑法中保安处分的规定与实践现状，笔者认为，可对保安处分界定如下：所谓保安处分，是指为保护社会免受将来犯罪的侵害，对具有人身危险性的行为人适用的剥夺其一定权益的具有相当严厉性的刑事制裁措施。

第二，如何翻译保安处分，存在不足。

除我国刑法学界对于保安处分的定义与德国刑法中的保安处分实践存在明显差别之外，我国学者对于保安处分的翻译亦有明显不足。在《刑罚通论》一书中，作者用"保安措施"一词代替了"保安处分"。原因在于，根据《现代汉语词典》的解释，"处分"的词意是"对犯错误或犯罪的人按情节轻重做出处罚决定，也指这种处罚的决定"；而"措施"的词意是"针对某种情况而采取的处理方法"。可是西方国家的"保安处分"制度中的"更生保护"，并不是什么处罚，而是一种保护性措施。① 依笔者之见，以中性的"措施"代替贬义的"处分"一词值得赞同，但认为保安处分"并不是什么处罚，而是一种保护性措施"的观点却有失偏颇，有矫枉过正之嫌。

---

① 马克昌：《刑罚通论》，武汉大学出版社1999年版，第755页。

对应我国刑法学者所一贯使用的"保安处分"一词，《德国刑法典》第六章的德语原文表述是"Maßregeln der Besserung and Sicherung"，应直译为"改造与保安措施"。对照中文"保安处分"、英文"security measures"与德文"改造与保安措施"，可以明显看出，在中英文的表述方式中，只看到了这一措施惩罚性的处分的一面，也就是在德语表述中的社会防卫的保安的一面，而忽略了此类措施对行为人改造（Besserung）的一面，也就是保护性措施的一面。因此，在对这一制度的名称进行确定时，以"措施"替代"处分"无疑是必要的，但只关注"保安"或"矫正"一面均为片面，而应对"保安"与"改造"的双重目的予以重视。

需要进一步指出的是，在德国保安处分制度的发展过程中，"保安"与"改造"两个词语的顺序有过变动。在最初李斯特提出保安处分理念以及1933年保安处分措施最终写入刑法之时，保安处分的称谓为"保安与改造措施（Maßregeln der Sicherung and Besserung）"，保安在前，改造在后。在之后的刑法改革进程中，立法者转换了二者之间的顺序，采用了现在的术语表述方式。这种先后顺序的变动更加说明在保安处分执行过程中犯罪人改造相较于社会防卫的优位性，亦表现出保安处分措施对犯罪人人权的重视与保护。①

第三，为何研究保安处分，过于功利。

德国保安处分制度是我国刑法学界"旧相识，新朋友"的第三个表征，在于我国学者对于保安处分研究的功利与片面。回顾已有研究，我国保安处分研究者的关注主要在于在中国刑法中引入保安处分规定的可能性，以及按照保安处分对劳动改造等行政处罚进行修改和整合的可行性。然而，从上文我国学者对于保安处分定义与德国保安处分制度所存显著差异、对保安处分翻译的偏颇以及对德国保安处分制度了解的不足应当看到，德国保安处分制度对于中国刑法学界略为陌生的一面不容忽视。

以上关于保安处分在我国刑法理论当中现实处境的简要勾勒，构成了本书研究的缘起与背景。从了解域外法律实践、比较类似法律规则、构建中国特色制度等多个维度，研究德国保安处分制度均属必要。

---

① 为理解方便，笔者仍然采用我国刑法学界通用的"保安处分"术语。

第一章
德国保安处分制度的理论基础

传统意义上，刑罚科处应以"罪过（Schuld）"为前提。[①] 也即，只有当行为人的行为具有可责难性时，才可对行为人判处刑罚；对犯罪人判处刑罚的严厉程度亦应与犯罪人的罪过大小相一致。可是，刑法的任务并不能仅仅止于对犯罪人罪过的"抵消"以及在此基础上更深层次的对刑法规范所规定内容的实现及对刑法规范内在价值观念的强调。随着社会的不断进步以及刑法理论的不断发展，刑法应该将其可发挥作用的领域扩展到对犯罪行为破坏的社会秩序的恢复以及在面对将来可能发生的犯罪行为时对社会整体利益的保障。由此，对犯罪人科处刑罚还应着眼于另外一个目的的实现：通过刑法规范中对犯罪以及其后果刑罚制裁的规定以及在发生犯罪时及时地实现对其所规定的刑罚制裁，实现刑罚的预防功效，将对法益的潜在侵害消灭于无形，以达到防患于未然的效果。

在对社会进行控制与管理的过程中，刑法的地位及作用变得越来越重要，其任务也不可避免地变得越来越繁重。欲使刑法承担预防性法益保护的任务，只采取事后惩罚属性的传统刑罚手段是远远不够的。在此可以列举传统刑罚手段应对犯罪事先预防之不足的典型例证：一如，存在一类犯罪人，其虽已作出严重侵犯法益的触犯刑法的行为，但是因为其本身并不具备刑法所要求的罪过要件，因此最终并不能对其判处刑罚措施；但若止

---

① 根据我国刑法学界对"刑罚"的传统定义，刑罚是国家创制的、对犯罪分子适用的特殊的制裁方法；是对犯罪分子某种利益的剥夺，并且表现出国家对犯罪分子及其行为的否定评价。刑罚措施的适用对象具有特定性，只能对触犯刑律构成犯罪的人适用，无罪的人绝对不受刑事追究。可见，刑罚措施所针对的就是"有罪过的犯罪人"。参见高铭暄主编：《刑法学原理（第三卷）》，中国人民大学出版社 2005 年版，第 23 页、第 31 页。

于此，则在将来其可能继续从事侵犯法益的行为。典型的如精神病人。二如，存在一类犯罪人，尽管根据其罪过及其程度，其已经得到了应有的刑罚处罚，但是却不能断言，在刑罚执行完毕之后，犯罪人会得到彻底的改造，并保证重返社会后不会再做出侵害法益的其他犯罪行为。典型的如刑法中规定的累犯或惯犯。

在传统刑罚手段失效的领域内，为有效实现刑法的法益保护及社会秩序维护的功效，生发出了一类独立的、与传统刑罚措施存在本质差异的刑事制裁措施——保安处分。与传统刑罚本质有别的"第二条路径"在性质上属于纯粹的预防性措施，此类措施的判处并不以符合构成要件的、违法的、有责的"犯罪"为必要前提，在司法机关科处、裁量与执行此类措施的过程中，犯罪人的罪过有无及其程度大小并不在考虑之列。由上可知，先有传统刑罚，后有与之并列且完全独立的保安处分。而保安处分的创设恰恰是为了弥补刑罚措施在犯罪惩处方面"惩罚有余而预防不足"的天然弱点。

传统刑罚缺乏犯罪预防的针对性与有效性，并非因为刑罚功能缺乏（一般/特殊）预防的侧面，由于德国刑事古典学派对刑罚措施纯粹报应性的坚守与执着，其实际上很难接受刑罚措施的预防属性。与刑事现代学派的关注重点有所不同，刑事古典学派以犯罪、刑罚及其相互关系为恒定的研究重点领域。保安处分与之基本绝缘，任何一个正统的刑事古典学派学者都未曾对保安处分进行细致的论证或认真的分析，整个刑事古典学派对保安处分措施的关注仅在于从中找到对刑事现代学派进行有力抨击的证据。

论争甫初，德国刑事现代学派旨在从理念、制度、实践等各个层面革新刑罚措施，刑事现代学派与古典学派分庭抗礼，提出了目的刑罚理论，力争将己方理论在德国刑法典制定与修改过程中予以贯彻。实力上的悬殊导致现代学派在此后放弃与古典学派争夺"传统刑罚措施"这一核心阵地，转而着力于对保安处分之理论阐发与制度构建，进而将保安处分措施定位为与刑罚措施"完全独立"、与行为人罪过"完全脱离"的刑事制裁措施种类。可以说，传统刑罚的根本理论依据在于刑事古典思想，而刑事现代思想也主要在保安处分领域得到了完全的实现和贯彻。一定程度上，新旧两派学者的理论争鸣恰恰代表了传统刑罚措施与新兴保安处分之间的激烈碰撞以及我中有你、你中有我的纠结关系。而在后文的论述中，就保安处分措施的立法沿革、保安处分措施的判处条件、保安处分措施特别是监禁型保安处分措施的具体执行等问题，对保安处分措施的论述均离不开其与传统刑罚之间的区别与联系。

1871 年德意志帝国刑法典的颁布被认为是德国刑法历史上最具里程碑意义的事件，这一方面是因为现行德国刑法典就是在 1871 年德意志帝国刑法典的基础上不断修改完善而产生的，1871 年德意志帝国刑法典自颁布之后一直沿用至今，已有一个半世纪的历史；另一方面，从德国刑法思想史的角度来看，其标志着自康德之后在德国刑法思想领域处于支配地位的"人的道德自由"理论的破产。按此理论，刑罚是对已经产生的不法行为的报复，因此是道德秩序重建的手段。相应地，人们期待具有道德上自由的个人能够因刑罚威慑的存在而适法行为。以此为基础，刑法古典学派主张"报应刑罚"理论，但社会现实与刑事古典学派的构想相去甚远，犯罪活动非但没有减少，反而日益猖狂。对于具有严重社会危害性的无刑事责任能力人以及惯犯群体，社会应该作何反应？关于这一问题，刑事古典学派难以给出令人满意的回答。由此出现了一条理论上的新兴路径，将犯罪行为作为一种社会现象，并承认犯罪行为产生的原因是多样的。

以李斯特为旗手的刑法新派产生于 19 与 20 世纪的交际处，自此之后，刑法古典学派与现代学派之间针锋相对的论战与争鸣从未停息，保安处分无疑属于两派学者论战的"暴风眼"。当然，也正是因为刑法古典学派有力的反对观点的存在，才使得保安处分在理论上能够不断发展进步。探求德国保安处分制度的理论根基及正当性证明，从李斯特以及现代刑法学派的观点以及论著着手固然必要；但只有对刑法古典学派的学术观点尤其是其对保安处分提出的合理质疑同样予以关注、分析及理解，才能获得对保安处分之理论基础的全面认识。

第一节 刑事现代学派的观点

一、刑事现代学派的基本立论

在犯罪为何产生以及社会对犯罪应作何反应等问题的回答上，刑事现代学派将犯罪作为一种社会现象来进行分析处理，因此刑事现代学派又被称为"刑法社会学派（die soziologische Schule）"。

作为刑事现代学派的奠基人，李斯特被誉为"现代刑法学之父"。其在以"马堡计划（MarburgerProgramm）"之名闻名于世的《刑法中的目的思想》一文中，①对刑事政策以及刑罚理论提出了自己的独到见解。刑事古典学派一贯主张，刑罚是对犯罪的正义报复（die gerechte Vergeltung），应以犯罪人的答责性（Verantwortlichkeit）为基础，由此刑罚是面向过去的（Vergangenheitsbezogen）。与之相反，李斯特主张刑罚目的应着眼于对社会整体的法益保护，因此应是面向未来的（zukunftsbezogen）。相应地，李斯特认为应将刑罚目的或功能区分为三个方面：威慑（Abschreckung）、改造（Besserung）和无害化处理（Unschädlichmachung）。刑罚三个方面的功能分别对应三类犯罪人群——需要改造（besserungsbedürftig）的犯罪人、能够改造（besserungsfähig）的犯罪人和不能改造（nichtbesserungsfähig）的犯罪人。②

而且，刑事法律科学的任务就在于将犯罪行为作为一种社会现象进行研究。逻辑上，若将犯罪行为视为一种社会现象，并将刑罚视为一种社会性的应激反应，那么刑法学研究的对象就不仅仅是（或说主要是）犯罪行为（Straftat）本身，而应该是作为其主体（同时也是社会主体）的犯罪人（Täter）。"行为刑法"向"行为人刑法"的转向，属于刑事现代学派的重要研究理路。

二、刑事现代学派对刑罚与保安处分之间关系的观点

李斯特将刑罚定位为预防将来犯罪的有效手段，但并未将传统刑罚与保安处分加以区分。从内涵上看，所有用以犯罪预防的刑事制裁手段均应归为刑罚的范畴，而从范围上看，李斯特所倡导的目的刑罚实则包括了必要情况下对保安处分措施的运用。比如，李斯特认为，哪怕是对于不可改造的"天生犯罪人（Triebtäter）"也可适用刑事处罚。

---

① 该文为李斯特于1882年到马堡大学任教时发表的就职演讲。也正由于李斯特在马堡大学任教时所产生的巨大影响，之后在德国刑法学界出现了著名的"马堡学派"，主要致力于刑事政策的研究。

② Liszt, Zweckgedanke im Strafrecht, S. 161 – 169.

在立法论的层面，在其于 19 世纪末提出的德国刑法典草案中，李斯特第一次提出了对于保安处分措施的立法构想。在其研究瑞士刑法改革的一篇论文中，① 李斯特对瑞士刑法典引入保安处分措施的规定充满赞誉之词，并表示，其坚决认为刑法最重要的目的在于有效地与犯罪行为作斗争。但在李斯特的设想中，传统刑罚和保安处分服务于同一目的，并无严格区分的必要。在其所著《德国刑法教科书》中，直到第 18 版，李斯特才对刑罚与保安处分的细致区分发表了自己的观点。②

在教科书中，李斯特对于保安处分作如下定义：所谓保安处分，本质上是一种"国家性措施（staatliche Maßregeln）"，其目的在于"促进犯罪人再社会化或者将无法再社会化的犯罪人从社会中剔除"。在李斯特看来，将刑罚与保安处分完全区分开来并不现实。如果为实现有效预防犯罪目的而在刑罚之外同时对犯罪人判处保安处分，则保安处分也就具有了刑罚措施的实质。刑罚措施与保安处分类似于两个独立的圆，但是这两个圆有相交的区域，在这个区域里面这两种措施可以相互转换。或者说，作为刑事制裁体系的组成部分，刑罚与保安处分具有共通性。

李斯特认为绝对存在对刑法进行改革的必要性，但对立法者来说，其面对的情况要比刑法学家复杂得多。刑事立法不仅要吸取刑法学界针对刑法改革所提出的各类观点，刑法具体条文的拟定同时需要与具体的社会现实相结合，切实解决现实中出现的刑法与社会问题。③ 事实上，在对于刑法学界观点的吸取方面，立法者并未有自己的独立观点或鲜明立场，也并未真正地参与到刑法学界与此相关的讨论当中，而只是一味让步和居中调解。最终的结果就是，在各界公认刑法改革必要性的前提下，对于改革的指导思想和具体理路，并未达成共识。当然，由于缺乏统一的刑法改革思想，刑事古典学派和刑事现代学派在刑法改革中都能够检验和实践自己的理论。

对于刑法改革的重点，李斯特认为有以下几点：在对于犯罪的刑法评价中，我们应分析的重点不在于"犯罪行为"，而应是犯罪行为的实施者——"犯罪人（Täter）"；在对"犯罪人"分析当中，不仅应看到其犯罪行

---

① Liszt, Vorentwurf eines schweizerischen Strafgesetzbuchs, S. 94 – 132.
② Liszt, Lehrbuch des deutschen Strafrechts, S. 251.
③ Liszt, Revision des Strafgesetzbuchs, S. 356 – 410.

为所带来的危害结果以及所导致的法益侵害，更应该看到犯罪人内在的"犯罪意志（innere Gesinnung）"；对于"犯罪意志"，我们不应该简单地理解为是犯罪人的"犯罪动机（Tatmotive）"，而应将其视作犯罪人的"反社会（antisoziale）的主观意志"，从而对"犯罪人"的整体作出综合性判断。总体而言，我们改革后的刑法应是"犯罪人刑法（Täterstrafrecht）"，而非"犯罪刑法（Tatstrafrecht）"。

刑罚裁量同样也应如此进行。李斯特对刑法典中所规定的对累犯的加重刑罚措施提出了批评，并不是出于这样做可能对累犯者产生的消极后果，而是因为李斯特认为，若是仅仅只对惯犯规定加重刑罚的措施，那么不可改造的初犯（Ersttäter）则有可能被刑法网开一面，并未有针对性地加重其刑罚。

在刑事处罚体系的构建上，李斯特认为应严格按照对犯罪人所划分的三种类型分别作出不同的刑法反应，应尝试对三类不同的犯罪人群规定不同的处罚措施。其中，李斯特特别强调将监牢（Zuchthaus）[1] 与监狱（Gefängnis）区分开来，因为在很多情况下并不能确定犯罪人是否存在改造可能，李斯特对不确定的或者附条件的刑罚表示支持。李斯特认为对青少年犯罪人群的教育改造十分重要。对于这一人群，因其本身存在较大的可塑性，品行、性格等关键因素也未定型，对其予以改造的效果要比对其他的成年犯罪人明显得多。李斯特主张，为保障社会免受绝对不可改造的对社会具有危险性的犯罪人的侵害，应将此类犯罪人进行无害化处理，即对其予以终身监禁，将其永远从社会中剔除出去。李斯特认为，这一犯罪人群主要包括两大类：一为常习犯，二为对社会具有危险性的但对其不可归责的犯罪人。至于不可归责的情况，主要是指犯罪人本身无刑事责任能力而被免于处罚或具有减轻刑事责任能力状况而被减轻处罚。在将犯罪人予以分类之后，李斯特认为并无必要按照犯罪行为本身的危害性再对其进行分级，这也是李斯特犯罪人刑法替代犯罪刑法思想的直接体现。[2]

---

[1]　监牢与一般监狱的不同之处主要在于，监牢中监禁的条件要严于一般的监管机构；在执行过程中，犯罪人要从事繁重的体力劳动；且监管人员可对犯罪人施加体罚措施。

[2]　Liszt, Lehrbuch des deutschen Strafrechts, S. 393.

第二节 刑法古典学派的观点

一、刑法古典学派的基本立论

秉持现代国家的自由法治观念，刑法古典学派以人的自由意志为其理论基点。① 既然承认人具有自由意志，那么对于在自由意志支配下做出的行为及其产生的后果，人就应承担责任。具体到刑法领域，罪过（Schuld）、赎罪（Sühne）及报复（Vergeltung）等概念均以自由意志为前提。

当然，在刑事古典学派阵营内，也存在对于保守国家主义思想因素的接纳。在国家主义观念的影响下，"刑罚的本质与目的"一方面被认为是专制的国家权力的体现，另一方面通过规定刑罚适用的前提及范围而对刑罚予以限制。刑事古典学派通过刑法的自由、责任以及罪过思想，认为刑罚是犯罪的必然后果，是对罪行的正义报复；刑罚的动用是对法律秩序之不可违背性与不可侵犯性的有力证明，是绝对维护国家权力的有力保障；受到刑罚处罚的犯罪人实在是"罪有应得"。② 此外，对于受害人的赔偿也是对报应刑之正当性的有力证明，因为刑法的目的主要在于法益保护，当法益受到侵害时，理应对侵害法益的行为当即做出刑罚反应。③

从社会整体民意的真实反映中、从实证研究的统计结果中得出报应刑罚的正当性证明，意味着对康德、黑格尔对刑罚正当性的形而上学证明（metaphysische Begründung）路径的偏离与背弃。并且，此种理论取向同时为引入新的刑罚目的开辟了道路，在纯粹的报应刑罚目的之外，论者们并不排斥刑罚的一般预防目的（Generalprävention）的存在。这也可以认为是刑事古典学派对现代学派的示好行为。而最终，刑事古典学派所作的理论变革与进路转化为德国刑法典的成功制定奠定了坚实的基础。当然，刑事古典学派所作的这种改变并不意味着对刑事现代学派"目的刑罚论"的完

---

① Schmidt, Geschichte der deutschen Strafrechtspflege, S. 387.
② Birkmeyer, Strafe und sichernde Maßnahmen, S. 19.
③ Birkmeyer, Strafgesetzgebung in rechtsvergleichender Darstellung, S. 97.

全赞同，因为目的刑罚的判处可能会造成对社会个体个人权益的极大侵害，多数情况下刑罚的科处完全可能是不公正或不平衡的。而在古典学派看来，个人权益的不可侵犯性绝对是自由法治国家理论的重要根基。最终采纳的折中方案为：在对犯罪人进行刑罚裁量时应以其外在的罪行及其后果为标准，而在对其罪过进行评价时主要关注的则应是其内心意志。

二、刑法古典学派对刑罚与保安处分之间关系的观点

抛开极其激烈的价值观念与政治理念的立场纷争不谈，从社会现实尤其是犯罪现状出发，即使是刑法古典学派最坚定的支持者也不得不承认保安处分措施对于一部完整的德国刑法典的不可或缺。在德国刑法典草案起草过程中，各个学派的专家学者共同努力，以 1909 年刑法典草案作为协商、妥协和折中的结果。[1] 但刑法古典学派学者坚持认为，应将刑罚与保安处分予以严格划分，若将二者混淆将存在侵害个人权益的巨大风险。同时，应将法院与主管机关的权限予以严格划分，决定科处保安处分的权力不应由法院行使。这被认为是保持刑法纯粹性及刑罚独立性的必然要求。[2]

不难看出，刑事古典学派虽认为保安处分对于犯罪惩处与预防绝对必要，虽承认刑罚也可具有预防属性、追求预防目的，虽认可目的刑罚也可在刑法中存在，但在承认保安处分措施可由刑事法律加以规定的前提下，其坚决主张，不管是保安处分的判处还是执行，权限均在行政机关或具体说是警察机关手里。由此，刑事古典学派所谓将保安处分与刑罚泾渭分明地区隔开来，更接近于之前立法中（当然不是刑法中）出现的警察监管措施。换言之，刑事古典学派虽从理念和理论层面接纳了保安处分的观点与主张，但在制度设计上，仍然在保安处分与刑法典之间筑起了一道不容突破的"防火墙"。这是刑事古典学派对其逻辑严密和理论自洽的坚守，同时也暴露出，理论或论证上的融会贯通并非同时意味着现实问题的迎刃而解，甚至会导致实践操作上的匪夷所思。

---

① Vgl. Hippel, Vorentwurf, Schulenstreit und Strafzwecke, S. 871 – 918.
② Birkmeyer, Strafgesetzgebung in rechtsvergleichender Darstellung, S. 117.

三、宾丁对保安处分的批判

卡尔·宾丁（Karl Binding）对于刑事古典学派虽不像李斯特对于刑事现代学派那么具有代表性与统治力，但是在反对刑事现代学派尤其是李斯特的学术观点的阵营中，宾丁绝对处于旗手地位。宾丁对于刑事现代学派观点的批判言语犀利且立场坚决。在其著作中，宾丁称，以李斯特为代表的刑事现代学派学者是"半吊子和法律的变节者（Dilettanten und juristische Apostaten）"，并认为其所提出的理论在现实中没有任何存在与适用的价值或必要。

可能也是因为宾丁主张保安处分与刑法没有任何关系，在《德国刑事诉讼法概论（Grundriss des Deutschen Strafprocessrechts）》一书中，他仅仅只是在引言部分对保安处分稍有提及。在此，宾丁对其一贯坚决主张的观点又予以了进一步强调。具体而言，刑法的重点应置于对犯罪人的责任确定以及对已犯罪行的制裁之上。在此之外，将保安处分措施在刑法中进行规定；将其作为与刑罚措施并列的刑事制裁措施予以适用；将精神病人与犯罪人等同视之，对其判处刑法规定的刑事制裁措施；按照目的观念对刑罚措施进行构建；将对刑罚的刚性限制予以消解，引入不确定的或者附条件的刑罚；主要依据社会的防卫需要对刑罚进行裁量；等等。以上观点、主张、尝试或规划均被宾丁认为是对刑罚的贬低和对刑法的污染，也是其绝对不能容忍的。面对日益严峻的犯罪形势，宾丁也承认可能存在"高危惯犯"这一特殊的犯罪人群，但其主张，针对这一人群只需规定更为严酷的刑罚措施即可。①

对于犯罪学上的客观发现，宾丁并未视而不见。他承认以下情形的存在：对犯罪人不能判处（额外的）刑罚，但同时若不对其判处刑罚，犯罪人将可能继续危害社会。在这种情况下，他认为，为避免犯罪人可能给社会造成的损害，应将犯罪人从社会中永远地隔离和清除。但宾丁同时提出，在任何情况下绝对不能仅仅因为犯罪人本身所存在的人身危险性就对其适用刑罚；否则，在对犯罪人适用刑罚的过程中，犯罪人不具有继续犯罪的

---

① Binding, Grundriss des Deutschen Strafprocessrechts, Einleitung IV.

人身危险性的情况反过来就可作为对其科处刑罚的有效抗辩。[①] 可见，对于目的刑罚之观念、刑罚之预防属性、保安处分之必要等问题，宾丁虽然是刑事古典学派中最较真的代表之一，但他也并非持通盘否定的态度，他所诟病和批判的只是刑事现代学派关于刑法、犯罪及刑罚的本质、逻辑与关系的相关主张。

四、对刑事古典学派观点的评论

刑事古典学派将"个人（Person）"看作具有自由意志的个体。因此，在自由意志的支配下，若个人作出了触犯刑法的行为，对其判处刑法上规定的处罚后果，本质上看正是从反面对其自由意志的肯定。这也是黑格尔式的"否定之否定"逻辑的典型体现。由此，古典学派认为刑罚也是具有积极意义的，对于犯罪人而言是公正的、正义的，甚至某种程度上而言是高尚的。

保安处分制度所关注的重点并不是行为人的自由意志，而仅仅是行为人本身具备的人身危险性或曰犯罪可能性。社会防卫与犯罪预防要求对具有人身危险性的个人判处保安处分措施，由此，刑事古典学派不仅看不到对人的自由意志的肯定与尊重，看到的反而是以人为手段来达到保护社会的目的，其中亦很难排除对人权的侵犯甚或践踏，这是自由法治国家理论所绝对不能容忍的，也是刑事古典学家所绝对不能接受的。

然而，不论是刑事古典学派还是现代学派，不能回避的问题是刑法与刑罚在社会治理中的作用。19 世纪末 20 世纪初的德国刑法学界，刑事古典思想无疑处于绝对的通说和主流地位，但在实践中，德国社会治安状况不断恶化。理论与学说的生命力的获得，不能仅仅满足于逻辑上的自洽、体系上的圆融或论证上的充分，而要经得起实践目标的考察与审视。刑事古典学家对"纯粹的刑法（刑罚）理论"的坚守与固执，一方面承认犯罪预防需要保安处分在刑罚之外同时发挥补充或加强作用；另一方面又要求将保安处分从刑法领地中彻底清除。其未曾看到，不论保安处分被具体规定到何种层级或类型的规范文件当中，其刑事制裁措施的本质并不会改变，或者说，保安处分制度的引入究竟是对症下药还是饮鸩止渴，并不取决于

---

① Binding, Grundriss des Deutschen Strafprocessrechts, S. 233.

保安处分的规范层级和体系定位。

刑事现代学派得以兴起、发展并与刑事古典学派平起平坐，并非因为其理论上更胜一筹。毋宁说，是犯罪治理与社会治安的实践问题本身选择了刑事现代思想。理论的价值，并不在于研究者论证上的自圆其说，实践是检验真理的唯一标准。如何防卫社会，如何通过有效的制度设计将可能发生的犯罪防患于未然，这是李斯特引领的刑事现代学派所研究的核心问题。从研究旨趣上看，刑事古典学派是理论导向的，追求的是体系贯通；刑事现代学派是实践导向的，追求的是切实有效。发现问题是解决问题的第一步和关键一步，从这一点上看，刑事现代学派的兴起有其必然。直面社会治安与犯罪惩处实践，不管是刑事古典学派还是刑事现代学派，均认为保安处分措施在预防犯罪，尤其是预防特殊犯罪人群体犯罪方面发挥着传统刑罚所不具备的重要作用。简单地说，两派学者与观点的差异只是在于保安处分的制度、规范与体系定位问题。换言之，刑事现代学派的异议与批判，针对的并非保安处分或有或无的问题，而是或此或彼的选择问题。因此，保安处分措施的出现、成型到最终写入刑法，其所依据的并不主要是理论上的有力论证，而是更多地出于犯罪惩处的现实需要。意欲发挥刑法社会控制与治理的有效功用，治理手段（刑事制裁）的多样、轻缓与对症当为必然之选。

第三节 保安处分的正当性证明

正如刑事古典学派与现代学派之间针锋相对的论战所展示的那样，任何将李斯特的"目的刑罚论"完全融入刑事古典学派所主张的"报复刑罚论"的尝试都终将以失败告终。在刑事古典学者们看来，希冀传统刑罚实现特殊预防目的是对自由法治国家理念的亵渎，刑罚与报应之间的对应关系才是对这一理念的最好实现和维护。

随着两派学者论战的深入，两点意见应为各方共识：其一，在传统刑罚之外，保安处分具有存在的可能与必要；其二，传统刑罚本质上不应以针对具体犯罪人的特殊预防作为唯一或首要追求。与之相呼应，不将特殊预防目的之实现局限于传统的刑罚手段，而是在此之外构造出独立于刑罚措施的专属服务于特殊预防的第二条路径——保安处分，大致属于刑事古典与现代学派均能接受的中间路线。原则上，报复刑罚仍然占据支配地位；同时，特殊预防考量在保安处分措施这片刑法实践的试验田上亦可发挥其独特作用。

保安处分的理念基底是法治国家语境下的特殊预防理论。具体而论，特殊预防有着三大基本元素，分别为威吓（Abschreckung）、改造（Besserung）和保安（Sicherung）。但正如立法者在德国刑法典第六章标题中所明确的那样，对于保安处分而言，改造和保安目的处于绝对的核心地位。威吓因素虽然在某些具体保安处分措施的实际操作中——如驾驶证的吊销——可能发挥一定的作用，但从保安处分的整体来看，不管是在措施的判处（Anordnung）层面，还是在措施的执行（Vollstreckung）阶段，并无用武之地。

独立来看，各个保安处分措施的判处完全取决于不同的前提条件，如罪犯的精神状况、对瘾癖性物品的依赖性或不适合于驾驶机动车辆等；并且不同的保安处分措施所追求的刑事政策目的也存在明显差异。但整体观之，保安处分措施所追求的总体目标是一致的，那就是对犯罪行为的有效预防，其特殊性在于对特定行为人在将来极有可能实施犯罪的遏制与预防。与特殊预防的三大要素相关联，各类保安处分措施的共同目的在于对社会的保安（Sicherung），即保护社会整体免受将来犯罪的侵害。与之相较，虽然现行《德国刑法典》第6章标题将其置于保安因素之前，对大多数保安处分措施而言，在判处层面并不需对改造（Besserung）因素予以考虑，而只是在保安处分措施的具体实施以及执行（Vollstreckung und Vollzug）过程中才能发挥其指导作用。[①]

区别于传统刑罚手段，保安处分首要服务于犯罪预防和社会防卫的刑事政策目的，与犯罪论、罪过、责任等要素并无直接关联。但是，这并非意味着与刑罚手段并列的第二条路径不能在刑法理论上获得其正当性证明。在保安处分措施最终被写入刑法之后，有着诸多对保安处分正当性基础予以探寻的理论尝试。

以行为人自由生活能力的欠缺（Unfähigkeit des Betroffenen zur Freiheit）

---

① Frisch, Maßregeln der Besserung und Sicherung im strafrechtlichen Rechtsfolgensystem, S. 358.

作为保安处分的正当性依据难以成立。① 所谓行为人自由生活的能力，无外乎是指其对于不法的判断能力以及相应地选择适法行为的能力。如此一来，这种能力与德国刑法典第 20 条、第 21 条所规定的刑事责任能力实质上并无二致。可是，并非所有保安处分措施均以刑事责任能力缺失者为其适用对象。实际上，问题最多、争议亦最大的保安监管措施在很多情况下正是以具有刑事责任能力的犯罪人予以适用。即便对于罪大恶极、恶贯满盈的危险惯犯或者天生犯罪人，也应承认其具有自由生活的能力。对其适用保安处分措施，主要目的在于预防其再次犯罪从而保护社会。哪怕认为，少数犯罪人群再次犯罪只是时间问题，也不能认为其事实上不具备适法生活的能力，否则将对犯罪论和责任论的立论基础（自由意志）形成极大的冲击。

试图以正当防卫（Notwehr）作为类比对保安处分措施进行正当性证明的尝试亦无法自圆其说。其一，实施正当防卫要求不法侵害具备"现时性（Gegenwärtigkeit）"要件，而保安处分措施的施加仅以犯罪人在将来实施犯罪的盖然性为前提；其二，行为人可能再次实施犯罪，充其量意味着对社会利益的危险，而危险本身难以成立正当防卫的实施前提；其三，防卫的正当性要求防卫手段具有必要性和相当性，而保安处分制度的核心原则——"适当性原则（Verhältnismäßigkeitsgedanke）"对于正当防卫的适用并无意义。因此，正当防卫制度并非保安处分科处与执行的合适类比。

目前来看，从德国基本法所规定的"国家保护义务"以及"公共利益最高原则"中寻求保安处分之正当性证明，在德国刑法学界获得了越来越多的赞同。② 国家保护义务意味着，国家有义务保护全体国民免遭未然之罪的侵犯。只要也只有当存在相应的犯罪危险时，国家才有权力也有义务采取必要的、适当的措施来消除危险，此类措施当然包括对社会个体权利的必要侵害。在此涉及社会个体的基本权利与国家的保护义务所要维护的社会公共利益之间的比较与权衡，只有当需要保护的社会公共利益远远高于必须进行侵害的社会个体基本权利时，对个体权益的侵害才是被允许的、正当的。由此可见，保安处分措施的存在并未使国家机关获得为实现任何

---

① Welzel, Deutsche Strafrecht, S. 245.

② Frisch, Maßregeln der Besserung und Sicherung im strafrechtlichen Rechtsfolgensystem, S. 367, 378.

一刑事政策目的而任意牺牲任一社会个体的任何权利的"尚方宝剑"，保安处分也并非意味着针对国家权力所开出的"空白支票"。在法治国家的价值体系中，对犯罪行为的预防绝非最高与最终目标。由此，只有根据个案具体情况进行分析，将来犯罪的发生具有相当程度的盖然性时，才可对行为人判处保安处分措施。刑法背后国家权力与公民权利的对垒，在保安处分领域体现得尤为显著。与行为人实施犯罪必然可能引致刑罚后果不同，在刑事责任未曾产生的前提下，因行为人显现出较高程度的人身危险性与再犯可能性而对其适用保安处分措施，须严守宪法所保护的公民基本权利的底限。也即，从法治国家原则的层面来看，在保安处分的背后，存续着国家保护义务与公民基本权利的扦挌。

第二章
德国保安处分制度的立法沿革

从 1882 年李斯特首次提出制定保安处分措施的设想到 1933 年颁布的《惯犯法》将保安处分措施正式写入刑法，在这半个世纪的时间中，保安处分制度从无到有、从小到大、从理论探讨到立法争鸣的发展进程，同时也就是保安处分与刑罚相互比较、相互区隔到最终相互分离的过程。其中，20世纪 30 年代"双轨制"（Zweispurigkeit）的发展与延伸，对保安处分制度的规范体认与制度构建发挥了直接的决定作用。对保安处分立法沿革的系统梳理，一方面能够勾勒出保安处分制度的发展脉络，另一方面对于了解保安处分的体系地位变迁亦有助益。

第一节　1871 年《德意志帝国刑法典》
颁布前的保安处分立法沿革

一、《卡罗琳娜刑法典》中的保安处分规定

虽然"双轨制"理论直到 19 世纪末的时候才被提出并被予以讨论，但是具有保安处分性质的惩处措施在德国法律规范中出现的时间要远早于此。历史上，早在 1532 年颁布的《卡罗琳娜刑法典（Die Constitutio Criminalis Carolina）》就已经包含了数个可对特殊人群判处的以社会防卫为目的的预防与保护措施。

从中可以举出两个比较典型的例证：（1）根据《卡罗琳娜刑法典》第127 条之规定，叛乱分子将会被终身驱逐出境；（2）《卡罗琳娜刑法典》第

161 条规定，对于两次以上盗窃的罪犯，或者将其驱逐出境，或者禁止其进入曾经偷盗的场所，或者可将其拘禁于一定的场所不得随意外出。①

此外，在《卡罗琳娜刑法典》第 176 条还规定了对具有实施重大犯罪危险的行为人的预防性措施。按其规定，对于有从事重大犯罪尤其是危害国家安全犯罪危险的行为人，可判决将其拘禁于一定的场所禁止随意外出。由此可见，其适用对象就是具有危险性的行为人，而行为人危险性判断的客观标准就是其是否存在从事重大犯罪的倾向，并且在此基础上对此类行为人规定了相应的处罚措施。

但是，以上措施在卡罗琳娜帝国时期并未得到完全的适用。根据《卡罗琳娜刑法典》第 128 条的规定，对于具有叛国倾向的行为人，若能将其抓获，可当即将其处斩。因此，在对具有从事重大犯罪危险的犯罪人（尤其是可能危害国家安全的犯罪人）进行处置时，国家通常会选择按照第 128 条的规定将其直接处斩。当然，这种看似不是很人道的决定，是受当时的社会现实尤其是法治情况的制约。因为在当时的历史条件下，并不存在在整个帝国范围内通行的刑法规定，所以对犯罪人（包括潜在的犯罪人）的追捕就显得尤为困难，一般只能限制在城邦的范围内。鉴于此，立法者才会作出"将抓获的犯罪人立即处斩"这一在实践中适用频率极高的规定。

遵循当时的刑事司法习惯，《卡罗琳娜刑法典》第 22 条规定，只有在取得犯罪人的供词（即犯罪人对刑罚措施的同意）的前提下，才可对犯罪人最终判处剥夺其权益的刑罚。但在司法实践中，必然会出现不存在犯罪人供词但亦应对社会安全进行保护的案件，而且，此处的"供词缺失"可以扩展到其他各类对犯罪人判处刑罚证据不足的情况。在最初的一段时间内，在缺少犯罪人供词或其他证据不足的情况下，法院会对犯罪人判处所谓的"嫌疑刑罚（Verdachtsstrafe）"。

艾森巴特（Ernst Ludiwig August Eisenbart）的一篇文章改变了这一局面。② 在文章中，艾森巴特对"嫌疑刑罚"进行了尖锐的批评，其认为，若犯罪人的罪行不能得到充分证明，就不能对其判处任何形式的刑罚，不管

---

① 《卡罗琳娜刑法典》中的这一规定被认为是之后的警察监视措施的雏形，而这种措施发展至今，就是规定于《德国刑法典》第 68 条的行为监视措施。

② Eisenbart, Gekrönte Preisschrift über die Frage, S. 65 – 118.

是一般刑罚还是嫌疑刑罚；其建议，若是为社会防卫的目的，保护社会免受可能出现的未然之罪的侵害或再次侵害，可对行为人判处社会防卫性质的保安措施（Sicherungsmaßnahmen）。在此，是否对行为人判处保安措施的标准就是行为人是否具有人身危险性。当然，艾森巴特的这一设想仍然不够具体。首先，从实体上，人们不禁要问，若是不能对犯罪人的罪行予以完全证明，那么又是依据什么可以证实行为人确实存在实施犯罪的人身危险呢？其次，从程序上，即使保安处分措施的判处是正当且有效的，那这一措施的判处主体应为哪一机关？是之前保安处分性质措施的执行机构（警察机关），还是之前嫌疑刑罚的判处机关（法院）呢？

二、"警察刑法"中的保安处分规定

虽然艾森巴特已经提出了合理建议和理论构想，但是到保安措施（Sicherungsmaßnahmen）真正以法律的形式确定下来，却是半个多世纪以后的事情了。其间，保安处分性质的处罚措施多数规定在警察刑法当中。

以巴伐利亚为例，1813 年颁布的《巴伐利亚刑法典（das bayrische Strafgesetzbuch von 1813)》仅仅存在针对各类无刑事责任能力人（《巴伐利亚刑法典》第 120 条）以及针对未成年人及青少年等减轻刑事责任能力人（《巴伐利亚刑法典》第 98 条）的特殊规定，但并未规定针对以上特殊犯罪群体的保安措施。对于保安措施的专门规定存在于当时的"警察刑法规范（Polizeistrafrechtbuch)"中，而这类"警察刑法规范"所调整的对象并不是触犯刑法的犯罪行为，而仅仅只是违犯警察管理法规的违规行为。

在 1861 年 11 月 10 日颁布的《巴伐利亚警察刑法（das Polizeigesetzbuch für das Königreich Bayern vom 10. Nov. 1861)》在第 10 条至第 16 条规定了对于违反警察刑法的违法行为的法律后果。除了警察刑罚（Polizeistrafen）、罚金（Geldstrafe）以及拘禁（Attest）之外，还包括没收（Konfiskation）、警察监视（Polizeiaufsicht）、收容于警察机构（Verwahrung in einer Polizeianstalt）以及外国人驱逐出境（Ausweisung von Ausländern）等带有保安处分性质的处罚措施。

此外，《巴伐利亚警察刑法》第 137 条第 2 款规定，可将"痴呆病人或精神病人（Blödsinnige und Geisteskranke)"收容于精神病院。据其规定，若犯罪人实施了侵犯他人人身或财产的法益侵害行为，仅因其无刑事责任能力而被宣告无罪，则可对其判处此种收容措施。收容决定由警察机关负责作出，但须以医生的专业鉴定结论为依据。

三、1871 年《德意志帝国刑法典》中的保安处分规定

在 1871 年《德意志帝国刑法典》中已经规定了一系列的具有保安处分性质的惩处措施，其数量和种类与现行德国刑法典的规定大体相同。但在《德意志帝国刑法典》当中，并不存在对保安处分性质措施的系统规定，相关规定散见于总则以及分则的不同条款。同时，对于刑罚措施与保安处分性质措施并没有明确地予以界分，相对于刑罚措施的系统规定，保安处分性质措施处于绝对的从属地位，只是根据司法实践中打击犯罪的实际需要，在已有的刑罚措施体系之外，填充进具有保安处分性质的处罚规定。此外，具有保安处分性质措施的判处主体在刑法中亦不存在统一规定。一般而言，对犯罪人判处具有保安处分性质措施多数由法院决定；而法院所判处的保安处分性质措施的具体执行则由警察机关或行政主管机关负责。

1871 年《德意志帝国刑法典》所规定的具有保安处分性质的措施主要包括：

1. 警察监视

1871 年《德意志帝国刑法典》第 38 条、第 39 条所规定的警察监视措施（Polizeiaufsicht）与现行德国刑法典所规定的行为监视措施类似。1871 年《德意志帝国刑法典》第 39 条第 1 项所规定的对行为人在特定地点停留的禁止类似于《德国刑法典》第 68 条 b 第 1 款第 1 项的规定；1871 年《德意志帝国刑法典》第 39 条第 2 项所规定的对外国人判处的驱逐出境措施现在规定于专门的《外国人管理法（Ausländergesetz）》当中；1871 年《德意志帝国刑法典》第 39 条第 3 项所规定的任何时间对行为人住所的搜查措施在刑法典中已不存在对应规定，关于搜查措施的规定目前主要见于警察法规或刑事诉讼法当中。

在 20 世纪初，对警察监视措施的性质问题存在着较大的争议。① 部分意见认为，其应属于对自由刑附加适用的附加刑。因为依据法律规定，只有当犯罪人犯有造成重大损害的重罪（Verbrechen）的情况下，才能将此措

---

① Redwitz, Polizeiliche Maßregeln des RStGB, S. 61.

施与法院对其判处的较长期限的有期徒刑附加适用。另外一部分意见则认为，其属于具有保安处分性质的处罚措施。理由在于，在法院赋予警察机关执行权的前提下，警察机关对于本措施的执行方式及期限享有完全的自由裁量权；且本措施适用的本质依据仅仅在于刑事政策方面针对于特定犯罪人的特殊预防考虑。对警察监视措施属于刑罚（附加刑）抑或保安处分（性质措施）的争议，折射出两类刑事制裁措施在彼时的纠葛与含混。

2. 物品的没收

不管是条文表述还是规范内容，1871 年《德意志帝国刑法典》第 40 条以下数个条文对"物品没收（Einziehung von Gegenständen）"的规定类似于现行《德国刑法典》第 74 条以下数个条文的相关规定；其中 1871 年《德意志帝国刑法典》第 41 条关于文书没收的规定与《德国刑法典》第 74 条 d 的规定完全相同。

同样，对物品没收措施的法律性质也存在较大争议。部分意见认为其属于财产刑，部分意见认为其属于具有保安处分性质的措施。但是双方在有一点上意见一致，那就是从其适用目的上来看，这一措施绝对属于特殊预防性质的处罚措施。①

3. 对无刑事责任能力的青少年的收容措施

1871 年《德意志帝国刑法典》第 55 条、第 56 条规定了对无刑事责任能力的青少年的收容措施（Unterbringung von schuldunfähigen Jugendlichen）。相较于现行《青少年法院法（Jugendgerichtsgesetz）》及《儿童与青少年帮助法（Kinder- und Jugendhilfegesetz）》规定的针对未成年人及青少年改造的帮扶、监护以及帮助措施，1871 年《德意志帝国刑法典》第 55 条、第 56 条的规定显得简单很多。在性质上，对无刑事责任能力的青少年的收容措施在彼时被一致认为是典型的警察保安措施。就此措施争议较大的问题在于，法院是否有权判处此类收容措施。

4. 驱逐出境

1871 年《德意志帝国刑法典》第 284 条规定了驱逐出境措施（Verweisung aus dem Bundesgebiet），但这一措施的适用范围有限，根据此条规定，

---

① Redwitz, Polizeiliche Maßregeln des RStGB, S. 76. 在雷德维茨（Redwitz）看来，没收与查封措施是 1871 年《德意志帝国刑法典》中最具争议的处罚措施。

在德国境内犯有赌博罪的外国人，警察机关有权将其驱逐出境。

5. 将犯罪人转入警察监管

1871 年《德意志帝国刑法典》第 362 条规定了将犯罪人转入警察监管措施（Überweisung an die Landespolizeibehörde）。据其规定，若决定将犯罪人转入警察监管，则犯罪人有可能被警察机关判处劳动改造（Arbeitshaus）或强令参加公益劳动（Verwendung zu gemeinnutzigen Arbeiten）。

第二节　20 世纪 30 年代前的德国刑法改革

一、瑞士刑法改革的借鉴意义

在瑞士，并不存在类似于 1871 年《德意志帝国刑法典》的全国通用的刑法典。因此，在 19 世纪末的时候，瑞士制定一部统一的刑法典的愿望和需求要比德国强烈得多。同时，各个地方各自为政的分裂立法局面造成了各地刑事法律规定之间的矛盾和冲突，相互抵牾的刑法规定减损了刑事法律对于犯罪惩处和预防的实际效用。刑法典的制定属于瑞士刑法改革的首要任务，由此，1893 年至 1908 年间，在瑞士产生了数部刑法典草案。就保安处分制度的构建而言，虽然在具体规定上存在着较大差异，但是几部草案的制定者都倾向于在刑罚措施之外规定独立的保安处分措施。

在刑法典草案的拟定过程中，刑罚及保安处分一章的标题存在 "Strafen und sichernde Maßnahmen" 与 "die Strafe und die sichernde Maßnahme" 的表述区别，但均可译为 "刑罚与保安处分"。需要提及的是，对于保安处分可能具有的 "改善（Besserung）" 属性，刑法典草案并未涉及。刑罚与保安处分一章之下分设两节：第一节对刑罚以及保安处分的具体种类作出规定；第二节规定了刑罚尺度（Strafmaß）。

在瑞士刑法典制定过程中，发挥核心作用的是卡尔·史道斯（Carl Stooss）。作为瑞士刑法改革的带头者，史道斯教授所关注的并不是通过逻辑推演和论证获得较为圆融的刑法理论，或者如何完美地将刑法概念、术语或理论写进刑法，而是如何通过制定、贯彻、落实更符合实际的刑事政策来更好更有效地与犯罪行为作斗争。就此而言，史道斯并不像一个法学教授，不像一个法学理论研究者，反而更像一个刑法领域的法律实务工作者（Pragmatiker）。①

在瑞士刑法典草案拟定之前，史道斯就对将要进行的瑞士刑法改革提出了两点基本要求：第一是要通过制定一部统一的联邦刑法典代替以前在各州范围内颁布实施的刑法规范；第二就是在刑法改革过程中要对刑事政策上的合理要求予以适当关注，刑法改革以及刑法典制定的最终目的在于更好地维护社会安宁，更好地保护个人以及社会利益，更好地实现法益保护效果。史道斯认为，刑事古典学派过于关注刑法理论的体系构建以及对刑法概念的完美定义，却忽视了对如何具体与犯罪行为作斗争这一问题的阐述。通过刑事现代学派的努力，刑罚目的以及刑事处遇被重新引入理论探讨的重点。由于现代学派与古典学派在根本立场的对立，在此过程中，存在着许多的误解需要去澄清，许多的错误需要去纠正。在他看来，在瑞士刑法改革的过程中，应摆脱旧有观念和理论框架的束缚，制定一部全新的瑞士刑法典。

史道斯主张，瑞士刑法典对于传统刑罚措施的规定应力求简单明了，而刑罚措施的执行应根据犯罪人的不同情况羁押于不同的场所；立法者制定刑法典所使用的语言应尽可能地明确及简练，不仅专业的法学家能够读得懂，没有法律专业知识的具有一般理解能力的社会大众应该也能读得懂；刑法典制定以及执行的目的在于保护与社会公众一般的价值观念相一致的国家、社会及个人利益；刑法典制定实施的最终目的就是在于减少犯罪，为实现这一目的，除了刑罚手段之外，还可综合运用预防（Prävention）、教育（Erziehung）及弱势群体帮扶（Armenpflege）等手段。史道斯教授对刑事现代学派尤其是李斯特的刑法思想是极为推崇的。通过对刑事现代学派思想的借鉴，他认为应根据犯罪人的年龄以及犯罪倾向对其进行分级；对于"屡教不改的犯罪人（Veteranen des Verbrechen）"，应将之与一般的犯罪人相隔离，进行无害化的处理（Unschädlichmachung），以此来达到法益保护的目的。②

当然，对于瑞士刑法典草案也并非没有争议。对草案的批评意见主要

---

① Eser, Entwicklung von Maßregeln der Besserung und Sicherung, S. 226.
② Stooss, Eidgenössisches Strafgesetzbuch.

有以下几个方面：首先，在瑞士刑法典中，刑罚措施与保安处分措施之间究竟是何关系？对两类措施根据何种标准进行界分？其次，保安措施的任务何在也是一个争论较大的问题。再次，对于法院与相应的行政机关（主要是警察机关）之间在判处以及执行刑罚与保安处分的权限划分问题上，存在着不少的批评声音。最后，对瑞士刑法典草案争议最大的就是其在报应刑与目的刑之间并不算成功的妥协与折中。①

二、1902 年至 1933 年期间的德国刑法改革

1902 年德国法学家年会（Juristentag）召开之际，德国刑事古典与现代学派的代表学者握手言和，表示将共同致力于制定一部德国刑法典草案。自此，德国刑法改革正式拉开帷幕。德国刑法改革的准备工作分两组展开：由阿诺德·尼泊尔丁（Arnold Nieberding）领导的刑事法律科学委员会对各国的刑法典修改及制定的重要立法资料进行了搜集、整理、分析以及研究；同时，由刑事法律实务工作者组成的研究小组也着手起草德国刑法改革中的第一部刑法典草案。这一草案最终以"1909 年《德国刑法典预案》（Vorentwurf von 1909）"的形式出现。

（一）1909 年《德国刑法典预案》

在 1909 年《德国刑法典预案》中，第二章对"犯罪的法律后果"作出了规定。与刑罚措施以及刑事赔偿并列，第一次出现了"保安措施（sichernde Maßnahmen）"这一范畴。但是在第二章之下，并没有设置"保安措施"一节。具体而言，1909 年《德国刑法典预案》所规定的保安措施主要包括：（1）收容于社会劳动机构（Arbeitshaus）（第 42 条）；（2）禁止进入酒馆（Wirtshausverbot）、收容于戒除酒瘾的机构（Trinkerheilanstalt）（第 43 条）；（3）各类附加刑和名誉刑（Neben- und Ehrenstrafen）（第 44 条以下数个条文）；（4）行为监视（第 53 条）；（5）没收（第 54 条以下数个条文）。

其中最具有新颖性的就是《德国刑法典预案》第 43 条规定的将犯罪人收容于戒除酒瘾机构的措施。在 1871 年《德意志帝国刑法典》中，立法者并未意识到具有嗜酒瘾癖的犯罪人可能对社会造成的严重危害。而至于增

---

① Eser, Entwicklung von Maßregeln der Besserung und Sicherung, S. 230.

设的酒馆禁足措施，立法者虽然也意识到实际执行的难度，甚至承认在大城市当中对此措施予以执行几乎就是不可能完成的任务，但是仍然认为，禁入酒馆措施在小城镇或者农村地区仍然具有很强的可执行性，因此并非完全没有效果。而从立法者对醉酒犯罪人所给予的重大关注也可以看出，在当时的社会环境下，醉酒、嗜酒、酗酒以及由此引发的社会与犯罪问题的严峻性。

此外，在1909年《德国刑法典预案》的其他章节亦有分散的关于保安处分性质措施的个别规定。

例如，《德国刑法典预案》第65条规定了"免除及减轻刑罚事由（Strafausschließungs- und Milderungsgründe）"。其中，首次出现了对"无刑事责任能力者以及不可归责者（Schuld- und Unzurechnungsfähigen）"判处保安处分措施的规定。根据立法理由中的相关阐述，这一规定主要是为了针对具有危险性的犯罪人更为有效地保护社会整体利益。

1909年《德国刑法典预案》第69条规定了对青少年判处收容于教养机构（Erziehungsanstalt）的措施。之所以规定此种新的措施，在立法者看来，主要是因为，根据之前的德国刑法典规定，只有在犯罪人被宣告不构成犯罪的前提下才可对其判处收容教养措施；但是考虑到青少年这一特殊的犯罪人群的可塑造性，将收容教养措施作为刑罚执行的替代或补充，将更有利于刑事制裁措施矫正任务的实现，更有利于青少年犯罪人群的再社会化。

在1909年《德国刑法典预案》第89条关于刑罚裁量（Strafbemessung）的规定中，第一次出现了对营业犯及常业犯（gewerbs- und gewohnheitsmäßige Verbrecher）的特殊处罚规则。在立法理由与说明中，集中讨论了对"不可改造的犯罪人"处罚的观点论争。立法者最终采取的处罚方法是：因为涉及对"责任原则"的明显违反，因此不能在对犯罪人所判处的刑罚措施执行完毕之后，再对其执行任何其他类型或名义的处罚；相反，对于"再犯"这一加重处罚的情节，应在刑罚裁量过程中予以考虑。这也是为何将对营业犯及常业犯的处罚规定在第89条之中的原因。[1] 从中亦可看出，虽然立法者对犯罪人的人身危险因素予以了关注，但并未因此而创设专门的或特殊的处罚措施与规定。

---

[1]　Vorentwurf zu einem Deutschen Strafgesetzbuch.

（二）1911 年《德国刑法典草案》

首先需要指出的是，按照其字面意思，1911 年《德国刑法典草案》应直译为"反对草案（Gegenentwurf von 1911）"。但是，这一版本的刑法典草案并不是对 1909 年德国刑法典预案的批判，而是在 1909 年《德国刑法典预案》的基础上，继续完成其未竟的任务，进一步完善其未予做出的规定，努力实现 1909 年《德国刑法典预案》所没有实现的重要影响及更为长远的立法目标。①

其中，1911 年《德国刑法典草案》期冀实现的立法目标主要包括：（1）将带有警察监管性质的典型的制裁措施及相应规范从刑法典中予以剥离；（2）将相关附属刑法中适用频率较高的、具有普遍适用效力的重要条款吸纳进刑法典当中；（3）力求将量刑的具体规则设计得更为准确，更具有执行力。

在 1911 年《德国刑法典草案》中，与 1909 年《德国刑法典预案》一样，也有"刑罚措施与保安措施（Strafen und Sichernde Maßnahmen）"专章规定，但是，两类处罚措施亦未完全予以区分。在对保安措施的规定方面，与 1909 年《德国刑法典预案》相比，1911 年《德国刑法典草案》作出了三大重要的修改：其一，根据 1911 年《德国刑法典草案》第 60 条的规定，可对犯罪人判处"保护性监视措施（Schutzaufsicht）"，这一措施的执行主体是在法院领导下的"帮助委员会（Fürsorgeverein）"，其主要工作就是给酒精依赖者提供帮助或帮助犯罪人寻找工作、住房等。在立法理由说明中，立法者将此措施认为是典型的保安处分性质的措施。从其工作的主要内容能够看出，保护监视的福利属性较其惩罚属性而言更为明显。

其二，1911 年《德国刑法典草案》第 78 条对所谓的"安宁命令（Friedensgebot）"作了规定，其主要目的在于，通过对潜在的犯罪人施以监禁刑罚的威慑从而使其放弃犯罪。对此规定，草案立法者认为是绝对必要的，因为在犯罪面前对社会进行预防性保护是不可或缺的。

其三，在 1911 年《德国刑法典草案》第 97 条、第 98 条中，第一次规定了对惯犯（Gewohnheitsverbrecher）人群的收容措施（Verwahrung）。在将刑罚措施与保安处分予以区分的基础上，立法者规定对惯犯的收容措施只

---

① Kahl, Gegenentwurf, S. 501.

能附加于刑罚措施予以科处和适用。虽然看似怪异，且立法者在立法说明中并未提及，但将以上规定安排在"刑罚裁量"这一章中，实质上符合立法者的体系逻辑，因为只有在确定对犯罪人判处刑罚处罚的前提下，才可能进一步讨论是否对其附加地适用保安处分措施的问题。

此外，承继先前刑法典草案对于保安措施的规定，1911 年《德国刑法典草案》设立了"保安措施"一章，具体规定了"劳动教养（Unterbringungin einem Arbeitshaus）"（草案第 68 条）、"禁止进入酒馆及收容于戒酒机构（Wirtshausverbot und Unterbringung in einer Trinkerheilanstalt）（草案第69 条）等保安措施。

（三）1913 年《委员会草案》、1919 年《德国刑法典草案》

由于第一次世界大战的发生，1913 年《委员会草案（Kommissionsentwurf von 1913)》在 1920 年末才与 1919 年《德国刑法典草案（Entwurf von 1919)》一起以纪念文集（实际上是立法者编纂的立法理由与说明）的形式得以面世。1919 年《德国刑法典草案》基本上是对 1913 年《委员会草案》在一战之后的重新整理。在 1913 年《委员会草案》以及 1919 年《德国刑法典草案》中，在刑事制裁体系中将刑罚措施与保安处分予以两分的"双轨制"第一次在刑法典（草案）中得以运用。在刑罚论部分，立法者在1919 年《德国刑法典草案》的第 7 至 9 章对刑罚措施作出规定之后，在草案的第 10 章对"改造与保安措施（Maßregeln der Besserung und Sicherung）"作出了专门的规定。

按其规定，保安处分措施的决定权基本上转移到法院，因为在立法者看来，对犯罪人判处保安处分措施要以其人身危险性的判断为基础，而法院作为审判者，通过其审判可以对这一问题作出比较科学全面的判断。在这一点上，法院绝对比行政机关（警察机关）更能胜任这一任务。也在这一草案中，具体是在 1919 年《德国刑法典草案》第 100—102 条，第一次作出了对"危险惯犯（gefährliche Gewohnheitsverbrecher）"判处"保安监禁措施（Sicherungsverwahrung）"的强制性（obligatorisch）规定。在立法者看来，除此之外，人们想不到其他更好的方法可以保护社会免受将来（严重）犯罪的侵害。在 1919 年《德国刑法典草案》第 118 条以下数个条款中，立法者已经规定了针对惯犯应加重处罚的量刑举措，而保安监禁措施的相关规定则起到补充科处适用与加强预防效果的作用。① 虽然立法者并未对保安监管措施的期限作出明确规定，但若被监管者积极接受改造，且对其作出的社会预测（Sozialprognose）结果显示其不致再次危害社会的话，亦存在将其释放的可能性。

最后值得一提的是，在 1919 年《德国刑法典草案》的总则部分，增加了针对儿童及青少年刑事处遇的专门章节和条款，这也为之后独立的青少年刑法制定埋下了伏笔。

（四）1922 年《拉德布鲁赫刑法典草案》

1922 年《拉德布鲁赫刑法典草案》（Entwurf vom Radbruch）的出台标志着德国刑法典改革工作的继续推向深入。与之前的刑法典草案相比，《拉德布鲁赫刑法典草案》的革新之处主要在于对刑事处罚措施的相关规定。在草案中，对于刑罚种类，拉德布鲁赫只将自由刑（Freiheitsstrafen）以及罚金刑（Geldstrafen）予以保留，而将死刑（Todesstrafe）、监牢刑罚（Zuchthausstrafe）以及名誉刑（Ehrenstrafe）予以废除。

对于死刑的废除，拉德布鲁赫认为死刑是残酷刑罚的残余，在现代刑法中完全没有存在的必要。对于名誉刑的废除，拉德布鲁赫认为此种刑罚的执行对犯罪人的再社会化有百害而无一利。在草案的第 7 章中，同样以"改造与保安措施"为标题对保安处分措施作出规定。具体而言，在草案第 42 条对十种保安处分措施予以列举之后，在第 43 条以下条款对各项具体的措施作出了规定。从字面上看，草案对保安处分措施的规定与现今刑法典的规定基本一致。②

但是遗憾的是，《拉德布鲁赫刑法典草案》在当时并未得以面世，所以也未能对接下来的德国刑法改革直接贡献力量。

（五）1924—1925 年《德意志帝国议会草案》

在德国刑法典改革工作进行了二十余年之后，1924—1925 年《德意志帝国议会草案》是以德国政府名义发布的第一份官方的刑法典草案。此份草案也尝试着在同一部刑法典中调和古典与现代两个学派观点上的冲突与矛盾，其具体方式就是在刑事处罚体系的构建上，综合运用刑罚措施与保

---

① Schubert, Entwürfe zu einem Strafgesetzbuch, S. 134.

② Schubert, Entwürfe zu einem Strafgesetzbuch, S. 145 – 187.

安措施两种手段。相应地，在刑罚体系中，拒绝不确定的模糊的刑罚，要求的是刑罚规定的固定以及对量刑标准的严格的执行；而在保安处分体系中，保安措施的运用针对的就是犯罪人的人身危险性，其追求目的就是保护社会免受将来的犯罪行为的侵害。

在《拉德布鲁赫刑法典草案》中建议废除的死刑又出现在了1924—1925年《德意志帝国议会草案》中；名誉刑从"名誉上"是废除了，但是在保安处分措施中又出现了与名誉刑相当的名誉的剥夺措施；至于对保安处分措施的具体规定，1924—1925年《德意志帝国议会草案》与《拉德布鲁赫刑法典草案》的相关规定并无二致。

（六）1927年《德意志帝国议会草案》

1925年公布的《德意志帝国议会草案》经过帝国议会的进一步的修改，最终于1927年3月14日以1927年《德意志帝国议会草案》（Reichstags-vorlage）的名义公布。与1925年的草案相比，1927年草案延续了之前草案的立法精神与原则，但在具体规定上相对于之前的刑法典草案进行了较大规模的修改。

在打击犯罪方面，帝国议会仍然坚持运用刑罚措施与保安处分两个"拳头"，并对这两类手段作了细致的区分。立法者首先在草案第7章中对附加刑（Nebenstrafen）以及附加法律后果（Nebenfolgen）进行了区分，又在接下来的第8章中对"改造与保安措施"作出了系统的规定。具体到保安处分措施的种类上，1927年《德意志帝国议会草案》规定的主要是剥夺自由的保安处分措施，此外还有保护监视措施以及驱逐出境措施（Reichs-verweisung）。[1]

在1933年之前，德国围绕刑法改革与刑法典修改前后出台了1909年《德国刑法典预案》、1911年《德国刑法典草案》、1913年《委员会草案》、1919年《德国刑法典草案》、1922年《拉德布鲁赫刑法典草案》、1924—1925年《德意志帝国议会草案》、1927年《德意志帝国议会草案》等多部刑法典草案。就刑事制裁措施而言，数部草案之间具有明显的连续性与承继性。可以说，虽然在具体规定内容与措施种类上存在差异与变更，但总体而言，刑罚措施与保安处分的"双轨制"，已经基本成为德国刑法改革的

---

[1] Schubert, Entwürfe zu einem Strafgesetzbuch, S. 221–225.

必然之选；而"改造与保安措施"的专章规定，亦成为德国刑法典的"必备曲目"。

第三节　保安处分措施正式写入刑法典

一、1933 年《惯犯法》的颁行

1933 年 11 月 24 日颁布的《惯犯法（Gewohnheitsverbrechergesetz）》最终将保安处分措施正式写入刑法。在此之前，以 1927 年《德意志帝国议会草案》为蓝本，1933 年夏，德意志帝国司法部（Reichsjustizministerium）最终出台了《报告草案》（Referentenentwurf）。这一草案的相关规定为下半年颁布的《打击危险惯犯及保障与改造措施法案（Gesetz gegen gefährliche Gewohnheitsverbrecher und über die MaPregel der Sicherung und Besserung）》提供了成熟的范本。

1933 年德意志帝国司法部《报告草案》以及 1933 年《惯犯法》基本上沿用了 1927 年《德意志帝国议会草案》中与保安处分措施相关的条款，但做出了以下明显且重要的修改：在对性犯罪者（风化犯罪者）（Sittlichkeitsverbrecher）规定了"强制阉割（Entmannung）"的处罚措施之外，草案还规定了对惯犯适用的其他更为严格的处罚举措。具体而言，除了对之前从未受过刑事处罚的"惯犯"可选择性地适用加重刑罚的规定之外，对其他所有的惯犯均应毫无例外地加重刑罚。而且，如果存在对惯犯加重刑罚的情形，即可在此之外对其判处保安监禁措施。虽然在强制阉割措施以及保安处分措施的种类方面，帝国司法部与帝国内务部之间存在着较大分歧，帝国总理还是于 1933 年 11 月 24 日将本草案以法律的形式签署公布。

从其内容来看，《惯犯法》第 42 条对保安处分措施的种类作出了列举，第 42 条 a 至第 42 条 n 对保安处分措施作出了具体规定。

针对危险惯犯这一特殊的犯罪群体，《惯犯法》第 20 条 a 对危险惯犯规定了加重处罚的法律后果。据其规定，若犯罪人在本次审判之前已受过两次刑罚处罚，且对犯罪人的综合评价表明其属于危险惯犯，则对于其现在的罪行，在轻罪（Vergehen）情况下，法院最高可判处监禁于监牢

（Zuchthaus）5 年，在重罪（Verbrechen）情况下，法院最高可判处监禁于监牢 15 年。

另从保安处分措施的角度，根据《惯犯法》第 42 条 e 的规定，若依据本法第 20 条 a 将犯罪人判定为危险的惯犯，且为实现保护社会公共利益的目的，在对其判处刑罚之外，可同时对其判处保安监禁措施（Sicherungsver-wahrung）；根据《惯犯法》第 42 条 k 的规定，若对犯罪人罪行的综合评价表明其属于危险的性犯罪惯犯，且满足本条规定的其他条件，对判决当时已满 21 周岁的犯罪人，在对其判处刑罚之外，法院可对其判处强制阉割措施。

针对其他特殊的犯罪人群，根据《惯犯法》第 42 条 b 的规定，对于无刑事责任能力或减轻刑事责任能力的犯罪人，若出于社会安全利益的保护要求，可对其判处收容于治疗及医护机构（Unterbringung in einer Heil-oder Pflegeanstalt）措施；根据《惯犯法》第 42 条 c 的规定，对于具有特殊瘾癖的犯罪人，可对其判处收容于戒酒及教养机构（Unterbringung ineiner Trink-erheil-oder Entziehungsanstalt）措施；根据《惯犯法》第 42 条 d 的规定，对于犯罪的流浪汉（Landstreicher）、乞丐（Bettler）和妓女（Prostituierten），可对其判处劳动改造（Arbeitshaus）措施。①

与 1927 年《德意志帝国议会草案》相比，《惯犯法》所规定的对犯罪人加重刑罚以及判处保安处分措施的法定条件明显有了减少。在诸多 1927 年《德意志帝国议会草案》规定选择性适用加重刑罚的场合，《惯犯法》均规定应强制适用加重规定，法院对此并无自由裁量权。《惯犯法》第 20 条 a 第 2 款在之前规定的基础上，甚至规定，只要犯罪人在此次犯罪之前已存在三个罪行，不论其是否符合法定条件，法院均可决定对其适用刑罚加重规定。如此一来，加重刑罚措施以及保安处分措施的适用范围得以大大扩大。倘若我们再考虑到《惯犯法》第 20 条 a 所指涉的保安处分措施实为保安监禁，那么这一规定对犯罪人可能带来的损害会令人毛骨悚然。鉴于《惯犯法》并未对保安监管措施规定期限上的任何限制，犯罪人可能因为满足以上条件（仅仅只需在先的三个罪行）而被予以终身监禁。

将《惯犯法》的规定与德国刑法现代学派对刑事改革的设想略作比较，

① Müller, Gewohnheitsverbrechergesetz, S. 23.

我们可以明显地发现，对于刑法现代学派所提出的对犯罪人的压制手段，《惯犯法》可谓对之进行了淋漓尽致的发挥与运用，并将其作为专制倾向显著的、以威慑为首要目的与犯罪行为进行斗争的一大法宝。按照帝国司法部所提出的刑事改革目标，通过大规模的刑事改革，就是要"在犯罪分子面前提高国家的权威与威信，为国家与犯罪分子作斗争提供比现在更多、更好、更严、更有效的武器"①。刑法现代学派所提出的对"需要予以改造的犯罪人"的再社会化构想则几乎被德意志帝国议会抛诸脑后。

二、德国刑法中"双轨制"的建立

刑事制裁体系之"双轨制"规划于 20 世纪 30 年代初被正式提出，此后对保安处分措施写入刑法发挥了至关重要的作用。随着 1933 年《惯犯法》将保安处分正式写入刑法，"双轨制"体系在德国刑法中正式得以确立，成为德国刑事处罚体系架构的核心原则。而随着德国刑法在世界范围内的影响力不断扩大，刑事处罚措施的"双轨制"架构在世界上其他一些国家的刑法中也得以体现与实现。

"双轨制"中的"双轨"指的是传统的刑罚措施以及在刑事改革进程中渐次得以确立和发展的保安处分制度。刑罚与保安处分在适用条件、适用对象、规范目的、刑事政策等方面存有本质差异：刑罚针对的是过去已经发生的犯罪行为或者说已经造成的法益侵害，在适用刑罚措施的过程中，最需予以考量的就是犯罪人的罪过及其程度；而保安处分则不同，其所关注的是行为人本身所具有的人身危险性，其适用的核心要义就是防范将来可能侵害法益的犯罪行为的发生。

作为对犯罪现象或行为的应激式反应，刑罚的历史大概可以追溯到人类社会的最初阶段。当然，在刑罚发展的早期，对社会个体判处刑事处罚所关注的仅仅是危害社会的客观结果的出现。随着刑罚理论的不断进化与发展，到中世纪晚期尤其是近代以降，人们普遍认为，对犯罪人处以刑罚，不仅需要客观上危害社会结果的出现，还需要一定的主观要素，即犯罪人主观上的犯罪意志（verbrecherische Willen）。这一发展趋势最终落实为"无罪过即无刑罚"的"罪过原则"的确立。在规范层面，《德国刑法典》第

---

① Müller, Gewohnheitsverbrechergesetz, S. 30.

46 条规定，要以犯罪人的罪过及其程度作为刑罚裁量的依据。

刑罚的科处须以罪过的具备为前提，罪过原则保证了刑罚科处与执行的基本理性，可是，在行为人对于有害行为的发生不具罪过的情况下，刑法对之完全束手无策。换言之，仅仅倚赖以行为人罪过为基础的事后惩处的刑罚措施，并不足以满足社会整体惩罚犯罪及维护安宁的基本需求。现实境遇是，一方面，虽然出于保护社会利益、维护社会安宁的考虑，应对犯罪人予以惩罚，但只因为其行为时并无罪过，国家在面对其罪行时无计可施，从而导致刑罚预防与防卫目的落空；另一方面，为促使犯罪人完成改造，实现再社会化的效果，并最终重返社会，也有必要对特殊的犯罪人群实施特殊的改造与处遇措施。作为犯罪的法律后果，刑罚的界限明确，但也存在功能输出不足的明显问题。就此，保安处分的出现弥补了刑罚适用中的缺陷甚至是漏洞，完善了国家对犯罪人及其罪行进行处罚的刑事制裁体系。一定程度上可以说，传统刑罚失效或空转之处，即为保安处分动用与用武之地。

当然，保安处分制度的发轫与成型并非一蹴而就。保安处分对于社会防卫及犯罪人改造是绝对必要手段的观点，在 19 世纪末 20 世纪初才在德国刑法学界获得普遍认同。在之前仅存在为数不多的警察管理（polizeirechtlich）属性的保安措施规定的背景下，19 世纪 90 年代，德国刑法界对保安处分措施的规范实现问题展开了颇为激烈的争辩与讨论。遍及理论与实务两界的论战对德国刑法修改带来了直接影响，1933 年颁行的《惯犯法》最终将保安处分措施写入刑法。这虽然并非意味着力挺保安处分的新派学者及其理论的全面胜利，因为相当部分新派学者主张的"保安处分一元论"并未在任何国家的刑法典中得以体认，但德国刑事制裁体系的"双轨制"设置，以及刑罚与保安处分各司其职的制度设计，刑法现代学派及保安处分业已成为德国刑法的必要组成与制度标签。

总体而言，尽管"双轨制"在个别方面出现了某些争议、批判甚或危机，[1] 但在当今的德国刑法理论与实践中，"双轨制"因其独立的价值定位以及发挥的独特作用已经牢牢地占据了一席之地。然而，在全世界各个国家的刑法中，只规定了传统的刑罚措施的"单轨制"仍然占据着绝对的主

---

[1]　Jescheck/Weigend, Lehrbuch des Strafrechts, AT, S. 804.

导地位。从世界范围来看，与德国保安处分制度构建最为类似且发展程度相当的国家为瑞士。在瑞士，"保安处分"最早在刑法修正案中得以规定。此外，奥地利①、意大利、比利时、荷兰、挪威、西班牙、波兰和匈牙利等国刑法中规定的也是与德国刑法典相同的"双轨制"。"双轨制"的同样适用并非意味着具体的制度构建的基本相似或者是完全相同，其中最为重要的区别在于，德国刑法规定了保安处分与刑罚措施之间相互转化的可能性，但是在其他国家并没有类似的规定。当然，尽管存在着具体规定的差异，其他国家的保安处分的基本构造均类似于德国刑法的规定。

而在其他多数国家，或者是从未在刑法中规定保安处分，或者是在一段时间的试点适用之后予以废止。若是不将仅仅只规定对精神病人的强制医疗的国家计算在"双轨制"国家之内，一些法律发达国家，如法国、英国、瑞典、美国等，适用的均为"单轨制"体系，我国刑法亦属此类。实际上，在大多数国家，通常是以长期自由刑这一手段来实现刑罚的社会防卫目的，而这也恰恰是李斯特在其"目的刑罚"理论中所提出的，除了保安监管措施之外的另外一种解决方案与制度可能。

第四节　1969 年《德国刑法典》修正中保安处分措施的修改

1933 年《惯犯法》最早将保安处分措施写入刑法。尽管这一法律颁布于纳粹专政期间，且在某些规定中不可避免地带有纳粹独裁的痕迹，② 但总体来看，其并不完全是纳粹独裁的产物。因此，除个别规定之外，《惯犯法》所规定的其他保安处分措施在希特勒纳粹政权垮台之后，仍保留于此后的德国刑法典之中，并沿用至今。

此后，迄今第一个同时也是唯一一个对保安处分措施的大规模修正发生在 1969 年德国刑法改革（Strafrechtsreform）期间。具体而言，1969 年 6

---

① 值得一提的是，瑞士、奥地利与德国一同构成了世界上德语语系的三大国家。相应地，三国之间的法律体系以及具体的制度构建因存在天然的同质性而极为类似。

② 关于此类规定，最为典型的莫过于在纳粹德国时期，在喧嚣其上的"种族主义"思想的影响下，规定的强制阉割措施。

月25 日第一次刑法典全面修改（1. StrRG）主要涉及劳动改造（Arbeit-shaus）的废除、法律上对比例原则的明确规定以及对保安监禁适用条件的更为严格的限制。1969 年7 月4 日第二次刑法典全面修改（2. StrRG）涉及社会矫正机构（sozialtherapeutische Anstalt）的引入、保安处分措施缓期执行的可能、刑罚与保安处分措施之间的相互转化以及对行为监视措施的重新构建。

接连两次的刑法修正表明，"双轨制"体系已经在立法上得以确立，与刑罚措施一样，保安处分措施成为德国刑法典刑罚部分不可或缺的组成部分。对其进行的修改，不管是在法律条文中对比例原则的确立，在表述上相对于"保安"，对"改造"一面的强调，还是从实践中出现的问题出发对具体措施规定及适用的修修补补，都仅仅只是从具体的社会环境以及刑事政策的变化出发所作出的局部调整。

自此之后，对保安处分措施所进行的法律上的修改从未对保安处分自身的法律地位有过任何质疑。而1969 年刑法修订中作出的某些修改，在之后随着刑事政策的不断变化而又重新经历了诸多的反复。譬如，对保安处分措施向刑罚措施转化的限制、对收容于社会矫正机构措施的废除、对保安监管措施的判处条件的松动等。

第三章
德国保安处分制度的现状分析

第一节　德国保安处分制度的立法现状

一、《德国刑法典》对保安处分措施的规定

（一）《德国刑法典》中保安处分措施的专门性规定

《德国刑法典》总则第 3 章"犯罪的法律后果（Rechtsfolgen der Tat）"第 6 节"改造与保安处分措施（Maßregeln der Besserung und Sicherung）"对 6 种保安处分措施作出了专门性的规定。以是否剥夺被执行者的人身自由为标准，可将六种保安处分措施分为两类：3 种非剥夺自由的保安处分措施，分别为"行为监视措施（Führungsaufsicht）"（《德国刑法典》第 68 条以下数个条文）、"吊销驾驶证措施（Entziehung der Fahrerlaubnis）"（《德国刑法典》第 69 条以下数个条文）和"职业禁止措施（Berufsverbot）（《德国刑法典》第 70 条以下数个条文）；3 种剥夺自由的保安处分措施，分别为"收容于精神病院措施（Unterbringung in einem psychiatrischen Krankenhaus）"（《德国刑法典》第 63 条）、"收容于戒除瘾癖的机构措施（Unterbringung in einer Entziehungsanstalt）"（《德国刑法典》第 64 条）和"保安监禁措施（Unterbringung in der Sicherungsverwahrung）"（《德国刑法典》第 66 条以下数个条文）。

（二）《德国刑法典》中具有保安处分性质的规定

除了总则第三章第六节的上列专门性规定之外，《德国刑法典》中其他的具有保安处分属性的条文还包括：其一，《德国刑法典》第 74 条关于

"没收（Einziehung）"条件的规定，其中第 2 款第 2 点的内容为："只有根据物品的种类及性质，以其作为手段足以危害公共安全或有用于实施犯罪行为的危险时，才可予以没收"。其二，《德国刑法典》第 74 条 d 对"文书的没收和查封（Einziehung von Schriften und Unbrauchbarmachung）"规定："含有刑法禁止传播内容的文书，若其中一部分通过犯罪行为已经传播或准备传播的，应当予以没收；对制造此种文书所必需的设备应予以查封。"①

二、单行刑法中具有保安处分属性的规定

将考察的视线予以进一步扩大，在单行刑法中具有保安处分性质的规定主要包括以下条文：《动物保护法（TierSchG）》第 20 条规定："犯罪人因实施本法第 17 条规定的犯罪行为而被处以刑罚，或者因其无责任能力状况的确实存在或无法得以排除而未被处罚，只要犯罪人仍然存在将来继续从事第 17 条规定的犯罪行为的危险性，法院可以判决禁止其在一定时间内（1 ~ 5 年）甚至是终生饲养、买卖动物或从事其他的与动物相关的任何活动。"

《狩猎法（BJagdG）》第 41 条针对吊销狩猎许可证作出以下规定："（1）犯罪人因触犯本法第 38 条、《德国刑法典》第 113 条、第 114 条、第 223 ~ 227 条、第 231 条、第 239 条、第 240 条、第 292 ~ 294 条规定的罪名而被判处刑罚，或者因其无责任能力状况的确实存在或无法得以排除而未被处罚；如果犯罪人的罪行表明，允许其继续持有狩猎证将有可能导致严重触犯以上条文所规定的犯罪的发生，法院可判处吊销其狩猎证。（2）法院在吊销狩猎证的同时，应禁止主管机关在 1 ~ 5 年内对犯罪人颁发新的狩猎证。如果法律规定的最高期限仍不足以有效防止犯罪人在将来继续犯罪，法院可决定终身禁止犯罪人持有狩猎证。如果犯罪人并未获取狩猎证，法院只需禁止主管机关对其颁发狩猎证。（3）如果行为人的情况足以表明，其已不存在继续进行第一款所规定的犯罪的危险，法院可将对其判处的吊销狩猎证的处罚提前宣告终结。"

当然，对于德国刑法规范中规定的具有保安处分属性的制裁措施，以上只是不完全的列举。在此之外，具有行政属性的此类措施就更为常见。

---

① Tröndle/Fischer, Strafgesetzbuch und Nebengesetze, § 61 Rn. 8, § 74 Rn. 2.

此类措施的主要目的，无疑在于预防犯罪等有害行为的（再次）发生。因此可以说，只要具有"改造"与"防卫"双重属性的制裁或处罚措施，均可归入保安措施的范畴。除了在德国刑事法律中存有针对保安处分措施的专门规定或者是具有保安处分性质的相关规定，在其他行政和民法法律规范中也存在具有保安处分性质的规定，具体详见下文关于保安处分措施与其他部门法中相关措施之界分的论述。

三、青少年刑法中保安处分措施的规定

在作为德国特别刑法的《青少年法院法（JGG）》当中，① 也有具有保安处分性质的相关的法律规定。比较典型的如，《青少年法院法》第 7 条针对保安处分作出专门规定："《德国刑法典》中关于保安处分措施作出的一般性规定，其中收容于精神病院、收容于戒除瘾癖的机构、行为监视以及吊销驾驶证亦可同样对青少年适用之。"

在此需要指出的是，另外两种不可适用的保安处分措施，职业禁止因青少年一般并无独立生活的能力，更谈不上稳定职业的从事而不予适用。而保安监禁因其存在人权侵犯之嫌疑而屡遭批判（就此将在下文进行详细论述）。可是，虽然《青少年法院法》第 7 条并没有将保安监禁纳入其中，但却在《青少年法院法》106 条第 3 款至第 7 款中对保安监禁的"保留性适用"作出了相关规定，同时亦规定了严于《德国刑法典》第 66 条的适用条件。

因此，可以看出，六类保安处分措施在《德国刑法典》以及《青少年法院法》当中均得到了全面规定，又加之两部法律在德国刑法体系中的重要地位，可以进一步说，保安处分措施作为与一般刑罚措施相并列的另外一种惩罚路径，已在德国刑法中得到全面贯彻，"双轨制"亦得到全面发展。

通过在整个德国刑法领域内对保安处分措施的考察，我们可以明显发现，保安处分措施不仅涉及对犯罪人的规定，也涉及对犯罪人犯罪所用物品的规定；其不仅有针对一般的犯罪人的规定，也有针对特殊的犯罪群体（如狩猎者、动物饲养者、青少年等）的专门性规定。值得探讨的是，是否

---

① 关于德国少年刑法中"青少年"的概念，《青少年法院法》第 1 条第 2 款作出专门规定，将"青少年"这一人群具体地分为两类：一类为 14 周岁至 18 周岁之间的人群，称为"少年（Jugendliche）"，一类为 18 周岁至 21 周岁之间的人群，称为"青年（Heranwachsende）"。

以上所列举的刑法上的规定均属于典型的保安处分措施；或者说，是否均属于本书所要研究的"保安处分"的范围。

依从德国刑法学界的一般观点，笔者认为，典型的保安处分措施仅限于《德国刑法典》第3章第6节"改造与保安措施"之下所规定的六种保安处分措施。之所以作此限制，主要的原因在于，保安处分作为与刑罚措施相并列的刑事处罚体系中的"第二条轨迹"，虽然存在与刑罚措施的诸多差异，但也与刑罚之间存在若干共通之处。比如，保安处分所针对的对象应是具有一定的人身危险性的犯罪人；其针对的行为应是具有一定的社会危害性的犯罪行为；在整个法律体系中，其应处于最后的保障地位；在司法实践中对其的运用也应尽可能地节俭和谦抑；等等。在笔者看来，保安处分与刑罚最重要的共同点就是保安处分亦应具备相当的"严厉性"特征，也即，对犯罪人不论是判处刑罚还是保安处分，所剥夺的一定是犯罪人最为重要和基本的人身与财产权益。正是利用"严厉性"这把标尺，笔者将本研究的保安处分的范围限于《德国刑法典》第61～72条以专章专节的形式所规定的六种保安处分措施。同时，也正是遵循"严厉性"这一标准，笔者将本研究的重点置于对犯罪人剥夺人身自由的三种保安处分措施（收容于精神病院、收容于戒除瘾癖的机构、保安监禁）之上。

第二节　德国保安处分制度的司法现状

一、比例原则

对于"比例原则（Grundsatz der Verhältnismäßigkeit）"，《德国刑法典》第62条规定如下："如果保安处分对行为人造成的损害与行为人已实施或将从事的行为的危害性及行为人自身的危险性不相适当，不得判处。"作为刑法原则中的"帝王条款"，"罪刑法定原则（Keine Strafe ohne Gesetz）"处于最为基本和核心的地位。但实际上，对于保安处分措施的科处与执行，罪刑法定原则难以实质地发挥作用；或者说，罪刑法定原则所调整和约束的，主要是传统的刑罚措施的设置与动用，而保安处分与刑罚之间，显然存在质的区别。由此，比例原则无疑属于保安处分领域的最高和核心原则。

从法条内容上看，比例原则要求在保安处分科处与执行的过程中，需在保安处分的损害性、行为人罪行的危害性和行为人的人身危险性之间进行权衡与比较，三者之间应保持基本的均衡与相称。进一步来看，比例原则实质昭示了社会（国家）与个人（犯罪人）之间的二元对立。从公共利益最高原则中探求保安处分的正当性证明，需要我们将社会公共利益与成员个体权利权衡比较，比例原则为此提供了标准与尺度。从逻辑上，比例原则是由法治国家原则（Rechtsstaatsprinzip）所引导出的基本原则，但法治国家原则在保安处分制度缺乏直接适用的可能。因此，《德国刑法典》第 62 条明确规定了比例原则及其具体内涵，使之成为保安处分法可予适用的最为基本的原则与准则。

可见，在立法者看来，要判处具体的保安处分措施，除了具备《德国刑法典》第 63 条至第 70 条所规定的针对单个的保安处分措施的具体条件之外，还须保证保安处分措施的判处是对于个体权利的合比例的适当的侵害。只有当保安处分适当时才可实际科处与执行，应保证保安处分系对科处与执行对象权益的合理和适当侵害。不仅如此，对单个的保安处分措施的具体条件的理解，亦应遵循比例原则。最典型的例证，莫过于对《德国刑法典》第 63 条、第 64 条、第 66 条所规定的将来的犯罪行为应具有的"严重性（Erheblichkeit）"的理解。简单地说，鉴于收容于精神病院、收容于戒除瘾癖的机构、保安监禁等剥夺自由的保安处分措施对公民基本权利的明显剥夺，对其所实施的犯罪的严重性的理解，理应设置相应的较高的门槛。

在适用《德国刑法典》第 62 条的过程中，应予考虑和权衡的因素主要包括保安处分措施的科处与执行对个体权利侵害的程度、犯罪人已经实施的犯罪、行为人可能再次实施的犯罪和犯罪人自身的人身危险性程度。比例原则要求，保安处分对个体权利的侵害应与已然之罪、未然之罪、人身危险性等相适应。就此，需要对犯罪人及其（已然与未然）罪行进行总体的评价与权衡（Gesamtwürdigung aller Umstände）。[1] 也即，在法院决定对行为人是否科处与执行保安处分措施的过程中，仅仅因为犯罪人已经实施犯罪的严重的社会危害性、犯罪人极可能在将来继续实施严重危害社会的罪行、行为人具备颇高程度的人身危险性中的某个方面，并不能够决定对其

---

① BGHSt24, 134 (135).

施以保安处分。只有对上述三个方面的评估均表明存在科处与执行保安处分措施必要性的情况下，法院才能作此判决或决定。

当然，出于社会防卫和犯罪预防的目的，在司法实践中往往会对将来可能发生的犯罪最予重视。所以，即便犯罪人已经实施的罪行并非极其或非常严重，但是从长远看来，犯罪人再次实施犯罪危害社会的可能性较大，亦可对其科处保安处分。① 毕竟，保安处分的核心功能在于对未然之罪的预防，或者说，保安处分的科处与执行应首要着眼于未来。可是，"可改造概率（Besserungschancen）"虽然在保安处分执行过程中处于核心地位，但在保安处分科处之前的整体评价过程中基本不需予以考虑。原因在于，在保安处分所追求的改善（Besserung）与保安（Sicherung）目标之间，虽然在刑法修改过程中将二者的顺序进行了调整，将改善置于保安之前，但保安处分的制度功效首要在于犯罪预防与社会防卫。而改善与保安二者的实效特别是在剥夺自由的保安处分措施之上存在着明显差异，可以说，改善的效果只能"以观后效"，而保安的效果往往是"立竿见影"的。当然，一般认为，在科处收容于戒除瘾癖的机构和行为监视两种保安处分措施时，仍然需要对行为人的"可改造性"进行适度的考量。这属于适当性权衡的例外，其所保证的，也只是相关保安处分措施执行的最基本的有效性。②

在此之外，还有一种特殊情形需要重点注意，在判处吊销驾驶证这一措施时，仅仅只需确信行为人不适于继续驾驶机动车辆即可。只要法院对此形成确信，就可直接判处吊销驾照，而无需再对保安处分科处的适当性进行考察，《德国刑法典》第69条第1款第2句对此作出了明文规定。尤其值得注意的是，驾驶证的吊销会在经济上对行为人产生何种损害，对于法院判决的最终作出并无任何参考价值。由此可见，具体的保安处分措施对于行为人权益剥夺的程度越低，法院裁判的天平就越会倾向于对社会整体安全利益的维护。

尽管从《德国刑法典》第62条的字面意思来看，比例原则仅仅适用于保安处分措施的科处程序，但是在法院作出"后续决定（Folgeentscheidungen）"，特别是作出保安处分暂缓执行决定的过程中，亦应遵循比例原则的基本要求。具体而言，只有当保安处分措施的执行系特定措施所追求目标

---

① Leipziger Kommentar zum StGB，§ 62 Rn. 25.
② Systematischer Kommentar zum StGB，§ 62 Rn. 7.

的必然要求，并且不能通过损害相对较小的其他手段来达到同样的目的时，才可对保安处分措施予以实际或继续执行。在对无期限的保安处分措施（如收容于精神病院或保安监禁措施）进行执行的过程中，随着执行时间的不断累积，行为人的自由诉求必然变得越来越强烈。在个别案件中，甚至可能在犯罪人仍然存在继续犯罪危险的情况下，仅仅因为继续对其执行保安处分措施不符合比例原则要求而提前结束对行为人所判处的保安处分措施的执行。可以说，在保安处分的执行过程中，维护社会安全与限制个人自由二者处于不断变动且相互适应的关系当中。

二、保安处分措施的竞合适用

在存在保安处分措施竞合（Maßregelkonkurrenz）的情况下，即犯罪人的同一行为同时符合多个保安处分措施的适用条件时，按照"比例原则"的基本要求，应选择对行为人的基本权益损害最小的保安处分措施种类。《德国刑法典》第 62 条对于"比例原则"的规定对此问题提供了原则性的指导；至于具体问题的解决方法，立法者在《德国刑法典》第 72 条中做出了相应的详细规定。具体而言，根据《德国刑法典》第 72 条第 1 款的相关规定，在存在判处多种保安处分措施的可能的情况下，若可只判处一种保安处分措施而达到同样目的，则毫无疑问，法院应对行为人判处此种保安处分措施；在存在多种保安处分措施可能的情况下，法院应选择判处对行为人损害最小的保安处分措施种类。

何种保安处分措施对于行为人而言损害最小？对于这一问题应根据保安处分措施的不同种类作出不同的回答。如果既存在非剥夺自由的保安处分措施，也存在剥夺自由的保安处分措施，因剥夺自由的保安处分措施所造成的损害明显大于非剥夺自由的保安处分措施，毋庸置疑，法院应选择非剥夺自由的保安处分措施。譬如，为防止一名犯有精神病的医生在执业过程中对社会可能造成的损害，既可对其判处针对于精神病人的收容于精神病院措施（剥夺自由），亦可对其判处针对于医生这一特殊职业的职业禁止措施（非剥夺自由）。在此情况下，应选择判处非剥夺自由的职业禁止措施。

而在存在数种同属于非剥夺自由的或剥夺自由的保安措施的情况下，"对行为人损害最小的保安处分措施种类"的选择要相对复杂得多。在此引用德国联邦法院所公布的一则典型案例作以说明：某甲，因患有《德国刑法典》第 21 条所规定的精神错乱而被法院认定为限制刑事责任能力人，并最终因强奸罪被法院判处有期徒刑 10 年。在判决中，法院认定某甲仍然具有在将来继续犯罪的危险。由此，法院认为，既可根据《德国刑法典》第 63 条对某甲判处收容于精神病院措施，亦可根据《德国刑法典》第 66 条对某甲判处保安监禁措施。①

就此问题不存在类型化的解决方案。收容于精神病院措施与保安监禁措施对行为人所造成的损害程度相当，只不过损害方式不同而已。根据《德国刑法典》第 67 条 d 之规定，二者最大的共同点就在于均无执行期限的限制，但从对行为人损害的角度来看，二者的执行方式以及所追求的执行目的②却大相径庭。因此，在这两种保安处分措施之间法院究竟应该如何选择，对此问题不能贸下结论，而应在对两种保安处分措施的执行所能最终达到的效果（包括改造目的、行为人的治愈可能性、在收容机构中的改造可能性以及行为人自己提出的具有充分理由的请求等）予以考量的基础上作出选择。法院选择的最终做出应以对具体案件中所有因素进行的整体评价为基础，简单地说，法院最终决定适用的措施一是对行为人最为有效的；二是对行为人相对损害较小的。③

若是需要将数个符合条件的保安处分措施同时适用才能达到保安处分措施追求的目的，那么法院也可决定对行为人同时适用多个保安处分措施，此为"保安处分措施的结合（Verbindung von Maßregeln）"（《德国刑法典》第 72 条第 2 款）。例如，针对具有瘾癖性药物依赖性的行为人，法院应判处收容于戒除瘾癖的机构措施，但同时由于行为人的严重性导致其精神状况出现紊乱，在此种情况下，法院就应当决定同时对行为人判处收容于精神病院措施。又如，对具有酒精依赖性的行为人，法院应判处收容于戒除瘾癖的机构措施，但同时考虑到行为人对酒精的依赖使其不再适合驾驶机动车辆，则可同时对行为人判处吊销驾驶证的保安处分措施。如果法院决定

---

① BGH NStZ 1981, 390.

② 对于二者的执行目的，《德国刑事执行法（StVollzG）》第 129 条、第 136 条做出了明确规定。具体而言，对于保安监禁措施的执行目的，《德国刑事执行法》第 129 条规定："对行为人之监禁是出于社会防卫之目的，在执行中应帮助其重归社会"；对于收容于精神病院措施，《德国刑事执行法》第 136 条规定："精神病院对行为人之执行应根据医生意见。只要存在可能，就应将行为人治愈或至少使其无害于社会。对其应进行必要的监视、帮助和医护。"

③ BGH, NStZ, 1995, 284.

对行为人同时适用数个剥夺自由的保安处分措施，则须在判决中对数个措施执行的先后顺序予以确定。此外，在预先执行的保安处分措施执行完毕之前，法院需重新判定是否仍有继续对行为人执行其余保安处分措施的必要。若不存在此种必要，则法院可宣告将其余的保安处分措施缓期执行，或者是直接决定对之不再予以执行（《德国刑法典》第 72 条第 3 款）。

三、保安处分措施的适用程序

法院对完全刑事责任能力人或者是部分刑事责任能力人科处保安处分措施，应适用一般的刑事诉讼程序。但是，如果法院在审判过程中判定犯罪人属于《德国刑法典》第 20 条规定的无刑事责任能力人或者存在行为人的无刑事责任能力状况无法得以排除的问题，法院应当立即判决行为人无罪并终结审判程序。同时，如果法院能够确定行为人的情况符合收容于精神病院、收容于戒除瘾癖的机构、吊销驾驶证或职业禁止四种保安处分措施的适用条件，则法院可直接——即并不以对犯罪人的有罪宣判为前提——对行为人科处上述四种保安处分措施（《德国刑法典》第 71 条）。[①] 此外，在犯罪人出现无刑事诉讼行为能力状况从而使审判程序无法继续进行的情况下，亦可适用上述规定。

同时需要指出的是，法院对保安处分措施的直接判决，仅仅只适用于行为人无刑事责任能力或无刑事诉讼行为能力这两种情况。倘若存在其他原因，比如犯罪人罪行的不可证明、对犯罪人罪行因诉讼时效已过而无法追诉等，而使诉讼程序无法继续进行，法院无权直接对犯罪人科处保安处分措施。[②]

如果犯罪人的无刑事责任能力或无刑事诉讼行为能力状况在审判程序开始前就已经得以确定，在这种情况下诉讼程序根本无法启动，此时法院亦可直接决定对行为人判处保安处分措施，但此时的程序区别于之前的径行判决，而应依据《德国刑事诉讼法》第 413 条的规定，对犯罪人适用"保安程序（Sicherungsverfahren）"科处保安处分措施。[③]

---

① BGHSt18, 167 (168).

② BGHSt31, 132 (134).

③ 就此，《德国刑事诉讼法》第 413 条规定："检察机关对犯罪之追诉因行为人无刑事责任能力或无诉讼行为能力而无法进行，则在符合法定条件且根据已获得之证据足以表明应判处保安处分措施的情况下，检察机关可提出径行判决的申请。"

在法院决定科处保安处分措施的各类程序当中，吊销驾驶证措施的审判程序具有明显的特殊性，区别于其他种类的保安处分措施，存在适用特殊程序的两种可能：其一，《德国刑事诉讼法》第407条第2款第1句第2点规定了可适用于科处吊销驾驶证措施的刑罚命令①程序（Strafbefehlsverfahren）；② 其二，《德国刑事诉讼法》第419条第1条第3句规定了可适用于科处吊销驾驶证措施的简易程序。③

四、保安处分措施的适用现状

表3-1　保安处分措施判决数量简表④　　　　（单位：人）

年度	收容于精神病院	收容于戒除瘾癖的机构	保安监禁	行为监视	职业禁止	吊销驾驶证
1960	533	241	210	—	297	28278
1965	419	236	213	—	163	75083
1970	306	172	110		93	136832
1975	336	268	52	98	70	162348
1980	366	585	41	353	63	194979
1985	425	526	39	107	66	172520
1990	432	626	31	54	57	173232
1995	559	757	45	70	132	176023
2000	758	1267	60	73	234	139471
2005	861	1628	75	44	99	118533

结合以上表格可以看出，在六种保安处分措施的实际适用方面，不同

---

① 德国刑法中的"刑罚命令（Strafbefehl）"是指针对于"轻罪（Vergehen）"所作出的书面刑罚决定。其主要特点就在于不需要经过口头的审理程序，因此其可减轻法院及检察机关的工作负担，节省司法资源；同时亦可避免将犯罪人的个人信息公之于众，从而能够在一定程度上保护犯罪人的个人隐私。

② 法条具体内容为："只有在一定范围内才可适用刑罚命令程序，在保安处分措施中仅限于'驾驶证的吊销'。"

③ 法条具体内容为："可能被判处一年以上有期徒刑及保安处分措施的案件，不适用简易程序，但'驾驶证吊销'的案件除外。"

④ 表格中具体数据来源于德国联邦统计局（Statistisches Bundesamt）官方网站，https://www.destatis.de/DE/Home/_ inhalt.html。

的措施在适用频率和数量上存在较大差异。尤为值得注意和指出的现象有三：其一，吊销驾驶证的适用次数遥遥领先于其他五种保安处分措施，大致来看，吊销驾驶证措施每一年度的适用次数几乎占据了所有保安处分措施适用次数的 98% 左右。与之形成鲜明对比的是，剥夺自由的保安处分措施的适用次数要明显少很多。其二，在剥夺自由的保安处分措施当中，我们可以观察到一个非常明显的趋势：两种剥夺自由的保安处分措施（收容于精神病院和收容于戒除瘾癖的机构）自 20 世纪 90 年代以后，在适用次数上开始有了较大幅度的增长。因为 1969 年德国刑法典第一次全面修改对保安监禁措施的适用条件施加了诸多限制，自 1975 年开始，这一措施的适用次数明显减少。其三，而其余两种保安处分措施——行为监视和职业禁止——适用的次数较少但相对稳定，在六种措施中较为明显地处于从属地位。

实际上，总体而言，保安处分措施的科处和执行数量与传统的刑罚措施之间仍然存在较大的差距。可以说，各类保安处分措施虽然定位于解决不同的社会与犯罪问题，但保安处分所着眼和关注的问题，较传统刑罚毕竟更为"小众"。另外，在剥夺自由的保安处分措施与非剥夺自由的保安处分措施之间，存在着质的差异与区别。基于刑法背后国家与个人的对立态势，剥夺自由的保安处分措施无疑属于研究与分析的重点对象。但收容于精神病院和收容于戒除瘾癖的机构，特别是保安监禁相对较少的适用数量，也实际说明了保安处分制度的补充性与后位性。简单地说，保安处分相对较少的适用数量，能够反映出这一制度在刑事制裁体系中的实质地位。

五、收容于社会教养机构措施的适用情况

虽然收容于社会教养机构措施（Unterbringung in einer sozialtherapeutis-chen Anstalt）已经被废止，但在对现行的六种保安处分措施进行具体分析之前，仍有必要对这一颇具争议的保安处分措施及其适用情况进行简要的介绍。① 如前所述，现行的六种保安措施分别规定在《德国刑法典》第 63 条、第 64 条、第 66 条、第 68 条、第 69 条和第 70 条，而《德国刑法典》

---

① 虽然这一措施确实已经被立法者在《德国刑法典》中予以删除，但是对其是否真正地被从德国刑法中予以废止，存在较大争议。很多学者认为，立法者将这一措施从刑法典中予以删除实际上是"换汤不换药"，因为在司法实践中，这一措施的"变形"措施仍在继续适用。这也是笔者对这一措施进行介绍的原因之一。

原第 65 条所规定的，正是收容于社会教养机构这一措施。

收容于社会教养机构措施最早通过《德国刑法典第二修正案（Zweites Gesetz zur Reform des Strafrechts）》写入刑法。在正式施行之后，在数个保安处分措施当中，这一措施所吸引的关注最多，所招致的非议与批判也最为强烈。在其适用过程中，立法者对于这一措施的正当根据产生了极大动摇和强烈反转，并最终在 1984 年 12 月 20 日刑法修正过程中将其从刑法典中予以删除。收容于社会教养机构措施之所以只有如此之短的适用历史（1969 年至 1984 年），最主要的原因在于刑事政策上对其所存在的诸多争议。

最早提出制定这一措施的想法是出于对外国经验的借鉴以及对德国工人阶层所提出的《替代草案（Alternativ-Entwurf）》中的合理建议的采纳。收容于社会教养机构措施被认为是"主要的完全定位于特殊预防的措施，其所适用的对象主要是一般的刑罚执行对其已经起不到再社会化的效果，并且其也不再需要医疗上的帮助与治疗的具有较高的继续犯罪危险的犯罪人"①。具体而言，收容于社会教养机构措施的适用对象涵括四类：其一，显示出明显的人格缺陷的再犯（Wiederholungstäter）；其二，性犯罪人群（Sexualstraftäter）；其三，不满 27 岁的犯罪瘾癖者（Hangtäter）；其四，无刑事责任能力或减轻刑事责任能力的犯罪人，且对其而言，收容于社会教养机构比收容于精神病院更有利于再社会化目标的实现。可以说，以上四类人群均属于犯罪矫正与罪犯改造的"硬骨头"。为有效解决上列犯罪群体的矫治问题，在收容于社会教养机构措施的执行过程中，既有一对一的帮助与治疗，也有集体的教育与交流。相较于其他的保安处分措施，其更加强调被收容者在再社会化过程中自我参与的主动性与积极性。对于人格缺陷的再犯、性犯罪者、犯罪瘾癖者等群体而言，一般的刑罚执行基本失效，这也就意味着，罪犯矫治目标唯有通过"非常规手段"始能实现。

在保安处分的适用过程中，制度的执行实效远比规范设计更为重要。收容于社会教养机构措施在司法实践中早早夭折，究其原因，最主要的就是这一措施在适用过程中所遭遇的财政问题。要将收容于社会教养机构措施由理想变为现实，只靠自 1969 年开始短期内在德国建立的示范性收容机

---

① Baumann, Alternativ-Entwurf, S. 133.

构是远远不够的。在此之外，还需建立更多的、更人性化的、更有利于对犯罪人实施个性化改造与治疗的社会教养机构。一方面，社会教养机构面对的是矫治难度最大的犯罪人群；另一方面，社会教养机构所追求的目标在于犯罪人的再社会化。资金上的捉襟见肘束缚住了德国联邦司法机关的手脚。

资金虽然算是一大问题，但绝不是最大的问题。在这一措施具体执行中所面临的财政危机之外，针对这一措施的理论基础与制度构建，也出现了越来越多的质疑与批判的声音。最开始，《德国刑法典》原第 65 条所规定的规定的"收容分类标准（Einweisungskriterien）"遭受到了越来越尖锐的批判。在此之后，在 20 世纪七八十年代，德国刑法学界整体针对刑事制裁体系中的特殊预防目的进行了深刻的检讨，并获得了对特殊预防更为理性的认识。这一大规模的思想运动被称为"对治疗理论的背弃（Abkehr von der Behandlungsideologie）"。此外，在最初建立的示范性社会教养机构中，实际开展的教养实践也出现了越来越多的问题，实际操作的异化，使得这一措施遭到越来越强烈的质疑。①

替代最初所构造的"保安处分措施解决方案"，即创设新的保安处分措施来解决犯罪人的再社会化问题，立法者最后还是选择了"刑罚执行解决方案"，即在刑罚执行过程中创造条件解决犯罪人的再社会化问题。在收容于社会教养机构措施被立法者在《德国刑法典》中删除之后，我们虽然在现行《德国刑法典》中不再能找到关于"收容于社会教养机构"这一保安处分措施的相关规定，但在整个德国刑事法律体系中，"社会教养"作为一种重要的刑法理念，对刑罚执行仍然发挥着非常重要的指导作用。《德国刑事执行法（StVollzG）》第 9 条规定了将被判处有期徒刑的犯罪人收容于社会教养机构的可能性，具体而言，"犯罪人因犯有《德国刑法典》第 174 至 180 条以及 182 条规定的罪名，而被法院判处两年以上有期徒刑，且符合《德国刑事执行法》第 6 条第 2 款第 2 句或第 7 条第 4 款规定的条件，则可将其收容于社会教养机构；若教养的目的确定不能达到，则应将犯罪人继续关押；在其他情形下，若取得犯罪人同意，亦可将其收容于社会教养机构"。

---

① Schwind, *Zukunft der Sozialtherapeutischen Anstalt*, S. 121.

据此可见，"收容于社会教养机构"这一原先的保安处分措施在当今德国刑法体系当中被作为一种特殊的刑罚执行方式继续发挥作用，指导对犯罪人矫正的具体展开。在操作层面，根据《德国刑事执行法》第 7 条第 2 款第 2 项的规定，运用这一手段的决定权并不由法院所掌控，而是由相应的刑罚执行的主管机关行使。对于社会教养与刑罚执行之间的先后序列，根据《德国刑事执行法》第 9 条第 2 款的规定，一般来说，只要社会教养机构的"治疗手段"以及其所能提供的独特的"社会帮助"与一般的刑罚执行手段相比，更有利于刑罚执行目的的实现，则主管机关均可决定将在押的犯罪人由"监狱关押"转换为"收容于社会教养机构"。

在单行刑法中，1998 年 1 月 26 日出台的《打击性犯罪及其他危险犯罪法案（Gesetz zur Bekämpfung von Sexualdelikten und anderen gefährlichen Straftaten）》（简称《性犯罪法》），针对性犯罪者的刑罚执行过程，做出了有异于其他的犯罪人群的特别规定，即，"若性犯罪者因犯有以上所列举的罪名（《德国刑法典》第 174 条至 180 条及第 182 条）而被判处两年以上有期徒刑，且收容于社会教养机构手段明显有助于达到对其进行改造的目的，则可将法院对性犯罪者判处的有期徒刑转换为社会收容教养"（《德国刑事执行法》第 9 条第 1 款、第 199 条第 3 款）。通过《德国刑事执行法》《性犯罪法》等法律的具体规定，在刑罚执行过程中，针对特殊的犯罪人群，在刑罚执行机关认为必要的前提下，随时可以在社会教养机构开展收容、治疗与改造。

可以说，虽然收容于社会教养机构措施在其被从《德国刑法典》中废除之后，在德国司法实践中的适用前景一度不容乐观；但作为一种刑罚执行的先进理念，社会教养深深地影响着德国刑事处罚措施的实际执行。尤其是 1998 年《性犯罪法》的出台，使得社会教养措施在德国刑事司法实践中又再次焕发新的活力。对于此后社会教养措施在德国的发展速度，我们可以用一组数据来进行说明：根据 1997 年 3 月 31 日的统计，全德一共存在 20 个社会教养机构，共可容纳 888 个犯罪人；截至 2008 年 3 月 31 日，社会教养机构的数量已经上升到 47 个，共可容纳 1895 个犯罪人。[①] 可见，不管是社会教养机构的数量，还是容纳的犯罪人总的人数，均增长了一倍多。

---

① Dessecker, Gefährlichkeit und Verhältnismäßigkeit, S. 305.

第四章
非剥夺自由的保安处分措施

第一节　吊销驾驶证措施

一、吊销驾驶证措施的刑事政策目的

如前所述，《德国刑法典》第 69 条规定的"吊销驾驶证（Entziehung der Fahrerlaubnis）"措施所适用的案件数量要远远高于其他五种保安处分措施。这一措施的具体内涵在于，如果行为人在驾驶机动车辆的过程中，与机动车辆的驾驶相关联，或者是违反机动车驾驶义务而实施了符合犯罪构成的、违法的行为，并因此被判处刑罚，或者只是因为欠缺刑事责任能力，或者由于其无责任能力状态无法被排除，而未被判处刑罚，而且从其实施的罪行中能够看出，其不适于驾驶机动车辆，则法院可判令吊销其驾驶证（参见《德国刑法典》第 69 条第 1 款）。吊销驾驶证措施所追求的刑事政策目的，在于在道路交通领域保护社会公众安全，而其手段主要是通过将不适于驾驶机动车辆的行为人从道路交通领域中予以剔除。鉴于这一措施涉及的是对社会整体而言属于高度危险领域的公共道路交通，因此，吊销驾驶证这一措施的任务相较于其他措施而言更为艰巨。

接下来对几组交通意外所造成的损害数据的列举会使我们对于这一问题形成更为深刻和直观的认识：在整个联邦德国范围内，仅在 2007 年度，就发生了总计 335845 起导致人身伤亡的交通意外以及 1999160 起导致财产损失的交通事故；其中，伤亡人数的具体数据为，431419 人因车祸受伤，并有 4949 人葬身于车轮之下；在导致财产损失的交通意外中，有 97278 起

事故的肇事者最终构成道路交通犯罪，其中造成车毁人亡后果的亦不在少数。① 与之形成鲜明对比的是，同样也是在 2007 年度，在全联邦德国范围内，"仅有"757 人死于《德国刑法典》第 211 条、212 条所规定的故意杀人犯罪，"仅有"1011 人死于《德国刑法典》第 222 条所规定的过失致人死亡犯罪（其中当然不包括交通肇事致人死亡的案件）。② 将两组数据对比，能够明确看出，"车祸猛于虎"绝非空口无凭，也可以看到吊销驾驶证这一措施任务的重大与艰巨。

根据《德国道路交通法（Straßenverkehrsgesetz/StVG）第 2 条第 1 款和《德国驾驶证条例（Fahrerlaubnis-Verordnung/FeV）》第 4 条的规定，在公共道路上驾驶机动车辆需要获得由主管机关颁发的驾驶执照；如果无驾驶证而在公共道路上驾驶车辆，则主管机关可依据《德国道路交通法》第 21 条规定对驾驶人予以处罚。如果已获得驾驶证的行为人的行为表明其不再适合驾驶机动车辆，则为确保其以后不再驾驶车辆，根据《德国刑法典》第 69 条的规定，应对行为人的驾驶证予以吊销，从而达到确保将其从道路交通领域中予以排除的目的。

由此可见，吊销驾驶证措施所主要追求的目的，是把将来可能的危险防患于无形，将行为人做"无害化（unschädlich）"的处理。在这一措施科处与执行的过程中，改造行为人（Besserung）显然并非主要目的，甚至基本可以忽略不计。当然，在法院所确定的吊销驾驶证的期限经过之后，如果存在确实足够的证据，能够证明行为人重新具备驾驶机动车辆的能力，主管机关可对行为人重新颁发（Wiedererteilung）驾驶执照，在这其中，我们或多或少可以看到些许的改造因素。但同时需要注意的是，在行为人属于交通肇事再犯的案件中，在主管机关对其重新颁发驾驶执照之前，行为人需提供由专门机关所出具的，能够证明行为人精神状况正常的医学检测证明（《德国驾驶证条例》第 11 条第 3 款第 1 句第 5 点）。在特定情况下，

---

① 具体数据来源于 2008 年度德国联邦统计局年度数据公开手册（Statistisches Bundesamt, Statistisches Jahrbuch 2008），https：//www. bka. de/SharedDocs/Downloads/DE/Publikationen/PolizeilicheKriminalstatistik/pksJahrbuecherBis2011/pks2008. html？ nn = 52408.
② 具体数据来源于 2007 年度德国联邦政府刑事数据公开手册（Polizeiliche Kriminalstatistik 2007），https：//www. bka. de/SharedDocs/Downloads/DE/Publikationen/PolizeilicheKriminalstatistik/pksJahrbuecherBis2011/pks2007. html？ nn = 52408.

在重新颁发驾驶执照之前，还需对行为人进行相关的培训。鉴于驾驶证的再次颁发，需要以行为人已经被"改造"到重新具备驾驶机动车辆的能力为前提，在此，保安处分"改造"的目标追求间接地得以反映。

二、吊销驾驶证措施的适用条件

（一）吊销驾驶证措施适用的形式条件

从形式要件上看，《德国刑法典》第 69 条所规定的吊销驾驶证措施的判处，需要以行为人的行为已经违犯刑法规范为前提，也即，吊销驾驶证措施的科处应以行为的刑事违法性为条件。在德国刑法语境下，违法行为（rechtswidrige Tat）指的是，行为人的行为符合《德国刑法典》第 11 条第 1款第 5 条所规定的犯罪成立条件为前提。① 相反，如果行为人的行为仅具有秩序违犯性（Ordnungswidrigkeit），只是违反了一般的行政法规，则不能对其科处吊销驾驶证措施。

同时，行为人必须因其行为而被法院施以刑罚或者仅仅因其无刑事责任能力或无刑事责任能力情况无法排除而未被处罚。需要强调的是，行为人"未被处罚"的原因，只能是因其刑事责任能力方面的缺陷。反之，如果行为人是基于诸如中止犯罪而免于处罚、因存在不可避免的认识错误或因不可责难的紧急事件等事由而未被处罚，则不能考虑对其科处吊销驾驶证措施。② 当然，对行为人科处吊销驾驶证措施并不需以行为人被判处刑罚为条件，在行为人仅仅被法院宣告有罪但免于刑罚的情况下，也可对其科处吊销驾驶证措施。

此外，行为人犯罪行为的实施必须是与"机动车辆的错误驾驶或者行为人对驾驶员基本义务的违反"相关联。实际上，这一条件与《德国刑法典》第 44 条第 1 款第 1 句所规定的作为附加刑的"禁止驾驶机动车辆（Fahrverbot）"的适用条件完全相同。但是，需要注意区别的是，"禁止驾驶机动车辆"作为一种附加刑，其主要作用在于对已经发生的犯罪行为予以处罚，以及对犯罪人施以事后的惩戒；而吊销驾驶证作为一种保安处分措施，其主要目的在于防患于未然，通过吊销驾驶证的方式来实现维护道

---

① 这一条款的具体内容为："违法行为仅指，实现了刑法规定的犯罪构成的行为。"

② Systematischer Kommentar zum StGB, § 69 Rn. 13.

路交通安全的目的。可以说，作为附加刑的禁止驾驶机动车辆以惩罚本身为其实质与目的，而吊销驾驶证这一保安处分措施则着眼于犯罪预防目的的实现，二者相较，吊销驾驶证措施需要考量和权衡的因素明显更为多样和繁复。

明确了这一问题，将有利于准确地界定"与机动车辆驾驶相关"这一吊销驾驶证措施的适用条件。德国刑法学界一般认为，所谓的"与机动车辆驾驶相关"，指的是以驾驶机动车辆作为手段，为犯罪行为的预备、进行与完成提供直接的帮助或便利。不容忽视的是，吊销驾驶证措施的适用目的，主要在于保护社会整体免受道路交通领域可能发生的犯罪的侵害。立基于此，应该得出的结论是，当且只有当行为人继续驾驶机动车辆的行为，很有可能危害道路交通安全时，才可对其科处吊销驾驶证这一保安处分措施。更为确切地说，对于行为人已经实施的犯罪行为、行为人驾驶机动车辆的行为和危害道路交通安全，只有三者之间存在紧密的内在联系，才可决定对行为人科处吊销驾驶证措施。[①]

比较两种观点之间的差别，德国刑法学界的一般观点实质上以传统的刑罚理论为其根据，但问题在于，对于吊销驾驶证措施之适用条件的探讨，显然不能脱离其保安处分的属性和本质。有如前述，传统刑罚与保安处分的最大差异就在于，传统刑罚着眼于已经发生的犯罪行为，是面向以前的；而保安处分重点关注的是可能发生的犯罪行为，是面向以后的。[②] 因此，在判断是否具备对行为人科处保安处分措施的条件时，应力戒刑罚科处的惩罚倾向与事后导向，行为人已经实施的已然之罪虽然是考量的因素之一，但显然不应将针对已犯罪行的事后惩罚置于过于中心的位置。相反，保安处分的科处与执行应着眼于将来，其中发挥决定作用的，是行为人是否具备继续犯罪从而危害社会的现实危险。

然而，虽然《德国刑法典》规定了对行为人科处吊销驾驶证措施的较

[①] Leipziger Kommentar zum StGB, § 69 Rn. 34.

[②] 在此可举一个极端的案例：行为人甲交通肇事致一行人死亡，且其自身也因车祸四肢全无。对行为人甲的罪行进行分析，对其判处交通肇事罪确定无疑；但是若法院裁决是否对其判处吊销驾驶证的保安处分措施的话，应关注的不是其造成的车祸到底有多惨不忍睹，而是看甲是否具有继续驾驶机动车辆危害社会的可能。考虑到行为人甲四肢全无的情况，即使不对其判处吊销驾驶证措施，也不至于继续危害社会。因此，并不需要对甲判处吊销驾驶证的保安处分措施。

为严格的条件，但在司法实践中，法院对这一措施的适用要宽泛得多。就判例观之，一般而言，只要在驾驶机动车辆与实施犯罪行为之间存在一定的"功能性关系（funktionale Beziehung）"，法院就会判定，在行为人已经实施的犯罪行为、行为人驾驶机动车辆与行为人继续危害道路交通安全三者之间，存在着实际关联，进而决定对行为人科处吊销驾驶证措施。就此而言，德国司法实践中出现了形形色色的各类案例：在某些案件中，行为人将车辆当作抵押，作为骗取贷款的手段；或者通过诈骗手段获得机动车辆；或者将机动车辆作为运输毒品的工具；又或者用机动车辆将性犯罪案件中的受害人从案发现场运送到其他场所抛尸。在上述所有案件中，法院均认为存在所谓的"联系"，并对行为人科处吊销驾驶证措施。依此逻辑，但凡是在案件中出现任何的"机动车辆"字眼，都可能促使法院决定对行为人科处吊销驾驶证措施。与之相应，法院适用吊销驾驶证措施的目的，显然并非仅在于维护道路交通安全。在此之外，这一措施的目的将会被泛化为，保护社会公众免受任何与机动车辆相关的可能的犯罪的侵害。

为有效遏制这一不良趋势，"大判决委员会（Großer Senat）"[1] 于 2005 年作出了一个与此相关的决定。在决定中，大判决委员会认为，《德国刑法典》第 69 条所规定的吊销驾驶证措施的适用目的，仅在于维护道路交通安全，并进一步认为，作为科处吊销驾驶证措施的前提，从对之前犯罪行为的分析中我们应能确定，行为人为达犯罪目的而不惜以牺牲道路交通领域的公共安全为代价。当然，这种情况并不仅仅局限于典型的道路交通犯罪，也可能在一般的犯罪行为当中出现。但不管是何种犯罪，在判定犯罪人已经实施的犯罪行为与将来对道路交通领域公共安全可能造成的损害之间是否具有"紧密联系"的过程中，法院应予关注的核心标准在于，在犯罪行为之前、之中及之后，犯罪人是否具有为达犯罪目的而对其在道路交通中应尽的注意与谨慎义务全然不管不顾的主观恶性。[2]

由此可见，德国联邦法院最终选择了德国刑法理论界所提出的更为严格的判断标准。按照这一标准，在抢劫银行案件中，只有当犯罪人预谋通

---

[1]　根据《德国联邦宪法》第 95 条的规定，"大判决委员会"德国联邦法院内设的审议机关。其设置的主要目的，是通过其审议工作，保证德国联邦法院以及各级法院判决的一致性。

[2]　BGHSt（GS）50, 93（97）.

过危害道路交通的方式，驾驶案发现场或附近的机动车辆进行逃匿时，才可认为具有必要的"联系"；否则的话，仅仅只是驾驶机动车辆寻找作案对象，并不能认为存在此种"联系"。在毒品运输案件中，仅仅只是通过驾驶机动车辆运送毒品而并无危害道路交通的犯罪意图，也并不能认定存在必要的"联系"。

（二）吊销驾驶证措施适用的实质条件

从实质上看，法院判处吊销行为人驾驶证须以行为人"不再适于（ungeeignet）驾驶机动车辆"为条件。对于这一概念的正确理解与准确判定，同样需要谨记，科处与执行吊销驾驶证措施之目的，仅在于保护社会公众免受道路交通领域可能发生的犯罪的侵害。与之相应，只有当行为人在将来仍有可能实施危害道路交通安全的犯罪时，才可认定行为人不再适于驾驶机动车辆。

实际上，对于"不适合性（Ungeeignetheit）"这一条件的判断，与行为人"危险性（Gefährlichkeitsprognose）"有无的判定类似，而在其他保安处分措施的科处过程中，行为人人身危险性的判定无疑处于核心地位。也正是因为，吊销驾驶证措施科处过程中，对行为人"不适合性"的判断，类似于其他保安处分措施科处过程中，对于行为人"危险性"的判定，如果法院肯定了行为人"不适于"继续驾驶机动车辆，则不再需要进而对犯罪人的"危险性"，即"未然之罪是否很有可能（wahrscheinlich）发生"进行判定。这也就是意味着，从行为人不适于驾驶机动车辆的肯定判断当中，可以完全符合逻辑地推断出以下结论：如果不对行为人的驾驶证予以吊销，则其在将来很有可能继续从事危害道路交通安全的犯罪。[1]

那么，法院应当如何判断行为人是否不适于继续驾驶机动车辆呢？对此问题，在司法实务中，总体来看，行为人驾驶机动车辆的"不适合性"可能是由于身体（korperlich）、精神（geistig）以及性格（charakterlich）方面所存在的缺陷。[2] 相对而言，对身体上及精神上缺陷的判断，如视力障碍、反应迟缓或依赖毒品等，较为简单；而针对性格上缺陷的判断，则要复杂得多。较长时间之前的判例一般认为，仅从行为人的行为本身，并不

---

[1] Leipziger Kommentar zum StGB，§ 69 Rn. 58.

[2] BGHSt7, 165（173）.

能直接得出行为人不适于驾驶机动车辆的结论，从而对其驾驶证予以吊销。更为重要的是，必须对行为人确实具有性格上的缺陷这一问题，予以司法上的专门确认。进一步而言，性格上所存在的缺陷，应致使行为人缺少驾驶机动车辆的"一般性的、必要的、性格上的可信性（allgemein erforderliche charakterliche Zuverlässigkeit）"。虽然在标准上有所提示，但不得不说的是，何为"一般性的、必要的、性格上的可信性"标准的内涵有待具体化。实际上，这一过于抽象的判断标准，在司法实践中很难准确地予以把握，可以说，这种标准甚至比法律条文的规定还要抽象得多。

　　同样也是大判决委员会 2005 年的决定，给这一问题的解决带来了重大的转机。大判决委员会认为，只有当行为人的行为表明，其为达到犯罪目的而不惜牺牲道路交通领域的公共安全时，才可得出行为人具有不适于驾驶机动车辆的性格上的缺陷的结论。[①] 据此，只有当行为人已经实施的行为表明，行为人在处理危及道路交通安全的危险时，明显缺乏危险意识（fehlendes Risikobewusstsein），并且表现出严重的不负责任（Verantwortungslosigkeit），法院才可判定行为人具有致使其不适于驾驶机动车辆的性格上的缺陷。譬如，行为人在驾驶机动车辆时饮酒甚至是吸毒，即为此类行为的典型代表与表征。

　　在《德国刑法典》第 69 条第 2 款中，立法者具文规定了法院进行判断所要依据的标准，这大大简化了法院的这一判断过程。在此条款中，立法者列举了四种典型的犯罪行为。一般情况下，若行为人的行为属于四种典型的犯罪行为之一，法院即可直接判定行为人不适于继续驾驶机动车辆。四种犯罪行为主要针对的是典型的道路交通领域的犯罪（Straßenverkehrsdelikte），具体包括"危害交通安全罪"（《德国刑法典》第 315c 条）、"醉酒驾驶罪"（《德国刑法典》第 316 条）、在行为人知道或能够知道其造成严重肇事后果的情况下，所实施的逃匿行为（《德国刑法典》第 142 条）以及在行为人严重醉酒（Vollrausch）的状况下，实施了前述三种罪行之一（《德国刑法典》第 323a 条）。

　　立法上明确规定四种典型的犯罪行为的目的在于，这四种典型罪行，清楚地表明了行为人对其驾驶行为不负责任、蔑视道路交通安全基本要求

---

① 　BGHSt（GS）50, 93（102）.

的严重与恶劣程度。在立法者看来，只要行为人的罪行达到此种程度，就可直接判定行为人不适于继续驾驶机动车辆，而无需其他的更多证明。但与此同时，立法者也规定了对这种立法上的推论所可能存在的抗辩理由，也即，行为人在行为过程中或行为人自身所存在的例外状况，可以成为法院最终作出科处决定的有效抗辩。

在此，引用斯图加特州法院所选编的典型案例，对这一"有效抗辩"的适用予以释明：

> 某甲晚宴饮酒过量并致使醉酒，遂决定乘出租车回家。但考虑到其私家车停于路边（法律对于停车规定了时间上的限制），若将车整晚停于此处，将会受到罚款处罚，遂决定先将其私家车停到附近一公共停车场内。在明知其自身醉酒状况的情况下，某甲于午夜零点四十分，在公共道路上将其车辆开动 15~20 米。在开车过程中，因其操作不慎，撞于路边一石头上，并产生巨大声响，但实际并未造成任何损害。一附近巡逻的交警闻声而至。在之后的血液检验中，确定某甲血液中酒精含量为 1.57‰，系醉酒状态。从犯罪构成上看，某甲的行为完全符合《德国刑法典》第 316 条规定的醉酒驾驶罪，因此，根据《德国刑法典》第 69 条第 2 款第 2 项之规定，应推论其不适于继续驾驶机动车辆。但是，某甲的醉酒驾驶仅仅只构成轻微的刑事犯罪，而且其醉酒驾驶的目的，并不在于危害公共交通安全，恰恰相反，是为了避免对于公共交通所可能造成的妨碍。鉴于此，可以认为，在某甲的（犯罪）行为中，存在着明显的相反证据与例外状况，从而可以构成针对一般的法律推论的有效抗辩。因此，法院最终并未对其科处吊销驾驶证措施。[①]

一个颇具现实意义的问题是，在德国道路交通法上，对于醉酒驾车的初犯，有参加培训的强制性规定。既如此，在犯罪实施与法院判决之间，行为人所成功参加的培训（Nachschulung），是否可以成为推翻一般性法律推论的相反证据。

---

① 案例原型参见 OLG Stuttgart NStZ 1987, 142.

对此，首先需要看到的是，就行为人驾驶机动车辆的适合性判断而言，有待考察的对象应该是判决当时行为人的情况，而不是行为当时行为人的状况。如此，原则上说，在行为与判决之间所发生的变化——其当然也包括此间行为人所接受的培训，应当在法院判决中予以考虑。进一步而言，这期间所发生的变化是否可以推翻，以及能够在多大范围内推翻一般的法律推论，就此问题，很难给出一个一般性的答案，而必须根据具体个案中针对行为人的罪行以及行为人自身的综合判断，对此类问题作出回答。其中，尤需注意的是，也可能包括根据《德国刑事诉讼法》第 111a 条，对于行为人所判处的临时性驾照吊销（Vorläufige Entziehung der Fahrerlaubnis）的情况。

在此之外，如果行为人所实施的犯罪并不属于《德国刑法典》第 69 条第 2 款所列举的四种典型罪名，因此也并不涉及推翻一般的法律推论这一问题，那么，最终判定是否对行为人判处吊销驾驶证措施，需要对行为人的行为及行为人自身作出综合性的评估与评价。在此过程中，举凡是与行为人驾驶机动车辆的适合性相关，且可以据以判断行为人在将来是否很有可能从事危害道路交通安全的犯罪的事实与情况，均须予以重视。由此可见，是否适于驾驶机动车辆的评估，是对行为人在将来从事危害道路交通安全犯罪的极大可能性的判断。应予强调的是，这种判断和评估只能是实践和实证面向的（empirisch），也即，只有从实践经验的总结以及实证数据的归纳中，才能最终获得可信的有效的结论。

以之为据，最需予以重视的，莫过于行为人之前的犯罪记录或者说易于犯罪属性（strafrechtliche Vorauffälligkeiten）。进而，在对行为人之前的犯罪记录进行分析的过程中，对于行为人迄今已经实施的与道路交通安全相关的犯罪，当然需要予以特别重视；除此之外，行为人之前所实施的侵犯财产犯罪（Vermögensdelikten）或者暴力性犯罪（Gewaltdelikten）等，也有可能表明，行为人具有在将来从事危害道路交通安全犯罪的极大可能性。[1]除犯罪前科和再犯表现之外，行为人酩酊大醉的表现、持有驾照的较短时间（比如不足三年）或者是醉酒检测中血液中较高的酒精含量（比如高于1.8‰）等因素，都可作为证明行为人在将来实施危害道路交通安全犯罪之

---

[1]　Schöch, Strafzumessungspraxis und Verkehrsdelinquenz, S. 180.

极大可能的实践基础和依据。①

（三）吊销驾驶证措施适用中"适当性"考量的免除

如果行为人的罪行与人身情况同时满足吊销驾驶证措施适用的形式及实质要件，则法院"必须（obligatorisch）"对行为人判处吊销驾驶证的保安处分措施。对行为人判处吊销驾驶证措施是否适当，就此无需再进行考量（《德国刑法典》第69条第1款第2句）。据此，在吊销驾驶证措施的科处决定中，实际上免除了对于保安处分科处适当性的独立考察。

立法者之所以在此将适当性考量予以排除，主要是出于"利益权衡（Güterabwägung）"的考虑，即，危害道路交通安全的犯罪动辄导致他人死伤、重大财产损失，以及车毁人亡的害人害己的极为严重的社会危害。与之相比，对行为人判处吊销驾驶证措施，可能对其带来的损害微乎其微。同时考虑到，吊销驾驶证措施可以附有期限，且在行为人满足条件的前提下，即可申请主管机关为其重新颁发新的驾驶执照。加之，与其他的保安处分措施可能对行为人造成的权益减损相比，吊销驾驶证措施所可能带来的损害也明显要小得多。由此，在立法者看来，吊销驾驶证措施的判处，在任何情况下都不可能出现所谓的"不太适当"的问题；换言之，立法者并无例外地认为，吊销驾驶证措施的判处，肯定是符合《德国刑法典》第62条所规定的"适当性原则"要求的。

然而，社会现实情况的复杂性，决定了这一问题并不会像立法者所设想的那么简单而明了。在通常情况下对其适当性可予以肯定的吊销驾驶证措施，在实际判例中，却存在诸多"并不适当"的例外情况。例如，若是将职业汽车司机的驾驶证予以吊销，其失去的不只是出行的工具，而且是赖以谋生的手段；倘若将残障人士的驾驶证予以吊销，其失去的不仅是出行的便利，其将有可能寸步难行；假如将农民的驾驶证予以吊销，原来可用农用车辆进行运输的农产品，就只能烂在地头；如此等等。但是，立法者并没有留下对上列特殊情况的犯罪人群网开一面、法中留情的任何可能。因此，不得不承认的是，在此种境况之下，援引"适当性原则"，试图对这一措施的判处予以否定，已告失败。即便如此，为了避免明显的不正义，在目前情况下，也只能退而求其次，适用《德国刑法典》第69a条第1款

---

① Schöch, Strafzumessungspraxis und Verkehrsdelinquenz, S. 181.

所规定的吊销期限的缩短（Verkürzung der Sperrfrist），以及第 69a 条第 2 款所规定的驾驶证吊销所允许的例外（Zulassung möglicher Ausnahmen von der Sperre）① 来解决这一问题。

三、吊销驾驶证措施适用的法律后果

如果行为人被判处吊销驾驶证措施，则随着法院判决或处罚决定的生效，行为人的驾驶证将失去效力（《德国刑法典》第 69 条第 3 款第 1 句）。在吊销驾驶证措施执行期限内，完全禁止行为人驾驶任何机动车辆，也就是说，不存在局限于特定车辆、特定用途或特定时间的驾驶证吊销措施。当然，这并不妨碍行为人在符合驾驶证条例第 20 条第 1 款所规定条件的前提下，经重新申请而获得驾驶证。② 作为主管机关所颁发的正式官方文件，"驾驶证件（Führerschein）"本身将会被予以收回（《德国刑法典》第 69 条第 3 款第 2 句），以"证件文本（Urkunde）"的最终没收，宣告吊销驾驶证措施执行完毕（《德国刑事诉讼法》第 463 条第 1 款）。

上述程序是针对德国主管机关对于行为人所颁发的驾驶证照。假如行为人的驾驶证是由他国的主管机关所颁发的，由于德国国内司法机关无权将他国政府机关所颁发的证件宣告无效，因此，则不存在吊销外国驾驶证的可能，而仅仅只能对行为人判处禁止驾驶措施（Fahrverbot）（《德国刑法典》第 69b 条第 1 款）。③ 既然德国国内司法机关无权宣告他国政府机关所颁发的证件无效，也就同时决定了，德国司法机关也无权将他国政府颁发的驾驶证件予以收回，而只能在对于行为人判处禁止驾驶措施之后，在他国颁发的驾驶证件的指定位置，做出相应的"标识（Vermerk）"（《德国刑法典》第 69b 条第 2 款）。

当然，在对行为人判处吊销驾驶证措施的同时，法院应决定禁止主管机关为行为人颁发新的驾驶执照（《德国刑法典》第 69a 条第 1 款第 1 句），否则，吊销驾照措施的执行，将因欠缺保障而失去判处及执行的实际意义；以此来确保，在行为人不适于驾驶机动车辆的期限内，将行为人从道路交

---

① 此款具体规定为：若有特殊情况表明，保安处分措施适用的目的并不会因此受损，法院可以决定，对特殊种类的机动车辆解除禁止。
② BGH NStZ 1983, 168.
③ Jescheck/Weigend, Lehrbuch des Strafrechts, AT, S. 828.

通领域中予以完全排除。

需要注意的是，如前所述，对行为人判处吊销驾驶证措施，意味着对于驾驶证使用的全面禁止；与此不同的是，在不损害吊销驾驶证措施执行效果的前提下，法院有权决定，从禁止主管机关为行为人颁发新的驾驶执照的范围中，将特定种类的机动车辆排除在外（《德国刑法典》第69a条第2款）。将之与前文所述及的案例相结合，对于职业汽车司机（如出租车、公交车、货车或拖拉机司机）这一特殊的群体而言，除非是其因为在工作过程中驾驶专业的机动车辆而构成犯罪，倘若职业司机在非工作时间内，驾驶私人汽车触犯了刑法，则可对其适用该规定。亦即，在法院对其科处吊销驾驶证措施的同时，在禁止主管机关重新为行为人颁发新的驾驶证的决定中，将行为人在工作过程中所驾驶的专门的机动车辆种类予以排除。以公交车司机为例，法院做出此种决定的结果就是，虽然公交车司机的驾驶证被吊销，但其在符合条件的前提下，有权向主管机关申请重新取得专门驾驶公交车的驾驶证；相应地，其虽然在日常生活中没有资格继续驾驶一般的机动车辆，但是在工作过程中，仍然具备驾驶公交车的资格。①

当然，在此请求法院网开一面的前提，是"特殊情况（besondere Umständ）"的存在。那么，何种事实或情节属于"特殊情况"的范畴呢？由实践观之，这一问题的判定，在法院判决中把握得极为严格。法院在判例中特别予以指出的是，行为人仅仅只存在经济上的困境，并不能构成允许其驾驶专门车辆的"特殊情况"。当然，在行为人的情况符合要求的前提下，如果法院将某种车辆类型从禁止范围中予以排除，则意味着行为人可以立即申请主管机关为其重新颁发此种车辆的专门的驾驶证照。

另外，在对行为人吊销驾驶证的期限（Dauer）的确定上，法院享有极大的自由裁量权。在六个月至五年的期限之间，法院几乎可以任意地做出选择；在满足特定条件的基础上，法院甚至可以决定对行为人判处终身禁驾（《德国刑法典》第69a条第1款第1句、第2句）；而对于再犯，法院对其驾驶证予以吊销的最低期限是一年（《德国刑法典》第69a条第1款第3句）。

概而言之，法院确定驾驶证吊销期限的依据，就是行为人不适于驾驶

---

① Leipziger Kommentar zum StGB，§ 69a Rn. 5.

机动车辆的期限。对此而言，法院需要对行为人不适合驾驶机动车辆的原因，以及行为人自身的情况进行具体分析，才能最终对吊销期限予以确定。① 其他的一般性的刑罚裁量规则，如罪刑相适应原则、刑罚的威慑效力以及刑罚追求的一般预防目的等，在此均不予考虑。据此，法院在最终确定吊销期限之前，需要对行为人人格（Täterpersönlichkeit）、行为人将来可能如何行为以及对行为人判处驾驶证吊销措施可能实际产生的影响等因素，做全面而细致的分析和判别。

虽然对于驾驶证吊销期限据以裁量的标准，立法者在刑法中已经作了明确的规定，而且对于这一规定，大多数刑法学者持赞同的态度，但是在司法实践的具体适用过程中，却难以看到司法机关对于这一标准的严格执行。与之相反，在大多数案件中，法院在裁量驾驶证吊销期限时，并没有将重点置于在立法者和刑法学者看来最为重要的、犯罪行为发生的具体背景原因（Hintergründe）的分析上面，而是程式化地（schematisch）仅仅以犯罪人所犯罪行的种类（Art）以及严重程度（Schwere）为标准。

就此，最典型的例证是，对于违反《德国刑法典》第316条规定的、未造成严重后果的醉酒驾驶罪行的初犯（Ersttäter），一般判处一年期限的驾驶证吊销处罚；而对于再犯（Wiederholungstäter），通常判处两年期限的驾驶证吊销处罚。这基本上已经成为各级各地法院裁量驾驶证吊销期限的默许定式。进而，在法院这种貌似合理的判决定式中，隐含着一个非常明显的逻辑悖论。具体而言，法院要对行为人判处面向未来的驾驶证吊销措施，并对这一措施的执行期限予以确定，应当依据的，当然应该是对于行为人在将来会如何行为，以及是否存在继续犯罪危险的评估和预测；然而，法院在裁判过程中所实际依据的，却是完全面向过去的、对犯罪人已犯罪行的严重程度的分析。②

由此展开，首先需要指出的是，法院的这种做法有避重就轻之嫌。相较于保安处分措施，传统的刑罚措施之所以在历史上出现的时间更早，更容易为一般的社会公众（当然也包括绝大多数的刑法学者在内）所接受，

① Systematischer Kommentar zum StGB, § 69a Rn. 5.
② BGH StV 1989, 388; NStZ 1991, 183.

正是因为刑罚措施的判处是面向过去的。在本质上，刑罚是社会整体对于已经发生的严重扰乱现行的社会秩序、打破社会安宁、严重侵害法益的犯罪行为，所做出的必要的，同时也是必然的反应。在针对犯罪行为而施加刑罚时，司法机关要做的，主要是从过去行为对当下情境所产生的有形影响入手，顺藤摸瓜，发现事实真相，并在此基础上，使犯罪人受到应有的惩罚。然而，保安处分措施的科处与刑罚措施恰好相反，面向未来的保安处分措施所关注的，并非犯罪人过去实施的已然之罪，而是行为人在将来继续犯罪危害社会的可能性和危险性。在司法机关针对犯罪人已然罪行的调查以及刑罚措施的判处过程中，尚且存在困难；其对于未来行为的预测以及保安处分措施的科处，更是难上加难。即便如此，法院在决定对行为人科处保安处分措施的期限的过程中，所考量的却是犯罪人过去的罪行，其间存在明显的不合理和不一致，也就同时意味着，法院如此判断，并无可能得出科学的结论。

进而，有如前文所述，法院亦有将传统刑罚与保安处分相混淆之嫌。虽然在对行为人科处保安处分措施的案件中，大多是与针对行为人的犯罪行为的审判同时进行；与此同时，法院在判定行为人是否满足对其科处保安处分措施的条件的过程中，亦需对于行为人已犯罪行进行分析。当然，在此需要注意的是，法院分析和甄别的，并不（应当）是行为人已犯罪行的种类及其社会危害性，而是对于行为人将来继续实施犯罪的人身危险性（再犯可能性）。已犯罪行所能起到的证明作用，也就是行为人已犯罪行、行为人人身危险性以及行为人在将来继续犯罪的可能性之间的实质关联。但是，正是因为刑罚措施与保安处分措施在价值定位上的明显差异，在同一审判程序中，法院在对行为人判处刑罚措施与科处保安处分措施的过程中，所需要考量的重点实质上完全不同。具言之，在判处刑罚措施时，需要考量的重点是行为人的罪过及其程度，以及罪行的危害性；而科处保安处分措施时，需要考量的重点只有行为人所具有的将来可能实施犯罪而对社会的危险性。可以说，社会危害与人身危险之间的差异，也就表征了刑罚与保安处分的区别。

不容忽视的是，在某些案件中，法院决定不对犯罪人判处传统刑罚措施，恰恰是对其科处保安处分措施的前提条件之一，比如，行为人因患精神疾病而属于《德国刑法典》第 20 条规定的无刑事责任能力人，在其实施了符合犯罪构成的、违法的行为的基础上，法院虽不能对其判处刑罚，但可决定将其收容于精神病院。此外，在某些案件中，法院可以单独决定对行为人科处保安处分措施，比如，在行为人有期徒刑执行完毕之后，视其再犯可能，法院可决定对其执行行为监视措施。

回归到吊销驾驶证措施之上，正如前文所述，法院对行为人科处吊销驾驶证措施的期限，应是行为人不适于驾驶机动车辆的期限，而对行为人驾驶机动车辆的不适合性的判断，主要基于身体上、精神上和性格上三个方面的缺陷，其中最难以判断的，就是行为人性格上的缺陷的存在及其持续的时间。由此可见，法院将行为人驾驶证吊销的期限长短，主要取决于行为人自身存在的性格缺陷的持续时间。根据大判决委员会在 2005 年作出的决定，只有当行为人的行为表明，其为达到犯罪目的，不惜牺牲道路交通领域的公共安全时，才可得出行为人具有不适于驾驶机动车辆的性格上的缺陷的结论。但是，即使法院能够确定行为人存在性格上的缺陷，可对于行为人性格缺陷的持续时间，却没有任何的规范或事实标准可资参照。对此，如同对于犯罪人判处刑罚措施的期限裁量一样，法院又会习惯性地按照犯罪人之前罪行的种类以及危害性，来决定行为人性格上的缺陷所可能持续的时间，从而最终决定对行为人科处吊销驾驶证措施的期限。正因为此，驾驶证吊销这一保安处分措施，事实上存有渐次演变成附加刑的可能与趋势。① 尤需注意的是，与作为附加刑判处的"禁止驾驶"措施相比，驾驶证吊销这一保安处分措施，对行为人造成的损害可能会大很多，主要原因是，倘若行为人被法院无限期地吊销驾驶证，则其遭受的损害，要远远大于法院对其判处的、具有确定期限的禁止驾驶措施。

在存在特殊情况的前提下，法院所判处的附期限的吊销驾驶证措施，也可以提前结束。对此，应当具备的条件是——新的事实的出现，表明行

---

① 对此需要指出的是，驾驶证的吊销作为一种保安处分措施，与作为一种刑罚措施（附加刑种类）存在着天壤之别。其中最主要的，就是保安措施是面向以后、着眼于将来对社会进行保护的，因此需要对行为人及其行为，以及其他情况做全面的分析；而刑罚则是针对于以前的，其考虑的是也只能是行为人已犯之罪行，对于刑罚而言，最核心的就是"罪（责）刑相适应"，其需要分析的核心问题就是行为人的罪过。

为人不适于驾驶机动车辆的情况，已经不复存在（《德国刑法典》第69a条第7款）。对此而言，行为人在被吊销驾驶证的较长时间内，没有再次出现犯罪倾向，或者只是行为人在驾驶证的重新获得方面，存在着职业上或经济上的利益，是远远不够的。[1] 与之相反，在具体案件中存在的其他特殊情况，譬如说醉酒驾车的行为人成功地接受了培训，从而重新具备驾驶机动车辆的能力，亦可将对其科处的吊销驾驶证措施予以提前解除。[2]

而在法院所确定的吊销驾驶证期限经过之后，行为人可再次申请重新获取新的驾驶证（Erteilung einer neuen Fahrerlaubnis）。主管机关决定为行为人再次颁发驾驶证，需要满足以下条件，即，不再存在证据证明，行为人仍然不适于驾驶机动车辆；而且，主管机关对此负有调查取证的职责（参见《驾驶证条例》第20条、第11条第3款第1句第5项）。

鉴于驾驶证的重新申领并非吊销驾驶证措施的执行环节，而是这一保安处分措施执行完毕之后的后续处理；因此，对行为人是否适于驾驶机动车辆的判断，以及是否对其重新颁发驾驶证的决定，由相关的主管机关全权负责，法院对此无权进行干涉。但对此需要注意的是，对于法院在科处吊销驾驶证措施的过程中，所采信的证据和采纳的证明，主管机关不能仅仅依此做出行为人不适于驾驶机动车辆的认定，并由此拒绝为行为人重新颁发驾驶证。倘若如此，则会给行为人带来不适当的损害，也与法院针对行为人科处附期限的驾驶证吊销措施的初衷和目的相悖，影响法院判决的最终执行效力。

如果因为行为人从未向主管机关申请获得驾驶证，或者其驾驶证在其他案件中已经被吊销，在行为人自身并没有驾驶证的情形下，法院只能禁止为其颁发驾驶证（《德国刑法典》第69a条第1款第3句）。在此情况下，法院单独对驾驶证颁发进行有期限的禁止（isolierte Sperrfristerteilung），实际上是作为《德国刑法典》第69条规定的驾驶证吊销措施的另外一种替代之选；相应地，法院对行为人科处此种措施，亦应具备刑法对科处吊销驾

---

[1] Leipziger Kommentar zum StGB, § 69a Rn. 86.

[2] Leipziger Kommentar zum StGB, § 69a Rn. 88.

驶证措施所规定的形式和实质要件。①

如果行为人因成立《德国刑法典》第 315c 条所规定的危害道路交通犯罪或者《德国刑法典》第 316 规定的醉酒驾驶犯罪，而被法院判处刑罚，但并不完全符合《德国刑法典》第 69 条第 2 款所规定的四种典型罪行的犯罪构成，则法院并不能决定对其科处吊销驾驶证措施。在这种情况下，法院一般需要对其判处驾驶禁止措施（《德国刑法典》第 44 条第 1 款第 2 句）。

四、吊销驾驶证措施的适用程序

法院在对行为人科处吊销驾驶证措施的同时，须在判决中宣告对新的驾驶证的重新颁发的禁止。判决内容一般为："本院决定对被告科处吊销驾驶证的保安处分措施。将对其颁发的驾驶证件予以收回。在……的期限内，不得为被告人重新颁发新的驾驶证。"在行为人自身不具有驾驶证的情况下，仅仅只是禁止对行为人颁发驾驶证，如此，则只需宣告最后一句即可。如果虽然控方在审判程序中对驾驶证的吊销提出了刑事起诉，但是法院最终并未判定对行为人吊销驾驶证，则应在判决理由中，对这一情况加以适当的说明。

为保护道路交通安全所涉及的重大的社会公共利益，司法机关在侦查程序中，有权将驾驶证的吊销作为一种"临时措施（vorläufige Maßnahme)"，对行为人予以适用（《德国刑事诉讼法》第 111a 条）。需要具备的条件是：存在必须对行为人立即科处和执行驾驶证吊销的紧急原因。具体言之，一方面，这意味着根据侦查机关已经取得的证据，犯罪嫌疑人极有可能犯有对其立案侦查的罪行；另一方面，从侦查机关已获得的证据出发，可以期待的是，法院将极有可能对行为人最终判处吊销驾驶证的保安处分措施。② 依此可见，临时吊销驾驶证措施的科处，实际上亦应满足《德国刑法典》第 69 条所规定的、法院对行为人最终科处吊销驾驶证措施所应具备的主要条件。而且，科处临时措施的最终决定权，由法官

---

① Leipziger Kommentar zum StGB, § 69a Rn. 3.

② Meyer/Goßner, Strafprozessordnung, § 111a Rn. 2.

(Richter) 所享有和行使。

然而，倘若存在"拖延危险（Gefahr im Verzug）"的情况，警察机关和检察机关也有权决定，将行为人的驾照立即地予以没收（Führerscheinbeschlagnahme）（参见《德国刑事诉讼法》第94条第3款、第98条第1款第1句之规定）。从实质上看，以上条款所规定的"没收驾驶执照"措施，与法院所决定的"驾驶证临时吊销"相比，在条件上并无实质差异。[①] 同时需要注意的是，假如不对行为人的驾照立即予以没收，则行为人极有可能再次醉酒驾驶，或者再次实施其他的严重危害道路交通安全的犯罪，只有在此情况下，才可认为存在所谓的"拖延的危险"。[②] 当然，如果行为人驾驶证被予以没收或临时吊销，则在法院最终科处吊销驾驶证或禁止驾驶措施的情况下，应将行为人驾驶证没收或临时吊销的期间，从最终确定的吊销驾驶证或禁止驾驶的期限中，予以扣除（《德国刑法典》第69a条第4款、第6款）。

五、吊销驾驶证与其他处罚手段的界分

主管道路交通安全的行政和司法机关为维护道路交通安全，有权对行为人决定判处的处罚种类是多种多样的。就吊销驾驶证之保安处分措施而言，法院不仅可在道路交通犯罪的案件中对于行为人科处此项措施，原则上来说，不管行为人因何种犯罪而受到法院审判，只要在审判过程中，法院针对行为人不适于驾驶机动车辆的情况获得了足够的确信，在此前提下，就可决定对行为人科处吊销驾驶证措施。

此外，行政机关（Verwaltungsbehörde）也享有职权，在行政程序中，针对违反道路交通法规的驾驶员，判处吊销驾驶证措施。当然，在此，吊销驾驶证措施的性质系行政措施，不同于之前的保安处分措施（对此见《德国道路交通法》第3条第1款）。[③] 在绝大多数情况下，行政机关吊销驾驶证（verwaltungsbehördliche Entziehung der Fahrerlaubnis）措施通常与对于行为人的罚款决定同时适用。一般而言，最为人们所熟悉的，就是"对多

---

① Meyer/Goßner, Strafprozessordnung, § 111a Rn. 15.

② BGHSt 22, 385（392）.

③ 此款具体规定为：证明行为人不适于或者无能力继续驾驶机动车辆，颁发驾驶证的主管机（Fahrerlaubnisbehörde）可决定对其驾驶证予以吊销。

次违反道路交通法规的驾驶员（在两年期限内扣分达到 18 分）"，可在对其处以罚款的同时，对其驾驶证予以吊销（参见《德国道路交通法》第 4 条第 3 款第 1 句第 3 项）。

对于刑法上作为保安处分措施的吊销驾驶证与行政法上作为行政处罚措施的驾驶证吊销之间的区别，笔者认为，主要有以下方面：第一，前提不同。既然作为保安处分措施的吊销驾驶证措施被规定于刑法当中，作为行政处罚措施的吊销驾驶证措施被规定于道路交通法（行政法规）当中，前者要求的前提条件，是行为人的驾驶行为已构成刑法中所规定的犯罪，而后者仅仅要求行为人的驾驶行为构成违反行政法的违法行为。第二，严厉程度不同。鉴于行为人之前的不法驾驶行为的危害性程度不同，那么对其驾驶行为所判处的处罚措施的严厉性也就不同。显然，作为保安处分措施的吊销驾驶证措施明显要重于作为行政处罚的吊销措施。就此，在前者情况下，法院可决定将行为人的驾驶证无期限地予以吊销；而行政机关所判处的吊销驾驶证措施，则必须附有期限。

另外，在德国刑法规定的刑事制裁体系中，与吊销驾驶证措施最为类似，同时也最容易混淆的刑罚种类，就是《德国刑法典》第 44 条规定的作为附加刑适用的"禁止驾驶"。这两种处罚措施的相同点在于，不管是法院对行为人判处吊销驾驶证还是禁止驾驶，都需以触犯刑法的、严重危害社会公共利益的犯罪行为的认定为前提，而且犯罪行为须通过驾驶机动车辆而实施的，与驾驶机动车辆有关，或者违背机动车辆驾驶员基本义务。但两种处罚方式在功能上却存在很大差异：吊销驾驶证措施的任务，在于将不适于驾驶机动车辆的驾驶人员，从道路交通领域排除出去，以达到保护社会公共利益的目的；而禁止驾驶作为附加刑，其目的在于给予适于驾驶机动车辆但在行为当时违背其作为驾驶员的基本义务的犯罪人以惩戒与训诫（Denkzettel）。也可以说，前者重在预防，而后者着力惩罚。

由此可见，这两种处罚方式在一般情况下是相互排除的关系。但同时需要注意的是，在例外情况下，比如，为维护道路交通安全，即使是不需要驾驶证的机动车（如轻型摩托、电动摩托等），也须禁止行为人在公共交通领域驾驶，则需要对行为人同时科处两种处罚手段。[1]

---

[1]　Nomos-Kommentar zum StGB，§ 44 Rn. 9.

关于吊销驾驶证与禁止驾驶之间存在的具体区别，如表 4-1 所示：

表 4-1　吊销驾驶证与禁止驾驶之区别

处罚方式	吊销驾驶证 （《德国刑法典》第 69 条）	禁止驾驶 （《德国刑法典》第 44 条）
处罚性质	保安处分措施	附加刑
适用前提	驾驶机动车辆的"不适合性"	刑事责任
法律后果	驾驶证的丧失	驾驶证的禁止使用
处罚期限	6 个月至终身	1～3 个月
裁量标准	对"不适合性"期限的预测 且不需遵循"适当性原则"	行为人的罪过及其程度
临时适用	《德国刑事诉讼法》第 111a 条	无

六、吊销驾驶证措施适用的犯罪学分析

根据统计数据，以 2006 年度为例，[①] 在前西德各州（包括整个柏林在内），[②] 共有 108699 人被科处吊销驾驶证的保安处分措施。这不仅显示出，这一措施是适用最为频繁的保安处分措施，而且同时，这一保安处分措施的适用次数，也是《德国刑法典》第 44 条规定的作为附加刑的驾驶禁止之科处数量的三到四倍之多。具体来看，绝大多数适用该措施的案件，系发生在道路交通领域内的犯罪（Straftaten im Straßenverkehr），大概占到 93.8%；除此之外，发生在其他领域内的、导致行为人驾驶证被法院吊销的起因犯罪行为（Anlasstaten），比例则要低很多。在具体罪名的分布中，醉酒驾车罪行占比最高。其中，《德国刑法典》第 316 条规定的没有造成损害后果的醉酒驾车犯罪占比最高，大概为 57.6%。在性别分布上，对男性判

---

① 其他年度情况亦大体相同。

② 需要说明的是，将数据统计的范围限制于西德范围内，主要是由于德国的国情所致。1945年第二次世界大战结束后，德国被美英苏法四国分区占领，并于之后正式分裂成德意志民主共和国（东德）（苏联占领区域）和德意志联邦共和国（西德）（美英法三国占领区域）。东西德国实行不同的社会制度，其法律制度也存在较大的差异。1990 年 10 月 3 日，东西德国正式实现了统一，从而结束了德国战后长达 40 余年的政治上的分裂状态。为解决两国法律制度上的冲突，实现两国法律制度的真正的统一，1990 年 8 月 23 日，东西德之间订立了《德意志联邦共和国和德意志民主共和国关于实现德国统一的条约》。之前的保安处分措施的规定仅适用于原联邦德国（西德）的范围内，仅在统一后，根据《统一条约》规定，德国刑法典以及其中保安处分措施的相关规定，才在全德范围内施行。与之相应，仅在 1990 年德国统一之后，在原东德境内，才真正建立了保安处分制度。

处驾照吊销的比例（87.1%）要远远高于女性行为人（12.9%）。

就法院对行为人所具体判处的吊销驾驶证的期限（Dauer der Sperrfris）而言，数据显示，多于3/4的（79.15%）驾驶证吊销措施的期限处于6个月至24个月之间，更长的期限则较为少见。根据行为人所犯罪行不同，针对于《德国刑法典》第142条规定的事后逃逸罪，一般判处相对较短的吊销驾照期限；与之相反，行为人如果触犯《德国刑法典》第222条所规定的交通事故中过失致人死亡的犯罪，则要面对较长时间的驾驶证吊销的处罚。由此可以看出，为实现保安处分措施目的而对行为人判处保安处分措施的期限，主要是由行为人的罪行所造成的损害结果的严重性所决定的。有如前述，如此评价和判定的合理性，仍然有待商榷。

关于吊销驾驶证措施适用详情，如表4-2所示：①

表4-2 吊销驾驶证措施适用情况表

犯罪类别		科处比例(%)	科处期限占比（%）			
			<6个月	6个月至2年	2~5年	终身
道路交通犯罪		93.8	19.3	79.5	1.2	0.0
具体罪名	危害道路交通安全罪（《德国刑法典》第315c条）	12.2	20.5	78.8	0.7	0.0
	醉酒驾车罪（《德国刑法典》第316条）	57.8	17.7	81.3	1.0	0.0
	非法逃离事故现场罪（《德国刑法典》第142条）	10.2	26.6	72.6	0.8	0.0
	道路交通领域的过失伤害罪（《德国刑法典》第229条）	5.8	21.6	77.1	1.3	0.0
	道路交通领域的过失致人死亡罪（《德国刑法典》第222条）	0.2	19.0	67.3	13.0	0.7
非道路交通犯罪		6.2	20.8	72.6	6.1	0.5

---

① 表格中具体数据来源于德国联邦统计局（Statistisches Bundesamt）官方网站，https：//www.destatis.de/DE/Home/_ inhalt.html.

第二节 行为监视措施

一、行为监视措施所追求的刑事政策目的

行为监视措施规定于《德国刑法典》第 68 条至第 68g 条，这一措施的前身是"警察监视（Polizeiaufsicht）"措施。在第 2 刑事改革（2. StrRG）过程中，行为监视措施被纳入刑法。根据《德国刑法典》第 68 条第 1 款之规定，行为监视措施的内涵在于，如果行为人实施了某项犯罪行为，而刑法对其规定了行为监视措施，那么，在行为人至少被执行 6 个月以上有期徒刑的基础上，如果仍然存在行为人继续实施犯罪的危险，法院可对其科处行为监视措施。在刑事政策上，行为监视的科处与执行追求"双重目的"：一方面，通过针对犯罪人严密的监视与控制（Überwachung und Kontrolle），以防止犯罪人在将来继续犯罪危害社会；另一方面，通过对于犯罪人的帮助与照顾（Hilfe und Betreuung），使其能够控制自身的情绪及心理的波动，最终在非监禁的自由生活中，也能够重新地正常生活，有效预防再犯，成功实现再社会化的最终目标。①

由此可以看出，在行为监视这一保安处分措施的执行过程中，保安处分所追求的（社会）保障目的与（犯罪人）改造目的的紧密结合，处于同等重要的位置。从这一措施所具有的"双重功能（Doppelfunktion）"来看，行为监视措施与《德国刑法典》第 56d 条所规定的、对于宣告缓刑的犯罪人所适用的"缓刑帮助制度（Bewährungshilfe）"之间，存在着诸多类似之处。但是，二者之间不同的是：缓刑帮助制度的适用，以法院将对犯罪人所判处的自由刑宣告缓刑执行为前提，进而，法院决定将对犯罪人判处的监禁刑予以缓期执行，必须以对犯罪人将来的行为方式的积极预测为前提；相反，监视与帮助兼顾的行为监视措施，在性质上作为一种保安处分措施，其适用须以对行为人将来的行为方式的消极预测为前提，亦即，行为人在将来有可能继续犯罪危害社会。

---

① Nomos-Kommentar zum StGB, § 68 Rn. 2.

在刑事政策上，对此保安处分措施存在着较大的争议。在支持者一方看来，对于被判处剥夺自由的保安处分措施的行为人，法院在符合法定条件的基础上，对其宣告保安处分措施的暂缓执行，转而对其执行并不剥夺自由而对行为人所造成的损害大为减轻的行为监视措施。如此看来，行为监视措施的刑事政策地位毋庸赘言。在这其中，行为监视措施发挥着关键性的决定作用。相应地，只有当法院确信，行为监视措施的执行亦能达到防止行为人继续犯罪的危险时，其才会最终决定对行为人剥夺自由的保安处分措施的缓期执行。譬如，如若要将被收容于精神病院的行为人予以释放，负责作出此决定的刑罚执行委员会（Strafvollstreckungskammer）必须完全地确信，即使对行为人不予收容，其也不会再继续犯罪危害社会。但实际上，如果刑罚执行委员会对于即将执行的行为监视措施对行为人所能产生的积极效果完全不予考虑，其一般很难获得对行为人宣告缓期执行、不再继续予以关押所应具备的前提的足够确信。[①]

而反对者将矛头指向的是对于行为监视措施而言更为要害同时也更为根本的问题。学者们批判道，行为监视措施存在着"制度构建（konzeptionell）"上的漏洞，而这大大影响了这一措施适用的效率及效果。遭受质疑最多的就是在行为监视措施执行过程中，行为监视机构（Aufsichtsstelle）与缓刑帮助工作者（Bewährungshelfer）的共同负责机制。反对者指出，在司法实践的具体操作中，以上两个机构非但没有实现立法者所提出的精诚合作、默契配合的构想，反而出现了很多的责任推卸以及权责冲突的问题。在二者之间的关系上，立法者希望缓刑帮助机构与行为监视机构在工作中能够相互配合，相互制约，共同致力于行为监视措施所追求的保护社会与改造犯罪人的双重目的的实现。然而结果却是，二者之间的相互配合肯定是谈不上了，出现更多的是"踢皮球式"的推卸责任、相互推诿；而二者相互制约的后果就是，在缓刑帮助机构的制约下，作为行为监视措施执行之主管机关的行为监视机构，在具体的执行过程中，完全无法获得其应有的主导权，以及对保安处分措施执行的决定权。最终的结果就是，众多的机构带来的是低下的效率，甚至在很多情况下，多个机关的共同负责、相互制约，束缚住了执行工作的"手脚"，使得对犯罪人判处的行为监视措施

---

① Schöch, Bewährungshilfe und Führungsaufsicht, S. 370.

完全无法落到实处，所谓的监视和管理也形同虚设。

正是由于上述问题的持续存在和日渐突出，对行为监视措施进行改革的呼声越来越高。当然，相关建议在改革的力度上有所差异，从对行为监视措施的大规模改革，到从根本上将行为监视措施予以废止，各类改革意见层出不穷。① 在反对声音此起彼伏的背景下，立法者于 2007 年 4 月 13 日出台了《行为监视措施及事后判处保安监禁措施改革法案（Gesetz zur Reform der Führungsaufsicht und zur Änderung der Vorschriften über die nachträgliche Sicherungsverwahrung）》。通过这一法案的颁行，立法者对于废止行为监视措施的建议，给予了直截了当的拒绝。与之相反，立法者颁布这一法案的目的，恰恰就在于通过对行为监视措施中对行为人的帮助与监视工作的改善，促使行为监视措施的适用更有效率，更具实效；特别是在对于顽固的犯罪分子进行改造的过程中，尽可能地保证其在将来不再继续地实施犯罪。为有效地实现这一设想和目标，在该法案中，针对行为监视措施所存在的诸多方面的问题，立法者均提出了有效的应对和解决方案。对此，笔者在下文将展开具体的阐述。

二、行为监视措施的适用条件

在六种具体的保安处分措施当中，行为监视措施的独特之处在于，这一措施除了可由法院决定对行为人适用（《德国刑法典》第 68 条第 1 款）之外，亦可依据法律规定而直接地对行为人予以适用（《德国刑法典》第 68 条第 2 款）。故而，法院决定科处与依照法律规定执行，属于行为监视措施适用的两种基本类型。

（一）法院决定科处的行为监视措施的适用条件

根据《德国刑法典》第 68 条第 1 款之规定，法院决定科处的行为监视措施，是一种非独立的、不能单独予以判处的附加型刑事制裁措施（Zusatzsanktion）。在司法实践中，这一措施的适用所应起到的作用，是在监禁刑罚或保安处分措施执行的基础上，对其所欲实现的社会保护以及犯罪人改造的双重效果，进行进一步的有效补充与巩固。当然，法院对行为人科处

---

① 关于行为监视措施改革方案和建议的概览，参见 Schöch, Änderungen und Ergänzungen, S. 109.

行为监视措施，并不以对其判处的有期徒刑已经执行完毕，或者被宣告缓期执行为前提。而且，需要特别注意的是，在法院决定将对行为人判处的有期徒刑予以缓期执行的过程中，原则上，相对于缓期执行的宣告，法院应当优先选择对行为人科处行为监视措施（对此参见《德国刑法典》第 68g 条）。

1. 法院科处行为监视措施的形式条件

在形式层面上来看，法院针对行为人科处行为监视措施的条件在于，行为人因犯有刑法明文规定可对其适用行为监视措施的罪行，而被判处六个月以上的有期徒刑。与之相应，较为轻微的刑事犯罪是可以从中予以排除的。

在德国刑法典以及附属刑法（Nebenstrafrecht）的诸多条文当中，对行为监视措施的适用，作出了相应的规定。其中较为典型的如特定的性犯罪（《德国刑法典》第 181b 条）、暴力性绑架（《德国刑法典》第 239c 条）、盗窃（《德国刑法典》第 245 条）、抢劫（《德国刑法典》第 256 条第 1 款）、洗钱（《德国刑法典》第 262 条）、诈骗（《德国刑法典》第 263 条）以及严重违犯《麻醉剂管理法（Betaubungsmittelgesetz/BtMG）》的犯罪行为（《麻醉剂管理法》第 34 条）等。如果犯罪人同时触犯了刑法所规定的数个罪行，则只要其中的一个罪行属于法律明确规定可对其适用行为监视措施的罪名，法院即可决定对行为人科处行为监视措施（《德国刑法典》第 52 条第 4 款第 2 句、第 53 条第 4 款）。同时需要注意的是，只有当对于数个罪行中可被科处行为监视措施的罪行，应被判处六个月以上有期徒刑时，法院才可最终决定对行为人科处行为监视措施。[①]

2. 法院判处行为监视措施的实质条件

与其他保安处分措施科处的实质条件类似，法院决定针对行为人科处行为监视措施的实质条件是，行为人在将来可能继续实施犯罪。而且，与科处其他保安处分措施的前提相类似，法院在对行为人科处行为监视措施的过程中，需要确定的是，在行为人已犯罪行与将来可能再次实施的犯罪之间，须存在着"典型的关联（symptomatischer Zusammenhang）"。也就是说，在犯罪人已犯罪行与将来可能实施的犯罪之间，须存在特定的"犯罪

---

① Leipziger Kommentar zum StGB, § 68 Rn. 6.

上的连续性（kriminelle Kontinuität）"。①

进一步来看，对于将来可能发生的犯罪，若其仅仅只是轻微的刑事犯罪是远远不够的；相反，在危害程度上，将来的罪行应与已犯的罪行基本相当。此外，对于将来犯罪发生的可能性程度来看，仅仅只是出于对将来犯罪的隐约担忧是不够的，相反，将来的犯罪的发生必须是"极有可能的（wahrscheinlich）"。当然，对将来的犯罪发生的可能性预测，要以法院判决之时，而不能是犯罪人之前犯罪之时的具体情状作为依据。在行为监视措施的执行过程中，如果行为人自身的状况表明，即使对其不再继续执行行为监视措施，行为人也不再存在继续犯罪的危险与可能，法院可以将对其科处的行为监视措施提前宣告执行完毕（《德国刑法典》第68e条第1款）。

总体而言，对于行为监视措施的科处，法院享有自由裁量权。在法院判处行为监视措施的过程中，依据适当性原则，若存在同样可达到行为监视措施所追求的目的，但同时相较于行为监视措施对行为人损害较小的其他处罚措施，法院应选择对行为人优先适用此措施。

（二）依据法律规定科处的行为监视措施的适用条件

根据《德国刑法典》第68条第2款的规定，在以下两种情况下，需依据法律规定，直接对行为人适用行为监视措施：一是，法院对犯罪人判处的有期徒刑执行完毕；二是，法院对行为人判处的剥夺自由的保安处分措施被宣告缓期执行。以下分而述之。

1. 有期徒刑执行完毕情况下行为监视措施的适用条件

在第一种情形下，直接依照法律规定对行为人适用行为监视措施的条件是，犯罪人因故意犯罪而被判处两年以上有期徒刑，或者因性犯罪而被判处一年以上有期徒刑，且判处的刑罚已经执行完毕（《德国刑法典》第68f条第1款）。立法者之所以作出这一规定，主要是基于以下的考虑：对于被长时间剥夺自由且自身人身危险性较大的犯罪人，为保护社会公共利益起见，在其回归社会之后的最初的一段时间内，仍需对其予以监视与施以帮助。

德国刑法典所做的此种规定，存有其宪法及法律依据。在《联邦德国基本法（Grundgesetz für die Bundesrepublik Deutschland/GG）》当中，已经以

---

① Systematischer Kommentar zum StGB，§ 68 Rn. 8.

传统刑罚措施与保安处分措施所追求的法律目的不同为由，对保安处分措施的独立地位予以认可。因此，在刑罚措施执行完毕之后，根据对行为人人身危险性的评估，对具有人身危险性的行为人另行适用保安处分措施，并不违背《联邦德国基本法》第 103 条第 3 款所规定的"禁止重复处罚（das Verbot der Doppelbestrafung）"原则。① 此外，这一规定也不违反《德国刑法典》第 62 条所规定的"适当性原则"。原因在于，在行为监视措施的法定适用中，还存在一种特殊的情况，即，如果法院在犯罪人刑满释放时，能够确信犯罪人在被重获自由之后将不再继续犯罪，则亦可决定，不对犯罪人科处和执行行为监视措施（《德国刑法典》第 68f 条第 2 款）。

此外，不容忽视的是，对于有明显再犯可能性的犯罪人，立法者甚至还对其规定了完全与罪过无关的、在特殊情况下甚至可以无期限执行的、剥夺自由的保安监管措施。与之相比，行为监视措施对犯罪人权益的侵害可谓是微乎其微；对于行为监视措施，人们将之形象地称为"非监禁的保安监管措施"，从"非监禁的"这一定语的运用中，我们也可以看出，行为监视措施要远远轻于保安监管措施。

2. 剥夺自由的保安处分措施被宣告缓刑情况下行为监视措施的适用条件

针对与剥夺自由的保安处分措施相关联的行为监视措施的直接适用，立法者作出了更为多样的规定。对之进行简要归纳，主要包括以下几种：（1）法院在决定将行为人收容于精神病院或戒除瘾癖的机构的同时，决定对这一措施缓期执行（《德国刑法典》第 67b 条第 2 款）；（2）剥夺自由的保安处分措施应于有期徒刑执行完毕之后再予执行，法院于有期徒刑执行完毕之前，决定将保安处分措施缓期执行（《德国刑法典》第 67c 条第 1 款第 2 句）；（3）剥夺自由的保安处分措施于判决生效后三年仍未开始执行，法院决定将其缓期执行（《德国刑法典》第 67c 条第 1 款第 4 句）；（4）法院决定将剩余期限的剥夺自由的保安处分措施予以缓期执行（《德国刑法典》第 67d 条第 2 款第 2 句）；（5）法院在保安监管措施执行满十年之后，宣告其执行终结（《德国刑法典》第 67d 条第 3 款第 2 句）；（6）收容于戒除瘾癖的机构的措施执行完毕，且法院确定不再存在《德国刑法典》第 64

---

① BVerfGE55，28（30）.

条第 2 句所规定的条件，即不再存在将行为人治愈的可能性（《德国刑法典》第 67d 条第 5 款第 2 句）；（7）法院宣告收容于精神病院措施执行完毕，因这一措施继续执行的条件已不再具备，或者对这一措施的继续执行不符合适当性原则的要求（《德国刑法典》第 67d 条第 6 款第 2 句）。

（三）行为监视措施适用条件的特殊性

行为监视措施所适用情况的多样性，决定了其需要解决的问题的复杂性，也同时决定了法院在对行为人判处行为监视措施时，所需作出的对行为人人身危险性预测（Risikoprognosen）的繁复性。面对《德国刑法典》第 68f 条规定的"刑满释放者（Vollverbüßer）"，以及《德国刑法典》第 67d 条第 5 款规定的"不能治愈的瘾癖药物依赖者"，如果法院最终决定对其科处行为监视措施，则需要做出对于行为人人身危险性的消极预测。而如果面对的是《德国刑法典》第 67d 条第 2 款所规定的被收容于精神病院的行为人，则需要确信精神病院对行为人开展的治疗已取得初步成果，因而可决定对其宣告缓期执行的前提下，法院所需要进一步得出的，就是对于行为人人身危险性降低的积极预测。刑满释放者、不能治愈的瘾癖药物依赖者与缓期执行的精神病院收容者之间的明显对立，直观地体现出了与其他的保安处分措施相比，行为监视措施在面对多种多样的执行对象时，所面临的问题的复杂性以及任务的艰巨性。这种对象之间类别的迥异（Heterogenität），所直接导致的后果，就是在行为监视措施的实践执行过程中，对于监视和帮助手段运用的差别性；也就是说，针对不同的对象或不同的问题，必须采取与之相适应的手段，对症下药地降低其人身危险性和再犯可能性，以期以有限的司法资源，取得最好的执行实效。然而，对于手段方式的选择，并没有成熟的经验可资直接借鉴，也不存在有效的"监视式帮助（überwachende Betreuung）"的固定模式，因此，在司法实践中，确实很难达到行为监视措施执行的理想效果和既定目标。①

《行为监视改革法》的颁布，特别是这一法案对于行为监视措施之法理基础的更深层次的阐述，使得行为监视这一保安处分措施在德国刑法中的地位得到进一步的巩固。该法案颁布的主要目的，就在于完善作为改造与监视手段的行为监视措施，使得这一措施在面对复杂的对象群体时，亦能

---

① Leipziger Kommentar zum StGB, § 68 Rn. 27.

通过对其合适的、与具体情况相适应的适用，来达成保护社会、预防犯罪的刑事政策目的。当然，要使这一改革取得成功，仍需要在实践中对《行为监视改革法》中所提出的新方案予以大胆地运用，并发挥实践对理论的检验作用，促进行为监视制度的不断完善。

三、行为监视措施的具体执行

（一）行为监视措施执行过程中专门机关的任务

行为监视措施执行过程中的专门机关，主要包括行为监视机构（Führungsaufsichtsstelle）、缓刑帮助机构（Bewährungshilfe）以及医疗机构（forensische Ambulanz）。实际上，根据《德国刑法典》第 68a 条第 1 款之规定，行为监视措施的执行工作主要由两大机关负责——行为监视机构和缓刑帮助机构。另根据《德国刑法典》第 68a 条第 2 款、第 3 款之规定，二者共同负责执行针对行为人的帮助、照顾以及监视等工作，但是，两个机构工作的侧重点有所不同。

客观而论，关于缓刑帮助工作者（Bewährungshelfer）在行为监视措施执行过程中、在刑罚缓期执行过程中以及在余刑缓期执行过程中的职责范围和主要工作，德国刑法典的相关规定并无本质的不同（分别参见《德国刑法典》第 56d 条、第 57 条第 3 款第 1 句、第 57a 条第 3 款第 2 句）。在行为监视和缓刑考验两种措施的执行过程中，对缓刑帮助工作者而言，其工作重点均在于，与行为人建立亲密的私人间的帮助关系，使行为人对其形成足够的信赖，以及在行为人正常生活的能力及足够的克服困难的能力的养成过程中，给予其有效的建议和必要的帮助。在缓刑帮助工作者的职责当中，最为重要的，莫过于在行为人刑满释放之后，面临复归社会的诸多困难时，给予行为人必要的建议和帮助，教导行为人如何理性地处理问题，如何在社会上正常地生活，以及如何在重获自由后在社会上自立自强。总而言之，就是在犯罪人刑满释放之后，在刑罚执行机关对其进行的改造，以及所做的促进其再社会化的努力的基础之上，帮助犯罪人成功地实现再社会化的最终目标。

与之并行，缓刑帮助工作者对其帮助对象所负有的监视职责，则主要是对行为人对法律所规定的对其日常生活的指示的遵守情况予以监视，定期地将行为人思想上及生活上的进步，以及有损行为监视措施目的实现的违反法定的指示的行为，报告于缓刑帮助机构。

行为监视机构的设置，属于地方司法机关的管辖范围（《德国联邦刑法典实施法（Das Einfuhrungsgesetz zum Strafgesetzbuch/EGStGB）》第 295 条第 1 款）。在不同的联邦州，行为监视机构的具体设置也各有不同。一般情况下，行为监视机构设置于州法院（Landgerichte）之中。在此框架内，行为监视机构的领导职务，一般由资深的具有丰富的社会经验的法官担任（《德国联邦刑法典实施法》第 295 条第 2 款）。与此同时，行为监视机构的工作人员的聘任办法，在各个联邦州的规定也各不相同。比如，在某些联邦州，行为监视机构的工作人员一般由社会志愿者担任，以期更好地运用社会帮助手段，对犯罪人进行帮助与照顾。有利必有弊，社会志愿者作为行为监视机构的工作人员，对于犯罪人监视的效果却不尽如人意，存在着诸多的问题，并不能完全实现立法者所期待的行为监视措施的帮助与监视的双重功效。[1]

缓刑帮助工作者的帮助以个人对个人的私人之间的亲密关系为基础，与之不同的是，行为监视机构的帮助任务的实现，依靠的主要是超越个人的针对某个特定群体、以资源交流与共享为基础的群体性帮助与指导。与之相应，由此建立了许多诸如租房帮助者、毒品及瘾癖戒除帮助者、经济问题帮助者等具有一定的协会性质的帮助群体。[2]

在司法实践中，通过行为监视机构工作人员的此类工作的大力开展，使得缓刑帮助工作者的工作任务得以大大减轻，从而使其有更多的时间与精力，面对单一的帮助对象，开展更富有个性化的、更具有针对性的同时也更富有实效的帮助与照顾工作。与缓刑帮助工作者相比，行为监视机构工作人员完成监视任务所能支配的手段种类，更为多样和有效。原因在于，行为监视机构可以从全部的政府机关，直接获得其所需要的关于其监视对象的信息，比如，能够从民政部门获得关于行为人居住情况的全部信息。行为监视机构有权运用除审讯手段以外的、全部其他的调查手段。而且，对于调查工作的开展，行为监视机构既可以决定由自己亲自进行调查，也可请求其他的相关机关予以协助或进行调查。在这其中，最为重要的机关

---

① Block, Soziale Dienste in der Justiz, S. 201.

② Nomos-Kommentar zum StGB, § 68a Rn. 10.

当然就是警察机关和检验机关。例如，行为监视机构可以请求警察机关将其监视对象控制于特定的场所（如宾馆、酒店、火车站等）；也可请求检验机关对其监视对象进行尿检或血液检验，从而确定监视对象是否曾经饮酒、用药或吸食毒品等；在满足法定条件的基础上，行为监视机构甚至可以请求警察机关，对其监视对象或监视对象所驾驶的机动车辆进行实时跟踪（《德国刑事诉讼法》第 463a 条第 1 款、第 2 款）。

《行为监视改革法》的颁行，将行为监视机构的权限进一步地予以了扩张。根据《行为监视改革法》所提出的改革建议，如果行为监视机构所监视的对象，并没有在规定的时间到行为监视机构报到，或者没有按照指示向行为监视机构汇报自身的情况，则行为监视机构有权决定对其进行强制性调查或问讯（《德国刑事诉讼法》第 463a 条第 1 款第 2 句、第 3 款）。

按照《德国刑法典》第 68a 条第 2 款、第 3 款之规定，缓刑帮助工作者与行为监视机构工作人员之间，负有相互配合、共同协作的法定义务。然而，规定归规定，现实是现实。在实践操作中，要做到这一点绝非易事，这一规定的实际执行效果也并不理想。在司法实践中，出现了很多诸如关系僵化、责任推卸、信息交流不畅、缺乏合作精神等一系列问题。需要特别指出的是，在实现行为监视措施执行对行为人所欲达到的帮助效果时，缓刑帮助机构绝不是行为监视机构的下属机构，而是属于由立法者明确规定的、具有对保安监视措施的执行对象独立地实施帮助职权的司法机关。与之相应，缓刑帮助机构绝对没有依行为监视机构的指示而行事的义务；在两个机构意见出现分歧的情况下，依立法者的意旨，应由法院作为"中立的第三方（neutralem Dritten）"作出最终的决定（《德国刑法典》第 68a 条第 4 款）。

《行为监视改革法》的颁布还给行为监视措施的执行主体带来了新的重大变化，那就是，法定的医疗机构在德国刑法典条文当中首次正式出现（具体参见《德国刑法典》第 68a 条第 7 款、第 68b 条第 1 款第 11 点、第 2 款第 2 句、第 3 句）。

正是因为看到，近些年来，医疗机构通过从医疗方面对犯罪人进行专业性的研究与治疗，在犯罪人的再社会化方面取得了明显的积极效果，立法者才决定将法定的医疗机构作为行为监视措施正式的执行主体，规定到德国刑法典当中来。立法者此举的目的在于，通过将法定医疗机构纳入行为监视措施执行机关之列，使医疗机构在已有的两个机关所能发挥的作用的基础上，发挥其在对犯罪人进行帮助过程中在医疗方面所具有的专业优势，从而实现在三个机关紧密配合的基础之上，尽可能高效、尽可能有效地促进犯罪人复归社会，尽可能奏效、尽可能明显地降低犯罪人再次犯罪的概率。

通过自身具有的独特功能的发挥，以期给予行为监视机构最大限度的支持与配合，在这一点上，立法者对法定医疗机构的期待和期许，与缓刑帮助机构存在着极大的相似性和可比性（《德国刑法典》第 68a 条第 7 款第 2 句）。但同时需要指出，与缓刑帮助机构不同的是，由于医疗机构对行为人开展的执行工作的专业性，在对行为人治疗工作的具体规划与开展方面，医疗机构应独立负责，不受任何机关或个人的干涉或指挥。立法者更是对此作出了明确的规定：不管是行为监视机构还是法院，都不能以任何理由、任何方式"插手（hineinregieren）"医疗机构的治疗工作。[1]

此外，医疗机构并不负有必须对犯罪人予以接收的法定义务。鉴于医疗机构对于犯罪人提供帮助的专业性，医疗机构可根据其工作能力，以及在医疗机构中对犯罪人能够采取的治疗措施是否能达到将犯罪人治愈的目的，来独立自主地决定是否接收犯罪人。与之相应，法院在决定将犯罪人置于法定医疗机构进行治疗之前，也需事先征求医疗机构的专业意见；否则的话，医疗机构可以上文所述的合理理由，拒绝对犯罪人进行接收并开展治疗。[2]

为实现通力合作、有效帮助犯罪人复归社会的执行目的，实现犯罪人在机构之间的顺利流转，利用三方执行机构各自的优势资源，有针对性地对犯罪人进行改造，自然地，在行为监视机构工作人员、缓刑帮助工作者与法定医疗机构中的医生、心理治疗师和社会工作者之间，需要建立有效的信息流通与共享机制。这种信息的流通与共享，并不构成对《德国刑法典》第 203 条所规定的特殊岗位工作者所须遵守的沉默义务（Schweigepflicht）的违反（《德国刑法典》第 68a 条第 8 款第 1 句）。

此外，为实现有效改造犯罪人、将犯罪防患于未然的目的，根据《德

---

[1] BT-Drucks. 16/1993, 18.

[2] BT-Drucks. 16/1993, 20.

国刑法典》第68a条第8款第2句的规定，医疗机构工作人员对行为监视机构及法院，负有"信息公开的义务（Offenbarungspflichten）"。① 虽然医疗机构工作人员负有的此种义务，是有效实现行为监视措施执行目的所必需的，但是此类义务的履行，也可能会对医疗机构工作人员与犯罪人之间个人信任关系的建立带来障碍，使犯罪人将不利于自身的重要信息予以隐瞒，严重损害对犯罪人的执行效果。因此，服务于有效改造犯罪人、促使其再社会化的目标，医疗机构工作人员将犯罪人个人信息予以披露的范围，限于防止行为人再次实施犯罪所必需。

（二）行为监视措施执行过程中法院的任务

结合前文论述，可以明显看出，行为监视措施的有效执行，需要法院在行为监视执行过程中，进行有效的参与和指导。对于行为监视措施的执行，立法者赋予法院的职权主要包括：对缓刑帮助工作者的选任权（《德国刑法典》第68a条第1款）；对监视执行工作"前进方向（Marschrichtung）"② 的指示权；对行为监视机构与缓刑帮助机构之间分歧的最终决定权（《德国刑法典》第68a条第4款）；对行为监视机构以及缓刑帮助机构工作的指示权（《德国刑法典》第68a条第5款）；为达到保护社会及改造犯罪人之目的，对犯罪人日常生活的指示权（《德国刑法典》第68b条）。

当然，不存在没有限制的权力。立法者在赋予法院诸多权力的同时，亦对其权力行使做出了诸多限制，特别是在面对犯罪人个人之时，对法院的公权力的行使给予了严格的限制，具体而言，法院对犯罪人所规定的指示，不能出于任何的补偿或赎罪的目的；而且从一般的社会观念考量，法院规定的指示应当是合理且恰当的（《德国刑法典》第68b条第3款）。法院给予犯罪人的指示，可被进一步划分为两大类：一是《德国刑法典》第68b条第1款所具体列举的指示种类；二是《德国刑法典》第68b条第2款对于法院指示所作的概括性规定。

作为行为人违反法院指示的法律后果，如果行为人违反《德国刑法典》第68b条第1款所列举的指示的行为，同时符合了《德国刑法典》第145a

---

① Tröndle/Fischer, Strafgesetzbuch und Nebengesetze, § 68a Rn. 10.

② Leipziger Kommentar zum StGB, § 68a Rn. 10.

条所规定的犯罪构成①，则法院应根据德国刑法典的具体规定，对犯罪人定罪处刑。在此，以刑罚手段保障保安处分措施执行，此种规定屡遭诟病。有的学者甚至要求将此规定完全废除，或者是建议通过"强制措施（Zwangsmittel）"将其替代。② 但是立法者最终并未采纳以上建议。恰恰相反，在《行为监视改革法》中，立法者将《德国刑法典》第 145a 条所规定的违反行为监视指示罪的法定最高刑，由一年提高到了三年。

立法者之所以会做出这样的选择，完全是着眼于实际的司法状况，所做出的不得之选。司法实践和实证数据表明，针对主观恶性极大的行为监视对象，以刑罚为手段对其施以威慑，可以起到迫使其严格遵守法院指示的实际效果。当然，需要承认的是，立法者这种"头痛医头，脚痛医脚"的片面做法，可能会损害刑法规定的统一性和体系性。从德国刑法典整体来看，立法者对侮辱、诽谤、恐吓、醉酒驾车等常见的恶劣犯罪，所设定的法定最高刑才为一年；但针对行为人不遵守法院行为监督措施指示的越轨行为，所规定的法定最高刑却为三年。从前后两者的社会危害和主观恶性程度上看，不难得出结论，立法者对违反法院指示的行为人处罚显然偏重。此外，对于《德国刑法典》第 145a 条所规定的罪行，要依据何种标准来进行刑罚裁量，亦即，行为人的主观恶性以及其罪行的社会危害性程度，应由何种因素决定，对此问题并不存在确切的答案。原因在于，德国刑法典所规定的"对行为监视措施执行所追求的目的造成的损害"是否存在，以及损害的程度高低，是过于抽象的问题。鉴于此，为避免违反《联邦德国基本法》第 103 条第 2 款所规定的"确定性原则"，至少关于法院针对行为监视措施执行对象所给予的指示的具体内容，立法者亟须进一步作出更为明确和详尽的规定。

根据《德国刑法典》第 68b 条第 1 款的规定，法院可对行为人作出指示，未经行为监视机构允许，不得擅自离开其住所以及临时居住的场所（第 1 项）；或者要求，行为人在变更居住或工作地点的情况下，毫不迟延地将变更情况向行为监视机构报告（第 8 项）；如此等等。然而，细致考察

---

① 《德国刑法典》第 145a 条的具体内容为：行为人在行为监视期间违反《德国刑法典》第 68b 条第 1 款所列举的指示，并因此对行为监视的实际执行效果造成损害，对其判处三年以下有期徒刑或单处罚金；本罪须由行为监视机构提起告诉。

② Schöch, Bewährungshilfe und Führungsaufsicht, S. 370.

《德国刑法典》第 68b 条第 1 款所规定的、法院可对行为人作出的指示种类，不难发现，《德国刑法典》第 68b 条第 1 款第 6 项所规定的、法院可作出的禁止行为人驾驶机动车辆的指示，以及《德国刑法典》第 68b 条第 1款第 4 项规定的、法院对行为人可作出的禁止从事某些特定行业的指示，不得同时符合《德国刑法典》第 69 条对于科处驾驶证吊销措施所规定的以及《德国刑法典》第 70 条对于科处职业禁止措施所规定的更为严格的条件。否则的话，法院最终只能对行为人科处《德国刑法典》第 69 条或第 70 条所规定的相应类别的保安处分措施。①

通过《行为监督改革法》的颁布，《德国刑法典》第 68b 条第 1 款第 3项中，增加了对于行为人与外界"联系和交往禁止（Kontakt- und Verkehrs-verbot）"的相关规定。其目的在于，防止犯罪人因与之前所熟悉的犯罪群体的交往，而再次误入歧途；或者在与外界交往的过程中，发现新的作案目标，从而给社会整体再次带来侵损。

德国刑法典所明确规定的、法院有权给予的指示种类中，还包括了对行为人接触酒精及毒品的禁止（《德国刑法典》第 68b 条第 1 款第 10 项）。因为事实表明，大量饮酒以及吸食毒品，极其不利于对犯罪人的监视与改造，犯罪人的这种行为或者倾向，很可能导致其在酒精及毒品的影响下，再次实施犯罪危害社会。鉴于行为人接触酒精及毒品的违规行为可能带来的严重危害，为实现对行为人饮酒及吸毒恶行的有效控制，保证行为监视措施的执行效果，法律明确规定，法院进而有权决定，对行为人定期地进行酒精及毒品的抽样检验。但是，在适用这一规定时，为避免因此可能对行为人造成的不必要的损害和侵扰，遵循适当性原则的基本要求，法律同时限制性地规定，对行为人定期进行的酒精及毒品的抽样检验，只能以"酒精测试（Alkoholtest）"以及"毒品扫描（Drogenscreening）"等方式进行，此等手段不会对被检测者的身体造成伤害。

以针对行为人可能判处的刑罚处罚作为强有力的威慑手段，《德国刑法典》第 68b 条第 1 款第 11 项规定了行为人的"报到（Vorstellung）"义务，以达到促使行为人积极接受治疗、主动配合医生工作的效果。在此基础之上，《德国刑法典》第 68b 条第 2 款对于行为人的此项义务作了进一步的补

①　Systematischer Kommentar zum StGB，§ 68b Rn. 10.

充，规定法院可要求行为人接受护理和治疗。此外，法院也有权要求行为人接受精神、心理以及社会护理与治疗（《德国刑法典》第68b条第2款第2句、第3句），只要以上指示的作出以及治疗的接受，能够对行为人的再社会化和正常生活具有助益。

《德国刑法典》第68b条第1款第11项所规定的行为人的"报到义务"，其实际上所指的，就是配合医生治疗的义务；将之与《德国刑法典》第68b条第2款所规定的配合医生治疗以及接受精神、心理和社会治疗的义务相比较，可以看出，在法院指示的实际适用中，从指示的范围上看，法院所作出的针对行为人的指示的内容，实质是大体相当或者说相似的。进而需要思考的问题是，为何要作出上述看似有很大重合的重复性规定呢？首先需要指出的是，在立法时间上看，立法者是先在《德国刑法典》第68b条第2款当中，规定了法院可对行为人作出的接受治疗的指示，此后，又在第68b条第1款第11项中，增加规定了行为人配合医生治疗的义务。与此种立法方式紧密相关的，就是上文述及的《德国刑法典》第145a条关于违反行为监视指示罪的规定，这一条文的具体罪状表述为"行为人在行为监视期间违反《德国刑法典》第68b条第1款所列举的指示……"据此可知，立法者运用刑罚手段进行规制的，仅仅只是行为人违反《德国刑法典》第68b条第1款规定的行为；除此之外，行为人违反《德国刑法典》第68b条第2款规定的、法院可以对行为人作出的指示，并不会由于涉嫌违反行为监视指示罪而受到刑事追诉。

由此展开，在此可以进一步地对《德国刑法典》第68b条第1款与第2款规定之间的关系进行分析。虽然两个条款所规定的，都是法院可以对行为监视措施的执行对象所给予的指示种类与内容，但是，两个条款的规定方式有所不同。在第1款中，立法者运用的是具体列举的方式，对法院指示的不同类型作出了详细的规定；而在第2款中，法院运用的概括规定的方式，其内容为"法院可在行为监视措施执行期间，或者执行中具体的一段时间内，对行为监视措施执行对象作出相应的指示；特别是对于执行对象的教育、工作、自由、经济状况，或者是日常生活基本义务相关的指示"。立法者之所以在规定方式上作此区别，最主要的原因就在于，对于《德国刑法典》第68b条第1款具体规定的指示内容的违反，可能会使行为人遭受刑事制裁，因而在其范围上当然要予以严格的限制。

此外，通过对比第 68b 条第 1 款与第 2 款的规定，我们可以发现，为了达到行为人在行为监视措施执行完毕之后，有效地再社会化的最终目标，在行为监视措施执行期间，法院有权对行为人日常生活的方方面面作出相应的指示。这不仅是因为，《德国刑法典》第 68b 条第 1 款所具体列举的指示种类，已经基本达到了全面覆盖的程度，而且更是因为，立法者在第 68b 条第 2 款中所作的概括性规定，实际上起到了兜底条款的作用。这也就意味着，如果法院不能在第 68b 条第 1 款中找到立法者对相应指示的明确规定，其仍可根据第 2 款的规定，对行为人做出相应的、与其日常生活相关的指示。由此，不可避免地，虽然立法者在第 68b 条第 1 款中并未对某种指示内容进行明确的列举，但这一指示在司法实践中却屡次地甚至是经常性地被法院对行为人做出。如若出现此种情况，则立法者在之后的刑法修改中，就会考虑将这一指示以更加明确的方式规定到第 1 款当中去。同时需要指出的是，如果某种指示频繁地被法院对行为人适用，则反过来说明，这一指示在行为监视措施的执行过程中屡次地被行为人违反，且对这一指示的违反会严重地损害行为监视措施实际执行的效果。在这种情况下，行为监视措施刑事政策目的的实现，也必然要求立法者将这一指示由第 2 款"提升到"第 1 款当中去。毕竟，行为人违反第 1 款与第 2 款的指示的后果，是完全不同的；亦即，对于第 1 款指示的违反，将有可能使法院最终对其判处刑罚。

可以想见的是，在刑罚的威慑效力下，行为人会对规定于《德国刑法典》第 68b 条第 1 款当中的指示更加严格地遵守，以避免可能再次遭受的牢狱之灾。实际上，如此也可促进行为人积极接受改造与帮助，成功地实现行为监视措施执行的既定目标。当然，不容忽视的是，虽然对于《德国刑法典》第 68b 条第 2 款规定的概括性指示，对其违反并不能以刑罚判处作为保障实施的后盾，但是法院在根据这一条款对行为人做出相应的指示时，对于指示的内容以及具体执行的方式，也应当尽可能详细地予以描述和规定，以促使行为人能够更好地遵守法院的指示，更好地按照指示正常生活，也使行为监视机构以及缓刑帮助工作者能够有效地按照指示，对行为人进行监视与帮助，保证法院指示最终的执行实效。

此外，《行为监视改革法》还赋予了法院一项新的职权。为及时遏制行为人在行为监视措施执行过程中所可能出现的不良倾向，避免法院最终不得不决定将之前对行为人宣告的剥夺自由的保安处分措施的缓期执行予以取消的严重后果，对于被宣告缓期执行的收容于精神病院措施及收容于戒除瘾癖的机构的措施的执行对象，根据《德国刑法典》第 67h 条之规定，法院有权决定，"在一定的期限内将其重新收容执行（befristet wieder in Vollzug)"。在此之前，如果在行为监视措施的执行过程中，出现了行为人的行为危害行为监视措施继续有效执行的紧急情况，法院需要通过对行为人处以"保安逮捕令（Sicherungshaftbefehl)"（具体规定见《德国刑事诉讼法》第 453c 条第 1 款）的方式，重新将行为人收容。而且，法院所签发的"保安逮捕令"的具体执行，必须借助于警察机关的逮捕（Verhaftung）手段。因此，在此，立法者以法院"一定的期限内将行为人重新收容执行"决定，对之前执行的保安逮捕令的繁琐程序予以取代。①

具体而言，法院对于行为人适用附期限重新收容措施的情况主要有两种：其一，虽然行为人的情况暂时并未满足《德国刑法典》第 67g 条第 2 款所规定的、撤销对行为人所作出的缓期执行决定的条件，但是，如果法院不及时采取应对或强制措施，对于行为人的不良甚至违法行为予以制止，则很有可能出现的后果是，法院必须将对行为人的缓期执行决定予以撤销。上述情形是法院适用这一措施的一般情况。其二，更进一步来看，即便行为人的情况已经满足《德国刑法典》第 67g 条第 2 款所规定的、撤销对行为人所作出的缓期执行决定的条件，但是考虑到对行为人撤销缓期执行决定的目的，也就是在于将行为人危及保安处分措施执行的行为完全且有效地予以排除。既然如此，通过法院施加的有期限的干预手段，如果也能同样达成这一效果，法院亦可决定，适用附期限重新收容措施。当然，相对于第一种情形，第二种情况属于法院适用重新收容措施的例外情形。对于附期限重新收容措施的适用，行为监视措施的三方执行机构均有权向法院提出适用申请。而且，对于执行机构向法院所提出的适用申请，不存在任何形式上的固定要求。②

关于法院针对被监督对象作出的"一定的期限内重新收容执行"措施的具体期限，法律规定一般情况下为三个月。可是，如果行为人在三个月

---

① BT-Drucks. 16/1993, 17.

② BT-Drucks. 16/1993, 18.

期限经过之后，仍然继续存在危害保安处分措施正常执行的状况，法院可以决定再次对行为人适用此措施，或直接决定继续对行为人执行此措施。但是，法院对行为人适用这一临时措施的最长期限，不得超过六个月（具体规定见《德国刑法典》第 67h 条第 1 款第 2 句、第 3 句）。倘若在法律规定的六个月的最高期限届满之后，行为人危害保安处分措施执行的状况依然没有得以消除，那么，法院只能决定将对行为人宣告的保安处分措施缓期执行的决定，正式地予以撤回，继续对行为人执行先前判处的收容于精神病院措施或收容于戒除瘾癖机构的剥夺自由的保安处分措施。

进一步来看，对于《德国刑法典》第 67h 条第 1 款所规定的六个月的最高期限的计算，存在较大争议。有观点认为，此六个月的最高期限所针对的，只能是法院对行为人判处的某一个保安处分措施。[①] 也就是说，在同一个保安处分措施执行的过程中，不管出现多少次需要将被宣告缓期执行的保安处分措施的执行对象在一定时期内予以再次收容的紧急状况，法院根据《德国刑法典》第 67h 条之规定，对行为人适用的"一定的期限内重新收容执行"措施的总计时间，累计不得超过六个月。可以说，这一观点的出发点是好的，其着眼于"一定期限内重新收容"措施的执行，对行为人可能带来的自由和利益上的减损，认为法院对行为人"再次收容"或者说"暂时收容"的期限不能太长，甚至要避免法院以"附期限再次收容"的方式，来对行为人执行实际上"无期限的收容"措施。特别是考虑到，立法者并未对法院在同一保安处分措施执行过程中，对行为人适用这一"再次收容"措施的次数予以限制，就更是如此。

然而，这一"貌似为行为人着想"的观点，实际上却极有可能"好心办坏事"。

首先，这一观点是不科学的。适用"一定期限内重新收容执行"措施的对象，是被法院之前判处收容于精神病院措施以及收容于戒除瘾癖的机构措施的行为人。此两种保安处分措施所适用的对象，都是由于存在"精神疾病或特殊的瘾癖"，从而需要对其进行收容治疗的犯罪人。进而，"精神疾病和特殊瘾癖"的最大特点，就是其突发性与偶然性。在很多情况下，并不是行为人自己或者是收容机构所完全能够控制的，而在出现这种紧急

---

① Tröndle/Fischer, Strafgesetzbuch und Nebengesetze, § 67h Rn. 7.

状况的情况下，倘若还是对行为人继续执行行为监视措施，而不是将其立即收容并继续进行治疗，对行为人是有利还是有害，答案实际上非常明显。

其次，立法者对于收容于精神病院措施，并未予以执行期限上的任何限制。相应地，执行机构何时将患有精神疾病的犯罪人完全治愈，何时就可以决定对其结束收容措施。对于收容于戒除瘾癖的机构的措施，立法者虽然规定了两年的执行期限，但只要并未出现收容机构认为，不再存在将行为人的瘾癖最终消除的可能性的情况，法院就可决定，将行为人继续地予以收容治疗。由此可见，在两种剥夺自由的保安处分措施的执行过程中，其最终的执行期限都是相当漫长的。出于刑法人道主义考量，以及更有利于改造犯罪人的目的的考虑，立法者规定了将此类被执行人群科处的保安处分措施予以缓期执行的可能。但是，在如此漫长的执行过程中，不可避免地会出现行为人本身症状的反复，这种反复也很有可能会损害到保安处分措施执行的效果。若是在如此长的时间内，法院将被执行者"临时收容"的时间最长只有六个月，那么，其对于执行过程中紧急情况的排除来说，作用可谓是杯水车薪，这一规定实际所能达到的效果自然也会大打折扣。

最后，在对此问题的分析过程中，不容忽视的是，假使法院不再具有将行为人"一定期限内重新收容"的机会，比如因为法律规定的六个月最长期限已经届满，则法院作出的最终决定，不是必须将行为人释放，还其自由，而是要将对行为人宣告的缓期执行予以撤销，正式地将其继续收容于精神病院或者戒除瘾癖的机构。对于被执行的行为人而言，这一建言显然是弊大于利。

综上所述，法律所规定的六个月的最高期限，指的应是法院在行为监视措施执行过程中，面对行为人出现的一次损害保安处分措施执行效果的紧急情况，决定将行为人"一定期限内重新收容"所应遵守的期限限制。

此外需要指出的是，《德国刑法典》第 67h 条第 2 款同时规定，如果在法院所确定的期限届满之前，将行为人一定期限内重新收容措施的目的已经达到，即，行为人损害保安处分措施执行效果的紧急情况已经得以排除，则法院可将此措施的执行提前解除。

（三）行为监视措施执行的期限

根据《德国刑法典》第 68c 条第 1 款第 1 句之规定，行为监视措施的执行期限为 2～5 年；但在具体案件中，法院可将 5 年的最高期限予以缩短

（《德国刑法典》第 68c 条第 1 款第 2 句）。而在特定情况下，如果犯罪人不同意接受对其开展的治疗，对执行机关对行为监视措施的执行工作不予配合，或者对法院对其作出的治疗指示不予遵守，法院也可对行为人判处超过 5 年最高期限的"无期限限制"的行为监视措施（unbefristete Führungsaufsicht）（《德国刑法典》第 68c 条第 2 款）。

而通过《行为监视改革法》的颁布，法院可以对行为人科处无期限的行为监视措施的具体情况，又增加了两种情形：第一，对于患有精神疾病的行为人，如果法院可以预见，其在将来有继续犯罪的危险；第二，对于性犯罪者，法院根据特定事实，可以推测其在将来有继续犯罪的危险。但同时需要注意的是，在此两种对行为人无期限地执行行为监视措施的情况下，应对执行过程中行为人出现的新的情况予以关注和重视。只有在现有情况仍然表明，为保护社会公共利益起见，需要对行为人继续执行超过 5 年最高期限的行为监视措施的前提下，才可继续地对行为人执行无期限的行为监视措施。

尤其需要引起重视的是，法院并不能笼统地针对某一类型的犯罪人群，直接判处无期限的行为监视措施。倘若只是因为在法院看来，性犯罪人群在将来对于社会整体的危害，要远远大于其他的犯罪人群，从而一刀切地认为，应当对性犯罪者科处无期限的行为监视措施；那么，这种做法显然是不人道的，对性犯罪人群来说也是不公平的。而且，从犯罪人的罪行给被害人所造成的身体上的损害及精神上的痛苦来看，暴力犯罪中患有人格分裂或精神疾病的犯罪人，对于社会整体的危险性，肯定不会低于一般的轻微性犯罪案件的犯罪人的人身危险性。与此同时，行为监视措施的实际执行期限，应与实现行为监视措施之执行目标所需要的时间相一致，[①] 也就意味着，只要法院认为，其对行为人科处与执行行为监视措施的目的已经实现，不管之前对行为人科处了多长期限或者甚至是无期限的行为监视措施，法院都必须立即终止对行为人继续执行行为监视措施。

由此，虽然《德国刑法典》第 68c 条具体规定了四种法院可对行为人科处无期限限制的行为监视措施的特殊情形，但在具体案件中，只有行为监视措施目的之实现，需要对行为人无期限地执行行为监视的前提下，法

---

① Leipziger Kommentar zum StGB, § 68c Rn. 4.

院才可最终决定，对行为人科处并执行无期限限制的行为监视措施。这当然也是"适当性原则（比例原则）"的必然要求。

（四）行为监视措施执行的终结

在以下情形中，法院应当宣告行为监视措施执行终结：其一，法定的或者法院予以缩短之后的最高期限届满（《德国刑法典》第68c条第1款）；其二，法院因可期待，行为人在将来不再犯罪，而将行为监视措施宣告执行终结（《德国刑法典》第68e条第2款）；其三，在有期限的行为监视措施的执行过程中，法院决定，对行为人开始执行剥夺自由的保安处分措施或者有期徒刑（《德国刑法典》第68e条第1款第1句第1项、第2项）；其四，需要针对行为人开始执行新的行为监视措施（《德国刑法典》第68e条第1款第1句第3项）；其五，与立法者的一般性的法律推定相反，法院认为，刑满释放的犯罪人不再具有继续犯罪的危险，因此决定，不再对其执行法律所规定的行为监视措施（《德国刑法典》第68f条第2款）；其六，法院将对犯罪人判处的有期徒刑宣告缓期执行，而在缓期执行期间，并未出现应将对犯罪人作出的缓刑决定予以撤回的情况，缓刑期限届满，则法院对犯罪人判决的有期徒刑将不再执行。如果犯罪人的罪行并不属于《德国刑法典》第68c条所规定的、应对其判处无期限的行为监视措施的情形，则针对这一罪行，对犯罪人将不再执行行为监视措施（《德国刑法典》第68g条第3款）。

在此之外，在法院对行为人判处的有期徒刑及剥夺自由的保安处分措施执行期间，对行为人科处的无期限的行为监视措施停止执行（《德国刑法典》第68e条第1款第2句）。[1] 而在刑罚执行机关或收容机关对犯罪人执行有期徒刑或者保安处分措施的过程中，对犯罪人进行有效的监视和帮助，也是主管机构对犯罪人所负有的改造职责的必然组成部分。而且，不管是有期徒刑或是剥夺自由的保安处分措施，其执行都需要将犯罪人予以监禁，或者说其都以剥夺犯罪人的人身自由为前提，而行为监视措施的执行并不以剥夺犯罪人的自由为前提。由此可见，不管是有期徒刑还是剥夺自由的保安处分措施，其对犯罪人执行的强度，都要远远重于行为监视措施。因此，在对犯罪人执行有期徒刑或是剥夺自由的保安处分措施期间，并不需

---

[1]　BT-Drucks. 16/1993, 22.

要对犯罪人同时执行行为监视措施。即便需要，事实上也不具备执行的客观条件，因为行为监视措施执行机关所要执行的对象，正被监禁于"铁牢"当中。

四、行为监视措施的适用程序

法院所科处的行为监视措施，应当与有期徒刑的判决一同予以宣告。对于行为监视措施的具体执行工作，如缓刑帮助工作者的选任、对行为人发布指示、确定执行期限等，法院应做出专门的决议，并将之与判决一同宣告（具体规定见《德国刑事诉讼法》第 268a 条第 2 款）。在开始执行之前，法院应明确告知行为人，如果其在执行过程中，违反法院的指示，触犯《德国刑法典》第 145a 条所规定的罪名，严重损害行为监视措施实际执行的效果，法院将依照相关规定，追究其刑事责任（《德国刑事诉讼法》第 268a 条第 2 句、第 3 句）。

另外，根据《德国刑法典》第 68d 条的规定，法院关于行为监视措施具体执行的决定，也可事后（nachträglich）（也就是不与判决同时）作出。与之相应，在法院判决生效之后、行为监视措施开始实际执行之前，或者是在行为监视措施执行的过程当中，法院可将行为监视措施的具体执行方法予以调整或修改。事后作出的行为监视措施的具体执行决定，或者是依据法律规定对行为监视措施的直接适用，由刑罚执行委员会（Strafvollstreck-ungskammer）具体负责（具体规定见《德国刑事诉讼法》第 463 条第 2 款、第 6 款、第 453 条、第 462a 条第 1 款）。

第三节　职业禁止措施

一、职业禁止措施所追求的刑事政策目的

《德国刑法典》第 70 条至第 70b 条对于职业禁止措施作出了相关的规定。根据《德国刑法典》第 70 条第 1 款第 1 句之规定，职业禁止措施的内涵是，如果行为人恣意通过职业或行业，或者通过违反与职业或行业关联的职责，而实施了符合犯罪构成的、违法的行为，并因此被判处刑罚，或

者只是因为欠缺刑事责任能力，或者由于其无责任能力状态无法被排除，而未被判处刑罚；而且从对于犯罪人及其所实施的犯罪的整体评价中能够看出，倘若允许其继续从事某个职业、职业分支、行业或行业分支，其将会继续实施严重的犯罪行为，则法院可禁止犯罪人在 1 ~ 5 年内禁止从事特定的职业、职业分支、行业或行业分支。

从刑事政策上来看，职业禁止措施的目的在于，保护社会整体免遭犯罪人实施的、具有明显的职业性或者行业性的犯罪行为（Berufs oder Gewerbeausübung des Täters）的侵害。① 与吊销驾驶证措施一样，职业禁止措施所追求的主要刑事政策目的，是保护社会的保安目的；亦即，犯罪人被禁止从事可能给社会整体带来损害的特定的工作，从而被从该职业或行业领域中予以排除。如果行为人无视法院对其科处的职业禁止措施，自己从事或以他人为手段从事法院禁止其从事的职业或行业，在符合法定条件的基础上，法院可以根据《德国刑法典》第 145c 条的规定，追究其刑事责任。

在此之外，法院在对行为人科处职业禁止措施的过程中，并不会对行为人的改造目的予以关注。恰恰相反，因为职业禁止措施所予以禁止的，正是行为人对于特定的职业或行业的从事，所以，这一措施的执行将不可避免给行为人带来经济上的损失，影响行为人的正常生活，甚至可能剥夺了行为人赖以生存的经济基础。从这一方面来看，职业禁止措施的科处，在一定程度上是有损于行为人再社会化目的之实现的。但是，与行为人从事特定的职业或者行业的行为可能对社会公共利益造成的损害相比，法院科处和执行职业禁止措施，给行为人带来的损失相对甚微。因此，这一措施的判处并不违反《德国刑法典》第 62 条规定的"适当性原则"。根据《联邦德国基本法》第 12 条第 1 款②的规定，对于公民职业的自由选择，国家机关可以依照法律予以必要的限制。在法院对行为人科处职业禁止措施的过程中，正是出于保护社会公共利益的目的，根据立法者在德国刑法典中所作出的相关规定，对行为人选择职业或者行业的自由予以必要的限制。

---

① Jescheck/Weigend, Lehrbuch des Strafrechts, AT, S. 829.

② 《联邦德国基本法》第 12 条第 1 款明确规定："德国公民有自由选择职业、工作场所及接受培训的权利；但是对于公民职业的选择，相关机关可以通过制定法律或依照法律，施以必要的限制。"

就此而言，职业禁止措施的规定、科处与执行，本身并不违宪。

二、职业禁止措施的适用条件

（一）职业禁止措施适用的形式条件

法院对行为人科处职业禁止措施所应具备的形式要件在于，行为人对于犯罪行为的从事（对此见《德国刑法典》第 11 条第 1 款第 5 项），而且行为人仅仅只是因为其存在无刑事责任能力状况，或其无刑事责任能力状况不能得以排除，因而未受处罚。进言之，行为人的这一犯罪行为，需与"特定的职业或行业的滥用（Missbrauch des Berufs oder Gewerbes）"，或者从事特定的职业或行业所应具备的基本义务的违反（Verletzung der mit dem Beruf oder Gewerbe verbundenen Pflichten）密切相关。

就"职业"与"行业"两个概念的区分来看，职业是参与社会分工，利用专门的知识和技能，为社会创造物质财富和精神财富，获取合理报酬，作为物质生活来源，并满足精神需求的工作。而行业一般是指，其按生产同类产品或具有相同工艺过程或提供同类劳动服务划分的经济活动类别，如饮食行业、服装行业、机械行业等。通过以上定义与界定可知，职业更多的是从个人经济生活的需要出发，对个人活动进行的分析；而行业更多的是从国家或社会的经济生活的整体出发，对不同的生产部门所作出的界分。但是，二者又有着相互重合的部分，如摄影师可以是一种职业，同时也可是行业当中的一种。

如同前文所述，法院对行为人科处职业禁止措施，必须是因为行为人犯有特定的罪行。同时，行为人所进行的犯罪行为，应当与特定的职业或行业的从事之间，存在着内在的实质关联（innerer Zusammenhang）。继而，对"特定的职业或行业的滥用"中的"滥用（Missbrauch）"是指，行为人无视特定的职业或行业的从事对其所提出的基本要求，通过自己的职业行为，肆意追求与这一基本要求相违背的非法目的。而"对职业或行业义务的严重违背（grobe Verletzung der Pflichten）"则主要是指，行为人的犯罪行为严重违反了在此职业或行业中法律所规定的或者约定俗成的、基本的规则与义务。[①]

---

① Tröndle/Fischer, Strafgesetzbuch und Nebengesetze, § 70 Rn. 4.

不管是行为人对特定的职业或行业的滥用，还是行为人对职业或行业义务的严重违背，其中最为重要的是，行为人的犯罪行为是专门性的、专业性的职业或行业行为的结果，而且，行为人犯罪行为的实施并不是临时起意的偶然行为，而是有目的、有预谋的、经常性的行为。其中，对于这一范围的界定最为关键的是：何种行为是与特定的职业或行业存有内在联系的？

在此，试举例说明：

> 电脑商人李四已经负债累累并丧失基本的债务偿还能力。但对外，李四仍谎称其有足够的经济能力，并与数个供货商签订了新的电脑订购协议。在电脑订购协议签署过程中，李四与电脑供货商以及电脑购买者签订供货及买卖合同的行为，属于典型的与电脑销售行业具有紧密的内在联系的行为。当李四运用职业行为进行欺诈活动时，其明显利用了电脑销售职业所提供的便利条件，同时也就构成了对基本的行业性义务的违背，并不可避免地给供货商造成了巨大的经济损失。因此，李四的犯罪行为也就具备了与职业性活动所需存在的内在联系。[1]

与之相较，比较存有争议的问题是，如果雇主拒绝为其雇员支付劳动合同中约定的社会保险金（Sozialversicherung）并因此构成犯罪，那么，法院是否可以决定针对雇主科处职业禁止措施。应该予以承认的是，为雇员支付社会保险金这一义务，并不属于只针对于某一特定行业或职业的特殊义务；毕竟，不管在什么职业或行业当中，只要是存在劳动关系，雇主就有义务为雇员支付保险金。因此，这一义务是职业或行业中的（或者说劳动领域中的）一般性职责与义务，其约束的对象，是所有行业或职业中的所有雇主。可是，同时应该看到的是，这一义务的来源，必然是行业或职业性行为；亦即，只有当雇主雇佣雇员从事其所要求的专门的职业行为时，雇主才会负有为其雇员支付社会保险金的法定义务。从这一角度来看，这种义务是雇主所从事的职业行为所带来的必然结果。有鉴于此，应当认定的是，雇主拒绝为其雇员缴纳保险金的行为，是与其从事的特定的职业或

---

[1] 案例原型参见 BGH NStZ 1988, 176.

行业存在紧密的内在联系的。① 与之相应，在此类案件中，法院可以基于雇主拒绝支付保险费用的职业性行为，禁止其从事一定的职业与行业。

除此之外，在部分的法院判决以及学术专著当中，出现了以下观点，即，如果行为人不按照规定缴纳销售税、所得税以及营业税（Umsatz-, Einkommens- und Gewerbesteuer），在此种情况下，并不存在所谓的逃税行为与行为人从事的特定职业行为之间的"内在联系"。② 然而，这一观点并未获得德国联邦法院的认同，联邦法院在判决中认定，税款缴纳义务与行为人的职业或行业行为之间，亦存在"内在的联系"。③ 原因在于，只有行为人从事了特定的职业或者行业，其才负有支付与此职业或行业相关的相应税款的义务；更为重要的是，也正是通过其职业或行业行为，行为人才能运用各种手段作为掩饰，实施偷逃税款的违法犯罪活动，并最终给国家的税收收入以及财政体系造成重大损害。反过来看，如若不对行为人从事特定职业或者行业的行为加以禁止，在行为人继续从事其职业行为的过程中，极有可能再次出现偷逃税款的行为，继续危害国家税收制度。由此看来，之所以对特定的行为人从事特定的职业或者行业予以禁止，其中一个重要的原因，就是根据行为人之前的表现和罪行，相较于其他一般的社会成员，其利用职业行为实施犯罪危害社会的危险性，明显要高很多。因此，对于职业、行业内涵的界定，以及对于职业、行业行为与犯罪实施之间的实质关联予以判定的过程中，不宜过多地予以限制。

（二）职业禁止措施适用的实质条件

法院针对行为人科处职业禁止措施所应具备的实质条件是，存在行为人在将来继续利用其职业行为，从事重大犯罪行为（weitere erhebliche rechtswidrige Taten）的危险。就此而论，法院需要对于行为人及其行为进行整体判断，才能做出针对于行为人的危险性评估和预测。若行为人系初次因与其职业或行业行为存在内在联系的犯罪行为，而被法院予以处罚，在此情况下，法院对行为人判处职业禁止措施，所应具备的条件要严格许多。特别需要注意的是，在此类案件中，法院要对刑罚本身是否已经足以避免

---

① BayObLG NJW 1957, 958.

② Tröndle/Fischer, Strafgesetzbuch und Nebengesetze, § 70 Rn. 4a.

③ BGH NStZ 1995, 124.

行为人在将来继续犯罪的危险这一问题作出判断。此外，法院在对行为人进行危险性预测的过程中，法院所预测的行为人在将来可能实施的犯罪行为，必须符合特定的类型，此种罪行应当涉及对行为人职业或行业活动的滥用，或者是严重违反了行为人所从事的职业或行业当中的基本职责与义务。在对将来可能的罪行的预测过程中，行为人已犯的、与其职业或行业行为密切相关的罪行，对法院得出最终结论具有重要的参照作用和证明意义。

对于职业禁止措施的科处与否，法院享有一定的自由裁量权。在此，遵循对全部的保安处分措施判处具有普遍的指导意义的"适当性原则"之基本要求，如若存在同样可以达到防止行为人在将来利用其职业行为继续犯罪危害社会，但同时对行为人损害较小的其他处罚方式或制裁手段，则法院应选择对行为人损害最小的处罚方式。因此，如果通过《德国刑法典》第56c条所规定的、在对犯罪人被法院所判处的有期徒刑进行缓期执行的过程中法院对行为人发布的指示，或者通过《德国刑法典》第68b条所规定的、在对行为人执行行为监视措施的过程中法院对被监视对象所发布的指示，已经足以防止行为人通过职业或行业行为而继续地实施犯罪，则法院应对行为人科处与职业禁止措施相比损害更小的有期徒刑缓期执行或者非剥夺自由的行为监视措施。比如，在雇主拒绝为雇员缴纳社会保险金的案件中，雇主已按照法院的指示，对其所欠缴的保险金予以缴纳，并能够遵守法律的相关规定，不再从事偷逃保险金等与其职业行为存在内在联系的相关犯罪，则应如此处理。

此外，应当注意的是，法院在对行为人科处职业禁止措施的过程中，所禁止的职业的范围，只能局限于可能导致犯罪的职业活动范围。例如，如果一名音乐教师因授课时猥亵儿童而被法院科处职业禁止措施，则此措施所禁止的，只能是其对儿童教授音乐，而不能禁止其对成年人教授音乐。甚至更进一步说，如果涉嫌犯罪的音乐教师为男性，因犯有猥亵女童的犯罪而被法院科处职业禁止措施，则法院予以禁止的范围，只能是音乐教师对于女童教授音乐。

一般情况下，法院也可对新闻从业者（Presseangehörige）判处职业禁止措施。需要特别指出的是，法院对新闻工作者判处职业禁止措施，并不违反《联邦德国基本法》第 5 条第 1 款所规定的"言论自由"原则。[1] 根据《联邦德国基本法》第 5 条第 2 款的规定，"基本法律（dieallgemeinen Gesetze）"出于"保护青少年"或者"公民名誉权"的目的，可以对公民的"言论自由"予以必要的限制。作为"基本法律"的必要组成，德国刑法典的立法者当然可以依据《联邦德国基本法》第 5 条第 2 款的规定，在《德国刑法典》第 70 条中规定对行为人可以判处的职业禁止措施，以防止其利用职业行为继续危害社会。[2] 当然，要使《德国刑法典》第 70 条所规定的职业禁止措施，真正地符合《联邦德国基本法》第 5 条的规定，应当注意的是，因新闻工作者行使宪法所规定的公民的言论自由的职业行为，触犯了刑法的相关规定，法院决定对其判处职业禁止措施，新闻工作者触犯刑法的职业行为所侵犯的，必须是《联邦德国基本法》第 5 条第 2 款所规定的"公民的名誉权"。

三、职业禁止措施适用的法律后果

如果法院依照《德国刑法典》第 70 条规定，对行为人判处职业禁止措施，则行为人将不能从事法院禁止其从事的特定的职业或行业。为避免行为人有意地规避法律规定与职业禁止，《德国刑法典》第 70 条第 3 款规定，不仅行为人自己不能从事法院所禁止的职业活动，倘若行为人通过他人活动——从而自己间接地——继续从事该职业活动，也是不予允许的。依此规定，倘若一个被法院判处职业禁止措施的屠夫，担任一家屠宰有限公司的法定代表人，并对这一公司进行经营管理，屠夫的这种行为是绝对应被禁止的。[3] 与之类似，如果被法院判处职业禁止措施的行为人，通过"傀儡（Strohmänner）"继续进行法院所禁止其从事的职业活动，行为人的这种行为当然也是被禁止的。但是，倘若被法院判处职业禁止措施的行为人，通过与之前的犯罪行为完全无关的独立的第三方，对其企业进行经营，并且

---

[1] 《联邦德国基本法》第 5 条具体规定："任何人都有通过语言、文字、图片的形式将其观点自由表达及传播，以及通过一般途径获得知识的权利。通过广播、电视途径进行新闻与报道的自由亦应得到保障。对此不存在任何形式的审查。（第 1 款）在基本法律中，出于对青少年的特殊保护以及对公民名誉权的保护，可通过相应的法律规定对上述权利予以必要的限制。（第 2 款）公民享有艺术、科学、研究及教学的自由。（第 3 款）"

[2] BVerfGE7, 198（208）.

[3] Tröndle/Fischer, Strafgesetzbuch und Nebengesetze, § 70 Rn. 11.

该第三方对企业的经营管理全权负责，不接受行为人关于企业管理的任何指示，其对于行为人的责任，只在于将企业利润予以交付，此种情况，则不在职业禁止措施予以禁止的范围之内。①

根据《德国刑法典》第70条第1款第2句的明确规定，职业禁止措施执行的期限为1~5年；在特殊情况下，法院也可决定，将对行为人判处的职业禁止措施无期限地予以执行。概而言之，法院具体裁量确定对行为人判处的职业禁止期限的标准在于，行为人利用其职业或行业活动，对社会公共利益可能造成损害的危险，可能在多长期限内将继续存在。

在行为人的具体情况符合法律规定的条件时，法院也可将对行为人判处的职业禁止措施宣告缓期执行（具体规定参见《德国刑法典》第70a条）。法院做出此种决定的前提是，出现了新的事实根据，表明行为人不再存在利用其职业活动继续实施犯罪危害社会的危险。对于《德国刑法典》第63条和第64条所规定的收容于精神病院及收容于戒除瘾癖的机构措施而言，在判决当时，法院就可对行为人宣告保安处分措施缓期执行。不同的是，法院将对行为人判处的职业禁止措施宣告缓期执行的时间节点，最早也要在职业禁止措施正式开始执行一年之后才可作出。②

之所以做出如此规定和要求，原因有四：第一，与收容于精神病院和收容于戒除瘾癖的机构等措施相比，法院对行为人判处的职业禁止措施，其最大的特点就在于，职业禁止并不剥夺行为人的人身自由。由此，职业禁止措施执行给行为人造成的损害，远远要小于前两种措施。因此，行为人要求法院将对其判处的职业禁止措施予以缓期执行的诉求，并不像将剥夺自由的保安处分措施予以缓期执行的要求那么强烈。第二，尽管与收容于精神病院和收容于戒除瘾癖的机构的措施相比，职业禁止措施对行为人的损害相对较小，但这并不意味着其对行为人造成的损害就无关紧要。实际上，在法院对行为人科处职业禁止措施的情况下，其结果必然是行为人不被允许继续从事特定的职业或者行业，这也就意味着，极有可能行为人之前赖以生存、养家糊口的"饭碗"，被法院出于保护社会公共利益的考虑，而"无情"地予以剥夺了。由此可见，职业禁止措施的司法科处以及

① Nomos-Kommentar zum StGB，§ 70 Rn. 31.
② 对此规定的刑事政策考量，参见 Leipziger Kommentar zum StGB，§ 70a Rn. 8.

实际执行，势必将会严重影响行为人正常的经济生活。因此，被执行对象请求法院将对其判处的职业禁止措施予以缓期执行的诉求，也会较为迫切。第三，在行为人的经济诉求与社会公共利益的保护之间，立法者加以权衡，并最终确定职业禁止措施的实际执行期间至少应为一年。这是立法设想在遭遇社会现实时，加以妥协的产物和结果。第四，法院之所以对行为人判处职业禁止措施，是因为之前行为人利用其职业性的活动实施了严重危害社会整体的犯罪行为。其中，行为人犯罪的专业性自不待言，更为关键的是，由于存在行为人从事职业活动的幌子，其所实施的犯罪行为还带有极大的隐蔽性。假如允许法院在对行为人科处职业禁止措施的当时，就对其宣告缓期执行，基本上等于"判了没判"，很难排除行为人利用其职业行为继续实施犯罪的危险。

在实际操作层面，如果法院对行为人判处的职业禁止措施被宣告缓期执行，则应当依据《德国刑法典》第56a条、第56c条以及第56e条等相关规定，并结合在职业禁止措施中，法院对行为人所确定的缓刑期限、所给予的指示、所确定的缓刑帮助工作者以及事后有可能作出的对具体执行工作要求的变更等情况，对行为人进行职业禁止措施的缓期执行和考察（《德国刑法典》第70a条第3款）。如果在缓期执行考验期间，行为人违反法律的相关规定或者法院对其作出的指示，严重危害职业禁止措施的实际执行效果，那么法院可以将对于行为人做出的缓刑宣告予以撤回（《德国刑法典》第70b条第1款、第2款）。而如果在法院对行为人所确定的职业禁止措施缓期执行考验期间，并没有出现应当对行为人撤销缓刑决定的情况，则在法院确定的缓刑考验期限届满之后，被宣告缓期执行的职业禁止措施将不再实际执行（《德国刑法典》第70b条第5款）。

四、职业禁止措施的适用程序

法院对于行为人科处职业禁止措施的决定，应当在判决中同时予以宣告。职业（Beruf）或者职业分支（Berufszweig）以及行业（Gewerbe）或者行业分支（Gewerbezweig），必须在判决当中予以明确指明和说明（具体规定见《德国刑事诉讼法》第260条第2款）。之所以如此规定，原因在于，如前所述，如果在职业禁止措施的执行过程中，行为人继续从事法院对其予以禁止的职业活动，并且情节严重的，法院可以根据《德国刑法典》第

145c 条之规定①，追究行为人的刑事责任。

而在《德国刑法典》第 145c 条的规定中，立法者并没有笼统地使用"职业"这一概念，而是使用了"职业或职业分支、行业或行业分支"这一表述。与之相应，为了对于第 145c 条认定的明确性起见，法院在判决中应对具体的职业、职业分支、行业、行业分支等，给予明确的说明。

为保护社会公共利益免受紧急情况带来的损害，在对行为人展开的侦查程序中，侦查机关亦可决定，将职业禁止作为临时措施，对行为人予以适用（具体见《德国刑事诉讼法》第 132a 条②）。如果行为人在侦查程序中被执行了临时性的职业禁止措施，则其执行期限应从法院最终对行为人判处的职业禁止措施的执行期限当中，予以扣除；与此同时，职业禁止措施的最低期限也可相应地降低，但是降低后的最低期限不得少于三个月（《德国刑法典》第 70 条第 2 款）。

五、职业禁止措施与其他处罚措施的界分

如果法院判处职业禁止措施的对象，属于"公务人员（Beamten）"的范畴，则根据《德国刑法典》第 70 条规定判处的职业禁止这一保安处分措施，可能会与根据《德国刑法典》第 45 条规定③判处的作为附加刑的不得担任公职处罚之间，产生竞合关系。对此问题的处理，德国学界的通说观点认为，因《德国刑法典》第 45 条规定的不得担任公职处罚的适用对象，仅仅只限于从事公职的人员，其限制犯罪人进行的，仅仅只是具有公职性质的职业活动；与之不同的是，《德国刑法典》第 70 条规定的职业禁止措施，却可对所有从事特定的行业或职业的人员适用，其可禁止行为人从事任何的、不管其性质如何的职业活动。鉴于此，相较于《德国刑法典》第

①　《德国刑法典》第 145c 条关于"违反职业禁止罪"的具体规定为："如果虽然法院对行为人判处职业禁止措施，但行为人仍然继续自己从事、为他人从事或通过他人从事法院所禁止的职业或职业分支、行业或行业分支，则应对其判处一年以下有期徒刑或者单处罚金。"

②　《德国刑事诉讼法》第 132a 条规定的具体内容如下：如果存在需要根据《德国刑法典》第 70 条之规定，对行为人判处职业禁止措施的紧急情况，法院可以临时决定，禁止行为人从事特定的职业、职业分支、行业与行业分支。（第 1 款）如果紧急情况不再存在，或者法院在最终判决中并未对行为人判处职业禁止措施，则应将作为临时措施对行为人予以适用的职业禁止措施，决定终结执行。（第 2 款）

③　《德国刑法典》第 45 条第 1 款的规定内容如下：如果行为人因重罪被法院判处一年以上有期徒刑，则其在五年之内不得担任公职或行使选举权利。

70 条之规定，《德国刑法典》第 45 条规定处于特别法的地位。相应地，如果出现两个条款之间竞合的情况，应优先适用作为附加刑的、《德国刑法典》第 45 条规定的不得担任公职处罚。

但同时需要注意的是，行为人虽然具有公职人员的身份，但其进行犯罪活动所利用的，可能是非公职的职业行为。如此，除非其行为符合《德国刑法典》第 45 条所规定的"因重罪被法院判处一年以上有期徒刑"的条件，否则的话，法院应当根据《德国刑法典》第 70 条之规定，对其科处职业禁止措施。与之类似，如果法院有待判处的对象，属于"公证员（Notar）"范畴的话，亦应优先对其适用《德国刑法典》第 45 条所规定的不得担任公职的附加刑（具体规定参见《联邦公证员条例（Bundesnotarordnung/BNotO）》第 49 条①、《德国刑法典》第 45 条）。

《德国刑法典》第 70 条规定的作为保安处分措施的职业禁止措施之外，在联邦立法机关以及各个州的地方立法机关所制定的其他规范性文件中，亦存在着许多关于职业及行业禁止、禁止经营以及执照和许可证吊销的相应处罚措施。对于其中比较重要的规定，简要列举如下：其一，《企业管理法（Gewerbeordnung/GewO）》第 35 条规定，因行为人的不诚信职业或行业行为，而禁止其从事相应的行业活动（Untersagung der Gewerbeausübung wegen Unzuverlässigkeit）；其二，《旅馆管理法（Gaststättengesetz/GastG）》第 15 条规定，因旅馆经营者违规的经营行为，主管机关可将为行为人颁发的旅馆经营许可证，予以收回（Widerruf der Gaststättenerlaubnis）；其三，《联邦律师条例（Bundesrechtsanwaltsordnung/BRAO）》第 14 条规定，由于律师违规的执业行为，主管机关可将为其颁发的律师执业资格证，予以收回（Widerruf der Zulassung zur Rechtsanwaltschaft）。

此类处罚举措因其适用的条件，以及行为人行为的严重性，与《德国刑法典》第 70 条对于职业禁止的规定之间，存在着重大区别；并且此类规则针对的对象，都是特定的职业群体（比如企业经营者、旅馆经营者以及律师等）；而且从法律性质上看，以上规则所规定的措施，属于行政处罚或者纪律处分，而《德国刑法典》第 70 条所规定的职业禁止措施属于保安处

---

① 《联邦公证员条例》第 49 条规定的具体内容为：法院刑事判决对公证人员的公职丧失的影响，相应地参照针对司法机关工作人员的相关规定。

分措施；因此。在适用这些措施时，比较容易将之与刑法典规定的职业禁止措施区分开来。

最后需要注意的是，虽然以上措施在性质上迥异于《德国刑法典》第70条所规定的职业禁止措施，但如果行为人在被法院判处职业禁止措施之前，曾经被相应的行政主管机关判处过以上处罚措施中的一种甚至是数种，那么，法院在裁量对其确定的职业禁止期限时，应对以上处罚予以考虑。因为这对于法院准确地作出行为人的人身危险性预测，无疑具有重要的参考意义与证明作用。

第五章
剥夺自由的保安处分措施

第一节　收容于精神病院措施

一、收容于精神病院措施所追求的刑事政策目的

根据《德国刑法典》第 63 条之规定，收容于精神病院这一措施的适用对象，系因其患有精神疾病或精神异常，而在无刑事责任能力或减轻刑事责任能力状况下，实施了刑法所禁止的法益侵害行为，并且根据其精神状况，法院预测其在将来很有可能继续实施犯罪危害社会的行为人。

收容于精神病院措施所追求的刑事政策目的，在于保护社会公众免受患有精神疾病或精神异常的行为人（psychisch kranke oder gestörte Täter）所实施的符合犯罪构成的违法行为的侵害。而法院对行为人科处收容于精神病院措施，所欲达到的首要目的，就是保护社会的防卫目的（Sicherungsgedanke）。与之相应，对患有精神疾病或精神异常从而具有重大的人身危险性的行为人，科处和执行收容于精神病院措施，最先予以考虑的应当是对社会公共利益的保护。收容于精神病院措施的执行，首先就要求将行为人进行收容与关押，剥夺其行为的自由，从而避免行为人可能对社会造成的损害。

在此之外，与这一目的相比，对行为人的精神疾病或精神异常的治疗与改善的目的，处于相对而言较为次要的地位。具体来说，在法院对行为人科处收容措施（Anordnung der Maßregel）的过程中，对改造行为人的目的，根本不需予以考虑；只有当收容措施正式开始执行之后

（Maßregelvollzug），对于行为人进行改造的目的，才会在收容措施的执行过程中发挥其指导作用。

在法院对行为人判处收容措施之后，收容措施的执行机构应主要根据医生的医学观点（ärztlich），对行为人开展改造与治疗，争取将行为人的精神疾病完全治愈，或者至少是将其精神病症予以一定程度的缓解（就此具体详见《刑事执行法（Gesetz über den Vollzug der Freiheitsstrafe und der freiheitsentziehenden Maßregeln der Besserung und Sicherung/StVollzG)》第136条之规定）。据此可知，在收容于精神病院措施所追求的两项目的当中，通过将行为人予以收容并剥夺其行动的自由，保护社会免受行为人可能继续实施的犯罪行为的侵害，这一社会防卫目的显然是比较容易实现的。然而，由于对行为人精神疾病的治疗，面临着医学手段以及医疗设备上的必然的限制，对行为人进行治疗和改造的目的，不仅不是收容于精神病院措施所首要追求的目的，在很多情况下，不得不承认的是，也是最终并不能完全予以实现的目的。①

二、收容于精神病院措施的适用条件

（一）收容于精神病院措施适用的形式条件

形式上来看，法院对行为人判处收容于精神病院措施的条件在于，行为人在减轻刑事责任能力或无刑事责任能力状况下，实施了触犯刑法的犯罪（rechtswidrige Tat）。在此需要注意的是，作为法院决定对行为人判处收容于精神病院措施，如果行为人仅实施了一般的违法行为（Ordnungswidrigkeiten），仍是远远不够的。当然，行为人在犯罪实施当时，主观上是出于故意还是过失，在此并无任何讨论的价值。另外，如果行为人所触犯的罪行，是刑法典中明确规定的告诉才处理的"亲告犯罪（Antragsdelikt）"，但是被害人本人或者有权提起告诉的主体，并没有向法院提起告诉（Strafantrag）；又或者是，如果行为人的犯罪实施并未既遂，而刑法典中明确规定，对此种罪行的未遂状态（Versuch）不予处罚。那么，在这两种情况下，法院均不能决定，对行为人判处收容于精神病院措施。②

---

① Systematischer Kommentar zum StGB, § 63 Rn. 2.
② BGHSt 31, 132.

在某些具体案件中，法院要对行为人行为的刑事违法性进行判断，经常会遇到诸多的难题。原因在于，在德国刑法中，行为人的精神疾病或精神异常的状况的存在，不仅会涉及行为人有无刑事责任能力或者是刑事责任能力是否减轻的问题，在德国刑法教义学上的犯罪论体系（strafrechtsdogmatischer Verbrechensaufbau）（其中特别是犯罪论中的三阶层结构）当中，在犯罪行为的"构成要件符合性（Tatbestand）"层面，行为人此种状况的存在，也可能会对犯罪构成中，行为人主观上的故意的存在产生影响。由于无刑事责任或减轻刑事责任状况的存在，其可能使得法院认为，行为人存在《德国刑法典》第16条①所规定的、排除行为人主观故意的构成要件事实认识错误（Vorsatz ausschließender Tatbestandsirrtum）。对此予以举例说明：

> 行为人李四患有臆想症，属于《德国刑法典》第20条所规定的"精神上的病理性的错乱（krankhafte seelische Störung）"，所以李四系无刑事责任能力人。在实际丧失经济能力的情况下，李四臆想他的企业经营良好，并以此为幌子，在其商业合作伙伴当中招摇撞骗，给他人造成了重大的经济损失。

对于此案，在客观上，李四的行为已经符合《德国刑法典》第263条所规定的诈骗罪的犯罪构成；但在主观上，却可能存在阻碍行为人诈骗故意的构成要件认识错误。具体而言，李四并不认为自己丧失了经济上的履约能力，也不认为自己是在实施诈骗，因而主观上也就不存在欺骗或者是诈骗的故意。

对于在此案件当中，行为人李四是否存在"触犯刑法的行为"这一问题，是存在较大争议的。一方论者坚决否认上述行为的刑事违法性，其认为，行为人李四主观上存有构成要件认识错误，使得李四的行为由于缺乏主观上诈骗的故意，从而不可能完全符合诈骗罪的犯罪构成，因此可以阻却诈骗罪的成立。相应地，既然行为人李四的行为并不构成对刑法所规定

---

① 《德国刑法典》第16条第1款的具体内容为：如果行为人在行为当时，对法律所规定的犯罪的构成要件事实存在着认识上的错误，则应排除行为人主观故意的存在。

的诈骗罪的违反，也就不具备法院对其判处收容于精神病院措施的形式上的要件。① 毕竟，如前所述，法院要对行为人科处收容于精神病院措施，需要以行为人的行为触犯刑法为前提；仅仅只是因为行为人无刑事责任能力状况的存在，或者是其无刑事责任能力状况不能得以排除，法院才不能对其判处刑罚。

与之相反，另一种观点则认为，即使行为人的精神疾病或精神异常直接造成了其犯罪构成要件事实认识错误的出现，从而排除行为人主观上犯罪故意的存在，并导致其行为刑事违法性不能成立。但是，《德国刑法典》第 63 条所规定的收容于精神病院这一措施所欲达到的刑事政策上的对社会公共利益保护的目的要求，只要行为人主观上存在"自然意义上的犯罪意志（natürlicher Tatwille）"，则不论对其行为的刑法评价的最终结果会是怎样，仅仅只是基于行为人所客观存在的精神疾病或精神异常导致，其在将来可能会实施犯罪，从而继续地危害社会这一点，就足以让法院下定决心，对此类行为人科处和执行收容于精神病院的保安处分措施。②

简单比较两派观点，笔者认为，后一种观点显然更为可取。理由有二：其一，后一种观点能够坚持保安处分措施在刑事政策上的目的追求，及其在法院对行为人判处保安处分措施过程中所能够发挥的宏观上的指导作用。对于法院对行为人判处保安处分措施，不管立法者对之所规定的具体条件是什么，以及立法者最终将保安处分措施所判处对象的范围划定为多大，立法者所首先应当依据的标准，必定是保安处分措施判处以及执行所追求的刑事政策上的目的。这也就是一般所说的，人类活动的目的（或者说目标）对人的具体的行为的指导作用的鲜明体现。

作为立法机关所制定的法律的实施者，司法机关（特别是以法院为中心的保安处分措施的决定与执行机关）在适用立法机关所制定的具体规定的过程中，尤其是在对立法机关制定的法律在适用过程中进行解释时，其中一个非常重要的方法就是"主观目的解释（历史解释）"，也就是对于立法者主观的立法旨意，或者说立法目的的探求。在保安处分措施的适用过程中，这一点就具体表现为，法院在适用具体的保安处分措施以及其适用

---

① Jescheck/Weigend, Lehrbuch des Strafrechts, AT, S. 808.
② Ukena, Unterbringung in einem psychiatrischen Krankenhaus, S. 123.

的具体条件的相关规定的过程中，尤其是在对规定进行（适用性）解释时，当然应当遵循立法者在制定此规定的过程中所遵循和追求的刑事政策目的。在法律发挥其对于社会的治理以及控制功能的过程中，立法者所做的，是从社会的实际需要出发，制定出具有特定的社会控制及治理目的之法律规范。在立法者将法律以成文法的形式予以颁布之后，司法者就应按照立法者所制定的法律规定，处理法律实践中出现的具体的法律问题，解决社会纠纷，化解社会矛盾，维护社会和谐，促进社会进步。司法者适用法律的这一过程，也就是将立法者制定的书面上的法，变成社会生活中实际适用的现实的法，是对法律的社会控制及治理的功能的具体实现。在这一过程中，为保证法律实施的统一，促进法律更好地与社会需要相结合，保证法律实施的社会效果，最为重要的，就是发挥法律所追求的社会目标的指导作用。相较而言，前一种观点由于与立法者的立法旨趣径相悖违，自然并不可取。

另外一个同时也是更为具体的理由在于，如若按照第一种观点的处理方式，严格遵循对德国刑法理论上对于构成要件符合性判定的具体要求，在司法实践中可能会产生明显不合理的结论，以及在具体案件之间显然不公正的处理结果。

对此再举一例：

> 王一患有被追踪强迫症，这一病症也属于《德国刑法典》第 20 条意义上的精神疾病，由此，行为人王一也是无刑事责任能力人。一天，当王一与田二聊天时，王一认为，田二递香烟给他的动作是对他进行的攻击，从而用力一棒，将田二打成重伤。

在此案件中，行为人王一患有精神疾病，且王一患有精神疾病的情况，也导致其做出了错误的认识与判断。但是，王一的认识错误，从体系上看，并不属于《德国刑法典》第 16 条所规定的构成要件认识错误，而仅仅只属于对构成要件以外的事实的认识错误。也就是说，王一产生错误认识的对象，仅仅在于田二递烟的动作是对其进行的攻击，这对于刑法上得出王一攻击田二的故意伤害罪行而言，不产生任何影响。因此，王一认识错误的存在，并不能够排除其故意伤害的主观故意的成立。这也就意味着，从刑法理论上进行判断，当王一对田二进行攻击时，王一在主客观两个方面，都完全符合德国刑法典所规定的故意伤害罪的犯罪构成。相应地，按照第一种观点，既然行为人王一对他人进行攻击的行为，完全符合刑法所规定的故意伤害罪的犯罪构成，所以法院应认定行为人王一的行为具有刑事违法性，存在法律所规定的、对其判处收容于精神病院措施的形式上的条件，从而决定对行为人王一判处收容于精神病院的保安处分措施。

在进一步分析之前，首先需要指出的是，在第二则案例中，不管是按照何种观点，法院均应对行为人判处收容于精神病院措施。也就是说，第二种观点在对两个案例进行分析的过程中，其观点立场以及最后得出的结论，自始至终都是一致的，即，在行为人存在无刑事责任能力或减轻刑事责任能力状况的情况下，不管其刑事责任能力不完全的状况影响的是行为人对构成要件事实还是非构成要件事实认识的错误，只要行为人存在的此种缺陷对其犯罪实施产生了影响（比如，在第二个案例中，精神疾病的存在，影响的只是王一犯罪的起因），就可对其判处收容于精神病院措施，对其进行收容和治疗。

与之有别，第一种观点对于两个案例所得出的结论是不一样的。而其原因，就仅在于在第一个案例中，行为人的精神疾病所带来的行为人的主观上的认识错误的对象，系刑法理论上所重点区分的构成要件事实；而在第二个案例中，错误本身针对的并非构成要件事实。可是，仅仅只是因为刑法理论上对于构成要件事实与非构成要件事实的区分，而在具体案件中，行为人之间又确实存在这种差异，即在其他情况——患有精神疾病、实施犯罪、精神病症与犯罪行为之间的因果关系——皆相差无几的基础上，对前一行为人不予判处收容措施，而对后一个行为人则选择判处收容措施。如此，在刑法理论上为研究方便而创造的对于犯罪相关事实的区分，显然给行为人带来了极其不公正的差别待遇。这种尴尬情形的出现，也恰恰从侧面证明，前文所强调的保安处分措施的刑事政策目的对于具体措施的司法适用的指导作用的重要性。

再次予以强调的是，立法者规定以及司法者适用收容于精神病院措施的目的就在于，针对因精神疾病的影响而实施犯罪的行为人，防止其因精神疾病而再次犯罪危害社会。在此之外，至于行为人的精神疾病对于行为人犯罪的实施是具体如何产生影响的，影响的具体方式是什么，均非法院在决定是否对行为人判处收容于精神病院措施时，应当或必须予以考虑的问题。在决定是否科处保安处分措施的过程中，法院更不需要固守刑法理论上对构成要件、认识错误、故意排除等所展开的论证及得出的结论。

综上所述，笔者认为，第二种观点显然更为可取。也就是说，对于作为科处收容于精神病院措施之形式要件的行为的刑事违法性判定，当然不能完全拘泥于现有的犯罪论论争的严格界分。

进而，立法者所规定的，行为人必须是在无刑事责任能力或者减轻刑事责任能力的状态之下（im Zustand der Schuldunfähigkeit oder derverminderten Schuldfähigkeit），实施了触犯刑法的行为。这一条件的具体要求是，行为人自身至少应确定地具备明显的减轻刑事责任能力的状况。对此进行分析，在具体的案件中，法院可以据以决定对行为人判处收容于精神病院措施的情况包括且仅包括以下三种：其一，行为人因行为当时无刑事责任能力状况的存在，而被法院判决不承担刑事责任；其二，行为人因在行为当时无刑事责任能力状况无法得以排除，而被法院判决不承担刑事责任；其三，行为人因行为当时减轻刑事责任能力状况的存在，而被法院判决减轻处罚。在此之外，还存在另外一种与行为人的刑事责任能力相关的情况，即法院因为不能排除行为当时行为人减轻刑事责任能力的状况的存在，而对行为人适用《德国刑法典》第 21 条中减轻刑事责任能力的相关规定。

但需要注意的是，在此种情况下，法院并不能根据《德国刑法典》第 63 条之规定，对行为人判处收容于精神病院措施，因为在《德国刑法典》第 63 条所规定的条件中，并不包括此种情形。遵循"存疑有利被告（in dubio pro reo）"① 的刑事法基本原则，在法院对于行为人是否存在减轻刑事责任能力状况存在合理怀疑的情况下，应当遵循对被追诉人有利的原则，认定行为人存在减轻刑事责任能力的情况，从而对行为人减轻处罚，给行为人带来对其有利的结果。

然而，在法院决定是否对行为人判处收容于精神病院措施的过程中，如果法院确定行为人存在减轻刑事责任能力状况，则应最终决定对行为人

---

① 存疑有利被告原则，拉丁语为"in dubio pro reo"，德语表示方式为"im Zweifel für denAngeklagten"，简称为"存疑法则（Zweifelssatz）"。这一原则的基本含义为，如果在刑事诉讼过程中，法院对行为人的罪责的确定存在疑问，则不能认定和判决行为人有罪。

判处收容于精神病院措施。虽然不容否认的是，在行为人被收容的过程中，收容机构会对造成其减轻刑事责任能力状况的精神疾病或者异常进行治疗，实现保安处分措施执行中的改造目的；但是，在收容措施执行过程中，收容机构最先要做的，就是将行为人的人身自由予以剥夺，而且收容措施执行首先追求的目的，并不在于对行为人的治疗与改造，而是有效保护社会的社会防卫目的。况且，从收容于精神病院措施的性质来看，其属于刑法中规定的保安处分措施，而保安处分措施进而属于德国刑事处罚体系的有机组成部分；也就是说，归根结底，收容措施是对行为人权益的剥夺，会给行为人带来不利的损害后果。鉴于此，在此过程中，若是一概而论，认为法院在对行为人减轻刑事责任能力状况是否具备存在合理怀疑时，均应得出行为人确定具备减轻刑事责任能力状况的结果，并不一定会得出对行为人有利的结论，也并不一定真正符合"存疑有利被告"之原则。就此问题，在具体案件中，应当具体问题具体分析，真正地作出对行为人有利的判决结果。

此外，如果法院对于行为人究竟是存在无刑事责任能力状况还是仅存在减轻刑事责任能力状况，存在合理怀疑，遵循"存疑有利被告"原则，应认定行为人存在无刑事责任能力状况，从而决定对行为人不予处罚。与此同时，不管是行为人存在无刑事责任能力状况还是减轻刑事责任能力状况，法院均须根据《德国刑法典》第 63 条的规定，对行为人判处收容于精神病院措施，所以在此情况下，不管法院如何决定，即最终确认行为人存在无刑事责任能力状况还是减轻刑事责任能力状况，给行为人所带来的最终的处罚结果而言，没有任何区别，因此也就不存在违背"存疑有利被告"原则的问题。

对于立法者所规定的、行为人应具备无刑事责任或减轻刑事责任能力状况当中，"状况（Zustand）"这一概念，以及通过行为人这一特殊"状况"的存在，法院应当可以合理地推断出，行为人"已犯的罪行（Anlasstat）"与行为人在将来可能实施的其他犯罪行为之间的典型联系（symptomatischer Zusammenhang），也就是，不管是行为人过去已犯的罪行还是未来将犯的罪行，均可追溯到其精神疾病或异常所导致的无刑事责任或减轻刑事责任能力状况的存在，均必然要求，对于行为人科处收容于精神病院措施，明显需要具备的前提是，行为人所存在的无刑事责任或减轻刑事责任能力状况，应是源于行为人持续性的（länger dauernd）而不是短暂的（vorübergehend）精神上的缺陷（psychischer Defekt）。

相反，在行为人仅仅存有短暂的精神异常的情况下，比如，行为人因其自身出现的短暂的兴奋过度，导致其暂时性地失去判断及控制能力，并在此状况之下，实施了待决的犯罪行为，那么，法院应排除对其科处收容于精神病院措施的必要与可能。因此，在法院决定对行为人判处收容措施的过程中，在对行为人所存在的精神疾病或者精神异常情况进行诊断时，应对其精神疾病或者精神异常状况的持续时间或者说可持续性（Dauerhaft-igkeit）予以特别关注。①

（二）收容于精神病院措施适用的实质条件

在实质层面上，法院决定对行为人科处收容于精神病院措施，所应具备的条件是，对行为人及其行为的综合评价（Gesamtwürdigung des Täters und seiner Tat）表明，行为人由于精神疾病或者精神异常状况，在将来极有可能继续地实施犯罪。因此，对于社会整体而言，行为人是具有人身危险性的。简而言之，在此需要具备的，系"对行为人在将来能够遵纪守法的消极预测（negative Prognose über das zukunftige Legalverhalten des Täters）"。

法院对此进行判断的时间节点，不是以行为人实施犯罪行为之时为标准，而应依据在判决当时行为人及其行为所显示的状况。在行为人实施犯罪完毕之后、法院作出判决之前的这段时间之内，所出现的新的事实，法院在判决中对之应予以关注。② 比如，如果行为人在实施犯罪之后、法院判决作出之前，主动地到精神病院接受治疗，并且通过这段时间的治疗，取得了明显的成效，甚至到法院判决之时，行为人的精神疾病或异常已经被完全治愈，或者至少通过治疗，行为人在将来因其精神疾病或异常状况继续犯罪的危险性得以明显降低；那么，法院在判决中，对于以上所述情况，均应予以重视并充分评价。从另一方面来说，法院在对行为人判处收容措施的决定过程中，需要且仅需要对于判决作出之前存在的、行为人及其行为的状况，作出综合性的评价；而对于判决作出之后，或者是收容措施开始执行之时，行为人及其行为的状况将会发生怎样的变化，行为人到彼时

---

① BGHSt 42，385.

② Systematischer Kommentar zum StGB，§ 63 Rn. 15.

是否还具有对社会的危险性等问题，法院在判决中无法也不需予以考虑。

以上限制在以下情况中最具意义：行为人因存在减轻刑事责任能力状况，而被法院判决有期徒刑，并同时被科处收容于精神病院措施，而且法院决定，将有期徒刑先于收容措施进行执行（具体规定见《德国刑法典》第67条第2款）。在此种情况下，法院在判决当时，没有必要更没有能力判定，待有期徒刑执行完毕之时，通过有期徒刑的执行与改造，以行为人的人身危险性程度为依据，是否还有必要对行为人按照判决内容，继续地执行收容于精神病院措施。实际上，是否需要对行为人继续执行收容措施，只能在收容措施开始执行之前，根据行为人当时的情况，以及行为人在有期徒刑执行过程中的表现，作出最终的评估与判断（《德国刑法典》第67c条）。

并无疑问的是，只有当行为人在将来明显存在继续犯罪的危险时，法院才能决定，对其科处并执行收容于精神病院措施。法院对这一前提条件进行确定，需要在行为人个人的自由利益，与社会整体在行为人将来可能的罪行面前的安全利益之间，进行比较与权衡。而且，在法院判断的过程中，需要对具体案件中，与行为人人身危险性相关的、行为人及其行为的全部情况，进行细致而全面的分析。对此，需要指出的是，在法院进行判断的过程中，对于行为人通过收容于精神病院措施的执行，是否能够将其精神疾病或异常状况完全治愈，或者至少是得到明显缓和这一问题，并不需要予以任何的考虑。

实际上，在法院对行为人的人身危险性——行为人在将来很有可能实施重大犯罪（erhebliche rechtswidrige Taten zu erwarten）——进行判定与预测的背后，隐含着两个与"适当性原则"密切相关的判断，也就是说，法院可预测到的、行为人在将来实施的违反刑法的行为，必须是"重大的（erheblich）"，并且是"可预期的（zu erwarten）"。① 由此，如果法院虽然可以预测，行为人在将来很有可能继续犯罪，但行为人将来可能实施的犯罪，属于对社会危害不大的轻微的刑事犯罪，或者反过来，虽然法院可以确定行为人在将来可能实施严重危害社会公共利益的重大犯罪，但是并不

---

① 在此，"重大的"犯罪的概念，具体指的是除了"轻微的刑事犯罪"以外的其他罪行；而行为人在将来继续进行犯罪是"可期待的"，指的是行为人在将来"很有可能"继续地实施犯罪。

能确定，行为人实施严重犯罪"可预期的""，是"很有可能"发生的，那么，法院均应排除对行为人判处收容于精神病院措施的可能。

在此之外，实质上，在"重大犯罪"与"很有可能"两个条件之间，也存在着一定的联系。具体而言，依照一般的社会观念，对行为人可预测的将来的犯罪行为的危害性越大，即犯罪越"重大"，这种犯罪在将来发生的概率也就越小，即越不是"很有可能"；反过来看，行为人在将来的犯罪行为越有可能发生，相应地，这种罪行的危害性通常也就会越小。也就是说，在重大犯罪与很有可能两个因素之间，存在着微妙的此消彼长的关系。由此，法官在综合判定过程中，需要达到一定的内心确信。

特别是，法院判定行为人将来可能进行的犯罪行为是否"重大"，可能会出现很大的困难。按照一般的社会常理，在日常生活中，比较常见的精神病人最为经常实施的异常行为，一般仅仅只是"令人厌烦的（lastig）"。总体而言，精神病人因异常行为达到构成刑法所规定的犯罪行为，从而需要法院对其判处刑法所规定相应的刑事处罚程度的，毕竟还是少数。也就是说，一般的精神病人所实施的绝大多数异常行为，是不能满足《德国刑法典》第 63 条所规定的"重大的"犯罪行为的基本要求的。较为常见的行为种类包括：由于精神病人反应迟缓或因其他他人可明显辨认的精神疾病症状，从而造成对刑法所保护的法益的非故意的侵害；虽然精神病人的行为符合刑法所规定的犯罪构成（比如侮辱、非法侵入住宅、盗窃未遂、诈骗未遂等），但其行为并未对刑法所保护的法益造成任何实质性的损害；[1]甚至是，精神病人的行为既符合刑法规定的犯罪构成，并且其行为对刑法所保护的法益也已经造成了实质性的损害，并出现了实际的损害结果，但是因为精神病人的罪行属于刑法上规定的轻微的刑事违法行为的范畴，比如吃霸王餐、偷逃车票、小偷小摸等，因而难谓属于重大的刑事犯罪。在以上三种情况下，法院均不能决定，对患有精神疾病的行为人判处收容于精神病院的保安处分措施。

当然，对于这一问题的处理，在德国刑法理论和实务界尚未形成统一的意见。在判例中，法院将犯罪行为分成轻微的刑事犯罪（Kleinkriminalität）、一般的刑事犯罪（mittlerer Kriminalität）和严重的刑事

---

[1]　Leipziger Kommentar zum StGB, § 63 Rn. 86ff.

犯罪（schwererer Kriminalität）三大类，并认为《德国刑法典》第 63 条规定的判处收容措施的条件中，所采用的"重大的犯罪"这一范畴，应当包括其中的"一般的刑事犯罪"以及"严重的刑事犯罪"。也就是说，只有精神病人所实施的属于"轻微的刑事犯罪"时，才可对其不予适用《德国刑法典》第 63 条所规定的收容于精神病院措施。[1]

然而，在法院的判例中，我们并不能找到区分轻微、一般以及严重的刑事犯罪的可供执行的确切标准，这种犯罪危害性的具体界分，只能由法院根据具体案件中出现的不同情况予以甄别和判断。由此，笔者认为，虽然法院的判决在概念上创造出了所谓的对行为人的罪行的严重性的界分标准，但是，相对于之前的审判实践，这种理论上的归纳以及概念上的总结，并未就法院在判断中出现的难题，提供真正具有参考意义的标准。

相应地，随着对这一问题讨论的不断深入，在理论界目前出现了将不同的犯罪行为按照犯罪类型（Deliktstypen）予以区分的建议。在这一区分过程中，有两种标准可以提供有说服力的参照。其一就是不同类型的犯罪行为，所侵犯法益的类型不同；其二就是，同一个类型的不同的犯罪行为，对法益所造成的损害的程度不同。[2] 然而，在法院判决中，对这一标准并未予以采用。

此外，还有观点进一步认为，在具体案件中，法院在对行为人将来可能进行的犯罪的严重性进行判断的过程中，应与行为人及其行为的具体情况相结合，并依照"犯罪可能造成的损害结果的严重性（die Schwere des zu erwartenden Schadens）"、"犯罪可能侵害的法益的高度人身属性（die Bedrohung hochstpersönlicher Rechtsgüter）"以及"犯罪在实践中出现的数量以及频率（die Zahl und Häufigkeit der künftigen Taten）"等因素，得出最后的

---

[1]　BGH NStZ 1992, 178；1995, 228.

[2]　笔者看来，这一标准是比较可行的。而且在具体执行的过程中，不需要对其具体参照标准另行制定。与我国刑法按照犯罪所侵害的社会主义社会关系的重要程度，在分则中分十章对不同类型的具体犯罪行为进行规定相类似，在德国刑法典的分则部分，立法者分三十章对不同类型的犯罪行为，按照其侵害的法益的重要程度做出了规定。这一分类以及排列，可以为法院在具体案件中区分不同的犯罪的危害程度，提供有力的参考。而且，在德国刑法中，对所有的犯罪，本身就有着"重罪"与"轻罪"的区分。基于此，笔者认为，将两种区分标准相结合，可以有效地解决司法实践中遇到的难题。

结果。①

相对于此前将犯罪行为按其类型进行分类的建议，后一种观点加入了实践分析的因素，比如，对行为可能造成的损害结果的分析、行为出现的数量及频率等。实践分析的加入，当然可以确保法院所得出的结果更为可信且更有说服力却会给法院的判断过程增加很多的困难。其中最为明显的就是，在实践分析的过程中，最为重要的对于最具有代表性的一定数量的案例的搜集，以及对实践中出现的具体的数据的搜集和分析。如此，必然会给法院的判断工作增加更多的可以想见的困难。鉴于此，笔者认为，在法院对行为人将来可能实施的犯罪行为的危害性进行评估和判断的过程中，主要依据的标准仍然应当是根据刑法典的相应规定所得出的对犯罪行为的科学的分类；而至于具体的犯罪出现的频率以及实际造成的损害结果的严重程度，在可能的情况下，法院可以对之予以适当的参考。

最后，在法院判例以及相关的学术专著中，经常会出现的观点是：由于在其严厉程度以及适用对象上存在的差异，与下文所要论述的保安监管措施（《德国刑法典》第 66 条第 1 款第 3 项）相比，法院科处《德国刑法典》第 63 条关于收容于精神病院措施的过程中，对于行为人将来犯罪的危害性的判断，其要求低于保安监管措施的科处与判断。②

此外，与以上几种情形稍有不同的是，在程序上，精神病人所触犯的刑法上所规定的罪名，在相应的刑事诉讼程序中，可能属于告诉才处理的亲告罪。那么，在这种情况下，如果有权提起告诉的被害人或者其他权利主体，并未向法院提起告诉，则由于程序上所存在的障碍，法院也不能决定对行为人科处收容于精神病院措施。

根据《德国刑法典》第 63 条对于科处收容于精神病院措施条件之规定，其中，行为人在将来的重大犯罪的"可预期（Erwartung）"，所讨论的是行为人在将来继续犯罪的可能性及其程度。在德国联邦法院的判决中，不仅将"极有可能（Wahrscheinlichkeit）"与"只是可能（bloße Möglichkeit）"进行了区分；在此基础之上，还进一步对"最高程度的可能性（Wahrscheinlichkeit höheren Grades）"与"一般的可能性（einfache

---

① Nomos-Kommentar zum StGB，§ 63 Rn. 76.

② BGH NJW 1976，1949.

Möglichkeit）"进行了细致的界定。联邦法院就此认为，只有在存在"最大程度的可能性"的前提之下，法院才能最终决定对行为人科处收容于精神病院措施。①

德国联邦法院在其判例中，对"可能性"这一概念所进行的双层次的细致的界分，更多的是对其他审理法院的一种提醒与告诫。具言之，法院在对行为人科处收容于精神病院措施的决定过程中，对行为人在将来继续犯罪的可能性这一条件，所依据的判断标准不能太低。亦即，法院不能只满足于，仅仅存在单纯的可能性，行为人在将来会再次实施犯罪（bloße Möglichkeit）；在确定行为人存在在将来继续犯罪的极大可能性（Wahrscheinlichkeit）的前提下，只有法院能够进一步地判定，行为人存在在将来继续犯罪的"最高程度的可能（Wahrscheinlichkeit höheren Grades）"，立基于此，法院也才能最终做出对行为人科处收容于精神病院措施的决定。

形象地看，如果以一个金字塔的形式来对之予以表示的话，就法院对行为人将来继续犯罪的可能性程度的判定而言，那么只有在行为人继续犯罪的可能性程度达到金字塔顶端部分的情况下，法院才能最终对行为人判处收容措施。当然，由于对行为人判处收容于精神病院措施，将会必然给行为人带来剥夺其行为自由的严重后果，法院如果能够在"最高程度的可能性"的范围内，对于行为人再次犯罪的可能性程度，依据具体的标准进一步细分的话，无疑能够更好地保证法院最终作出的判处决定的科学性、客观性、必要性与紧要性，同时也能够更好地保护行为人的人身权益（其中特别是自由权益）。

然而，从具体的法院判决的实际情况出发，在"最高程度的可能性"的范围内进一步地对可能性的程度进行细分，这种尝试并不可取。原因在于，首先，在对所依据标准的探求过程中，不可避免地会出现更多的争议，会遭遇到更多的困难。而且更为重要的是，在司法实践中，法院可能遇到的案件类型以及行为人种类千差万别，要寻求对于所有的或者至少是绝大多数的案件或行为人均可以有效适用的划分标准，不仅是不现实的，即使最终可以找到如此的标准，依据这一标准所作出的划分结果，也不一定就是科学的。其次，在德国联邦法院已经在其判例中提出了"最高程度的可

---

① BGH NStZ 1993, 78.

能性"要求的前提下，倘若还要进一步地寻求对下级主审法院更为细致的指导性的划分标准的话，不可避免地会束缚住下级法院的手脚，影响各级法院法官所享有的自由裁量权的有效行使。因此，德国联邦法院对行为人再犯可能性程度的尽可能细致的划分，以及最终所作出的"最高程度的可能性"要求，最终要达到的目的，并不是在于向法院提供在对行为人再犯可能性判定过程中屡试不爽的"万能钥匙"，这不仅是不可取的，而且是不现实的；而是在于提醒主审法院，在对行为人判处收容于精神病院措施的决定过程中，特别是判定行为人再犯可能性的过程中，要尽到法院所应履行的最大限度的谨慎义务。最后，从社会现实的角度出发，法律是社会治理的重要手段之一，但绝对不是唯一的手段，甚至在很多国家或者是历史上的很多时期，并不是最重要的治理手段。进而，刑法是一国法律体系中重要的部门法之一（这一点在世界上绝大多数历史时期的绝大多数国家基本均可以成立），因此是社会治理的重要手段，但是也绝对不是（也不可能是）唯一的手段，在很多情况下也基本算不上是最重要的手段。① 具体到收容于精神病院这一保安处分措施的适用方面来看，立法者规定这一措施的目的，确实是在于对之前已经实施刑法所禁止的犯罪的行为人，为防止其继续犯罪危害社会而将其予以收容。一方面是为了将其与社会隔离（保安目的）；另一方面也是为了积极地对其进行治疗（改造目的）。由此可见，国家设计这一制度的初衷，是解决具有人身危险性的精神病人可能给社会带来的危害这一问题。但是，立法者在针对这一措施适用的条件中，规定了将来犯罪的"可预期/极有可能"这一限制性条件，想要说明的也恰恰是，在精神病人这一特殊的犯罪群体，对于社会可能造成的损害的防控这一问题上，刑法（具体而言是收容于精神病院这一保安处分措施）所能解决同时也是所需解决的，仅仅只是极有可能对社会公共利益造成重大的法益损害的、具有严重的人身危险性的犯罪人的刑事处遇问题。换言之，并

---

① 刑法对行为人所规定的刑事处罚后果的严重性，决定了国家对刑法手段以及刑罚措施适用的过程中，需要遵循"谦抑性"原则的严格要求。而且，一般认为，刑法是其他部门法的保障法，之所以这么说，是因为在其他部门法中的一般的违法行为，都是依据部门法本身的规定进行处罚的，只有行为人违反其他部门法的行为达到严重侵犯刑法所保护的法益的严重程度时，国家才会对行为人运用刑法手段，对其行为进行规制。从这一角度来看，刑法确实是属于社会治理的重要手段，但同时也应当是迫不得已的最后手段。

不是所有的精神病人的犯罪问题及相关问题，都需要法院运用收容于精神病院这一保安处分措施来予以解决，这一措施追求的目标，不是也不可能是对精神病人的将来可能再次进行的犯罪进行彻底的预防和制止。

在此之外，法院根据《德国刑法典》第63条之规定，对行为人判处收容于精神病院措施，还需要受到两个其他条件的限制：第一，行为人在将来极有可能继续犯罪的原因，应当是之前导致行为人实施违反刑法的行为的精神疾病或者异常状况。也就是说，在行为人的精神疾病或异常状况，与行为人所具有的人身危险性与再犯可能性之间，必须存在"特定的必然性的联系（symptomatischer Zusammenhang）"。① 这意味着，不管是行为人已犯的罪行还是行为人将犯的罪行，其原因都应在于行为人的精神疾病或异常状况。

在法院对行为人决定是否判处收容于精神病院措施的一般的案件当中，这种"特定的联系"明显是存在的，因此，法院在最终的判决中，并不需要再对这一联系具体地展开阐述与证明。② 但是，如果行为人之前的罪行事实上属于"偶然犯罪（Gelegenheitstat）"或者是"殴斗犯罪（Konflikttat）"的范畴，则一般不存在此种必然的联系。此时，就需要对具体的案件展开进一步的具体分析。然而，应当坚决予以避免的是，法院查明行为人具有精神疾病或异常状况，并确定行为人是在其具有精神疾病或异常状况的影响下，实施了刑法所规定的罪行，仅仅依照于此而不对之间的来龙去脉以及相互关系进行进一步的分析，就"果断地"对行为人判处收容于精神病院措施。③

对此问题，试举一例予以说明：

> 妇女翠花属于居无定所的流浪者，她多次与将其留宿的男子发生性关系。但是，当男子铁柱将其留宿并意图与其发生性关系时，翠花用刀将铁柱刺死。经查，妇女翠花患有严重的精神分裂症，因此属于《德国刑法典》第20条规定意义上的无刑事责任能力人。

---

① 此种联系的具体内容就在于，行为人的精神疾病或异常状况的存在导致其极有可能在将来继续犯罪，行为人继续犯罪危害社会也就是其所具有的人身危险性。

② BGHSt 27, 246.

③ Systematischer Kommentar zum StGB, § 63 Rn. 16.

在此案中，妇女翠花的行为并不构成正当防卫，原因在于，妇女翠花对于与其他男子发生性关系并未表示反对，因此男子铁柱的行为不构成强奸，因此可认为，存在判处收容于精神病院措施所要求具备的"触犯刑律的行为（rechtswidrige Tat）"的前提条件。在此基础上，法院最终能否对妇女翠花判处收容措施，主要取决于翠花是否会因其精神疾病的存在，而在将来继续从事违反刑法的行为。在此需要注意的是，妇女翠花之所以实施杀人行为，是由其居无定所的生存环境所造成的，因此这带有极大的偶然性与例外性。即使抛开对妇女翠花继续犯罪的可能性预测的消极结果，若是认定在妇女翠花的精神分裂症与其已犯的杀人罪行，以及将犯的其他罪行之间，存在特定的联系，这是明显不合理的，也不能成立的。[①]

第二，对于法院对行为人判处收容于精神病院措施，立法者所做出的另一个限制在于，从法院对于行为人及其行为的综合评价中，应能得出行为人对于社会是具有危险性的（für die Allgemeinheit gefährlich）这一结论。因此，法院如果仅仅只是考虑到，假如不对行为人进行收容，则因其精神疾病或异常状况的存在，行为人可能会作出伤害自身的行为，这一认定并不足以让法院决定对行为人最终判处收容于精神病院措施。[②]

行为人对其自身的可能的侵害，如自残、自伤甚至是自杀行为等，并不足以让法院对其判处收容措施，那么，如果行为人对与其存在特殊关系的人群，比如，行为人与其家庭成员之间或者是行为人与其同事、朋友之间，在将来可能造成的侵害（伤害、杀害等），是否能够让法院决定对行为人判处收容于精神病院措施呢？对这一问题存在较大争议。

有观点认为，在这种情况下，行为人对与其存在特殊关系的特定个人（或者多人）所可能造成的危险，完全能够通过其他的方式予以避免；[③] 有鉴于此，应当反对法院在此种情况下决定对行为人判处收容于精神病院措施。[④] 但是，从被害人的角度出发，这种观点是很难站得住脚的。个人是社

---

① 案件原型及分析参见 BGH NStZ 1991, 528.

② 从另一个角度来进行分析，此时患有精神疾病的行为人，对于其自身的侵害行为，并不构成对刑法所规定的罪行的触犯。因此，也不存在法院对其判处收容措施所应具备的"刑事违法性"这一前提条件。

③ 关于与收容于精神病院措施相类似的处罚手段，下文将详细论述，在此不赘述。

④ Jescheck/Weigend, Lehrbuch des Strafrechts, AT, S. 810.

会中的个人,社会是由个人组成的社会。对于社会整体利益的保护,正是由对单个的个人的利益进行保护所整合而成的,脱离了对个人利益进行的有效保护,对于社会公共利益的保护就只能是空中楼阁。对整个社会而言,不管"法益保有者/法益主体(Rechtsgutsträger)"与犯罪人的关系如何接近,法律都应给予个人所持有的法益以足够的保护,都应尽可能地防止法益侵害行为的发生。① 因此,行为人对与其存在特殊关系的个人(典型的,如其配偶、子女、亲属、共同生活人员等)可能实施的侵害,同时也理所当然地构成对社会整体利益的损害威胁,也就足以支撑法院对行为人判处收容措施所应具备的作为前提条件的行为人人身危险性要件。

总而言之,法院在对行为人是否具有人身危险性作判断时,需要对行为人及其行为进行全面的分析与评价。尤其需要注意的是,在判断的过程中,法院不能采用任何的程式化(schematisch)的方法,对于一般的抽象的标准的确立与遵循并不值得提倡。法院在对行为人将来的行为进行预测的过程中,不仅应对行为人所表现出的最为明显的状况予以关注,更为重要的是,要深入分析行为人的生活状况、行为人精神上的疾病及异常状况等因素,对其将来的行为可能造成的影响,并在此基础上作出科学的判断。

如果《德国刑法典》第63条所规定的形式以及实质要件全部具备,则法院必须(obligatorisch)要对行为人判处收容于精神病院措施。收容措施执行的目的,能够通过其他方式——例如民法中所规定的对行为人的强制治疗或者是单纯地在精神病院当中的治疗等方式——得以实现,并不能阻碍收容措施的司法科处。但是,替代选择和路径的存在,可能成为法院宣告将对行为人判处的收容于精神病院措施予以缓期执行的原因和依据(《德国刑法典》第67b条)。

对于上述规定进行比照分析,能够基本体察到立法者的基本思路。考虑到对行为人判处收容于精神病院措施将会给其人身权益造成巨大的损害和剥夺,故而从维护人权的角度出发,对于法院决定对行为人判处收容于精神病院措施,立法者设置了严格的适用条件。但与此同时,如前文所述,

---

① 笔者认为,在此种情况下,首先应承认,与行为人存在特殊关系的个人的法益,与其他一般的个人的法益的平等性。在此基础上,应该看到,正是由于社会个体与行为人之间的特殊关系的存在,其法益受侵害的可能,与一般人相比要更大一些。因此,不仅要求法律给予其法益以平等的保护,在很多情况下,还要给予一定程度的特殊保护。

立法者规定收容于精神病院措施，所追求的刑事政策目的主要有二：社会防卫目的与改造行为人的目的。通过民法中对精神病人所规定的治疗措施，以及一般的精神病院能够给行为人提供的治疗，对行为人进行有效改造的目的基本可以实现；但是，就防止行为人再次犯罪危害社会的社会防卫目的而言，民法措施以及医学治疗却无能为力。也正如前文所述，在收容措施判处以及适用的过程中，社会防卫目的相较于行为人的改造目的，处于一个更加重要的地位。因此，在满足德国刑法典所规定的全部条件的情况下，法院"必须"而非"可以"对行为人判处收容于精神病院措施。实际上，这是对这一措施的社会防卫目的以及一定程度上的惩罚属性的强调和凸显。可是，《德国刑法典》第62条所规定的"适当性原则"要求，在同样可以基本实现保安处分措施所追求的刑事政策目的的前提下，如果存在对于行为人损害相对较小的其他类型的替代性的处罚措施，则法院应当决定对行为人适用其他的损害更小的措施。遵循这一原则的基本要求，立法者作出规定，法院应将对行为人判处的收容于精神病院措施宣告缓期执行，而法院适用这一规定的前提，就是即使不将行为人予以收容，其也不会再继续危害社会。由此可见，对行为人宣告收容措施的缓期执行来说，立法者所要求的，主要在于缓期执行不会危及收容措施执行所欲实现的社会防卫目的。在此之外，对于收容措施的行为人改造目的之实现，应选择对行为人而言损害较小的民法上的措施或者是一般的医学治疗手段。

三、收容于精神病院措施的适用程序

根据《德国法院组织法（Gerichtsverfassungsgesetz/GVG）》第24条第1款第2项、第74条第1款第2句之规定，收容于精神病院措施只能由州法院判处。立法者之所以将收容措施的决定权赋予各州的地方法院，原因在于，如果法院要对行为人是否存在《德国刑法典》第63条所规定的条件作出判定，需要搜集诸多医学上的（medizinisch）、心理上的（psychiatrisch）以及精神上的（psychologisch）各类证据。

与此同时，根据《德国刑事诉讼法》第246a条第1句之明确规定，在审判程序中，法院在最终对行为人判处收容措施之前，有义务听取专家鉴定人（Sachverständiger）所出具的专业意见。并且，自侦查程序开始，法院就应该尽可能地为鉴定人出具鉴定意见创造必要的条件（《德国刑事诉讼

法》第80a条、第246a条第2句），也就意味着，法院应当尽可能地为鉴定人查阅案卷、了解被告的状况以及知悉行为人的治疗前景等，提供必要的便利与协助。① 其中最为重要的是，法院必须给予鉴定人单独接触被追诉人，并对其进行精神疾病检查的机会；而且在被追诉人对鉴定人的检查不予配合的情况下，法院可以授权鉴定人违背行为人意志，对其强制性地进行必要的检查（《德国刑事诉讼法》第81a条）。最后，更为重要的是，为确保鉴定人及时有效地形成和出具鉴定意见，根据《德国刑事诉讼法》第81条之规定，如果在侦查过程中，司法机关并未对被追诉人采取强制措施，在鉴定人需要对行为人进行必要检查的情况下，法院可以授权有权采取强制措施的机关，将行为人暂时性地收容于精神病院，接受鉴定人对其展开必要的检查，但是将行为人暂时收容于精神病院的时间，最长不得超过六个星期。

除了根据《德国刑事诉讼法》第81条之规定，为满足鉴定人对行为人进行检查的需要，法院可以决定将行为人暂时性地收容于精神病院之外，收容于精神病院措施本身，也可作为临时性措施（vorläufige Maßregel）予以适用。具体而言，法院对行为人科处"临时性收容措施（einstweilige Unterbringung）"，需要满足以下条件：其一，存在足够的证据表明，被追诉人在无刑事责任能力或减轻刑事责任能力的状况下，实施了违反刑法的法益侵害行为；其二，从法院现已掌握的证据出发，可以预测，法院将根据《德国刑法典》第63条规定，对行为人最终判处收容于精神病院措施；其三，存在紧急事由（dringende Gründe）表明，对于社会公共利益的保护，要求在法院最终作出收容于精神病院措施决定之前，将行为人予以临时收容（具体规定详见《德国刑事诉讼法》第126a条第1款）。

比较以上两种临时对行为人判处的收容措施，可以看出，二者的主要区别在于：第一，从目的上看，《德国刑事诉讼法》第81条规定的对行为人暂时收容的决定，适用目的在于为鉴定人对行为人的顺利检查创造条件；而《德国刑事诉讼法》第126条规定的将行为人临时收容的措施，适用的目的是为了防止行为人继续犯罪危害社会，从而需要立即收容行为人。第二，从原因上看，《德国刑事诉讼法》第81条规定的对行为人暂时收容的

---

① BGHSt 27, 166.

决定，适用原因是在侦查程序中，有关机关并未对行为人采取强制措施，而行为人对于鉴定人的检查又不予配合，因此需要将其强制收容并对其进行有效的检查；而《德国刑事诉讼法》第 126 条规定的将行为人临时收容的措施，适用原因则在于，行为人存在极高的人身危险性，若不将其立即收容，其极有可能会继续犯罪危害社会。第三，从时间上看，《德国刑事诉讼法》第 81 条规定的对行为人暂时收容的时间上有严格的限制，一般不得超过六个星期，并且因为本措施执行的目的就是为了对行为人进行有效的检查，因此其持续时间一般不会太长，在鉴定人检查完毕之后，也应立即释放行为人；而《德国刑事诉讼法》第 126 条规定的将行为人临时收容的措施的时间，则并无明确的法律上的限制，并且因为本措施执行的目的，是为了防止行为人继续危害社会，因此原则上，只要行为人的人身危险性一直存在，临时性的收容措施就应一直执行下去，直到法院最终正式对行为人判处收容措施。第四，从性质上看，《德国刑事诉讼法》第 81 条规定的对行为人暂时收容的性质，应属于侦查程序中司法机关对行为人采取的强制措施；而《德国刑事诉讼法》第 126 条规定的将行为人临时收容的措施，在性质上应属于保安处分措施的变通执行方式。但是，需要注意的是，因为两种措施都属于司法机关对行为人采取的剥夺其自由的强制措施，因此，如果法院最终决定对行为人判处收容于精神病院措施，则在法院最终确定的期限中，应将前两种临时措施的执行时间予以扣除。

四、收容于精神病院措施的实施与执行

与对于收容于精神病院措施之实施（Vollstreckung）相关的法律规定主要包括：《德国刑法典》第 67 ~ 67g 条；《德国刑事诉讼法》第 463 条；[①] 以及规定了"剥夺自由的保安措施之执行"的《刑罚执行条例（Strafvoll-streckungsordnung/StVollstrO）》第 53 条。

根据《刑罚执行法（StVollzG）》第 136 条、第 138 条之规定，收容于精神病院措施的执行，应依照各个联邦州所制定的关于保安处分措施及收

---

① 《德国刑事诉讼法》第 463 条第 1 款规定的具体内容为：若无特殊规定，刑罚执行的规定对保安及改造措施的执行，同样适用。

容于精神病院措施执行的具体规定。在"联邦主义改革（Föderalismusreform）"① 之前，根据《联邦德国基本法》第74条第1款第1项的规定，联邦立法者享有制定一部在全联邦德国范围内通行的保安处分措施执行法的权力，② 但是，联邦立法者却从未真正行使过这一权力。然而，在各个联邦州行使其专属的关于保安处分措施执行的地方立法权之前，在联邦德国各个州范围内，继续适用的仍为《德国联邦刑罚执行条例（StVollstrO）》的一般性规定。据此规定，被收容者与因被判处刑罚而被监禁者之间，权益保护的方式、范围完全相同。对于被收容者及被监禁者维护自身权益的请求，都应向刑罚执行委员会（Strafvollstreckungskammer）提出。

收容于精神病院措施的执行场所主要有两种类型：一是在专门的保安处分措施执行机构（Sondereinrichtungen fir den Maßregelvollzug），典型的如黑森州（Hessen）的海纳（Haina）以及下萨克森州（Niedersachsen）的魔灵根（Moringen）；二是一般性的精神病院（allgemein psychiatrische Krankenhäuser）。

这两种执行场所都各有优势和劣势。原则上，被一般的精神病院收容的犯罪人，应得到与精神病院所收治的其他病人相同的对待。根据"就近执行（heimatnäher）"的基本规则，将行为人收容于一般的精神病院进行治疗，可能在某种程度上是更为科学的方法，由于离行为人原来的居住环境以及亲人朋友很近，对行为人的这种收容的具体方式，更有利于实现行为人再社会化的最终目标。但是，即使是在一般的精神病院中，为防止被收容的行为人出现继续犯罪的苗头或倾向，将其犯罪行为消灭于未然，以达到保护社会的目的，针对于被判处收容措施的精神病人，一般都设有专门的机构或科室（如"固定房（festes Haus）""安保房（Verwahrhaus）"等），以实现将被收容人与一般的病人相隔离来进行管理与治疗的目的。此外，

----

① 所谓的"联邦改革"，指的是对联邦德国基本法中，关于联邦与各个联邦州之间的关系的规定所作的修改。这一修改于2006年6月及7月期间，由德国联邦参议员及德国联邦议院均以三分之二以上的多数通过，并于2006年9月1日起生效。此次联邦改革的中心议题，主要涉及联邦与各州之间立法权的分配（Gesetzgebungskompetenz）、教育政策（Bildungspolitik）、公务员法（Beamtenrecht）、环保法（Umweltrecht）、刑罚执行（Strafvollzug）以及欧盟法（Europa）等方面。

② BVerfGE 85, 134.

值得注意的是，除了各州以及个别大城市的中心医院具有足够的场所、人员及经费，为被收容者开设专门的收容机构外，在其他的一般的精神病院中，并没有足够的能力实现对被收容者的区别对待，以及对其进行的个性化治疗。①

虽然从本质上看，作为剥夺自由的保安处分措施的其中一种，收容于精神病院措施是对被收容者的自由的剥夺，是对被收容者基本权益所施加的明显的限制；但是，在收容措施执行过程中，所追求的唯一目的，只存在于对造成行为人实施犯罪并致使其最终被收容的精神疾病或异常状况，进行尽可能有效的治疗与改善。不管是法治国家之基本原则（Rechtsstaatsprinzip），还是宪法中隐含的公民自由的权利诉求（Freiheitsanspruch des Einzelnen），均必然要求，在收容于精神病院措施的执行过程中，收容机关应运用所有可能的手段及方法，将导致行为人被收容的精神疾病或异常状况予以排除，并争取早日使行为人重获自由，复归社会。鉴于被收容者一般都是患有精神疾病或者出现精神异常的行为人，因此，在执行过程中，对被收容人的治疗应根据医生的专业的医学观点来进行（《刑罚执行法》第136条第1句）。治疗的目的在于，将行为人完全治愈；或者即使不能将其精神病症完全治愈，也应通过治疗，将行为人精神上的疾病或异常状况予以明显缓解，至少应达到，保证行为人不再因其精神疾病或异常状况的存在而危害社会的程度（《刑罚执行法》第136条第2句）。进而，执行机构应根据行为人不同的患病状况，给予其必要的个性化的监视、帮助和护理（《刑罚执行法》第136条第3句）。随着行为人被收容于精神病院的诊治时间的不断累计，存在着行为人的精神疾病或异常状况因收容措施的执行（尤其是对其自由的剥夺），非但没有好转反而继续恶化的危险。由此，为有效避免此种消极结果的出现，与《刑罚执行法第3条》针对监禁刑执行所作出的要求一样，在收容于精神病院措施的执行过程中，收容行为人的精神病症治疗医院的条件，应尽可能地接近于一般的社会生活条件；执行机构应采取必要的措施，将剥夺自由可能给行为人造成的损害予以最小化。

然而，将原则性的规定在具体案件中予以运用，会遇到各式各样的现实中的问题。比如，在医生"强制治疗（Zwangsbehandlung）"的范围以及

---

① Leygraf, Psychisch kranke Straftäter, S. 138.

界限方面，可能会出现以下问题：若是从医生的专业角度出发，认为对行为人强制使用精神病药物是必要的，是否就可以违背被收容人的意志，从而强制性地对其用药呢？对于这一问题，各个联邦州的保安措施立法，作出了不同的规定。具体而言，要对这一问题作出回答，首先需要对行为人本身所患的精神疾病或异常状况的种类予以确定。再接下来，在治疗的过程中，需要严格遵循适当性原则，作出相应的针对行为人所患有的精神疾病的适当强度的治疗。也就是说，不能以可能对行为人的精神疾病治疗有效为理由，对行为人进行太大强度的治疗，尤其是不能随意地对行为人使用带有身体伤害性或者是较大的副作用的治疗方法以及药物。如果被收容者本人仍具有一定的认识及判断能力，或者是其具有监护人或其他近亲属，则应事先征求行为人或其监护人及近亲属的意见。一般情况下，为维护行为人身体完整性，以及保障其在收容机构中的正常生活，尤其是出于保护其基本人权的考虑，不宜对行为人进行强制性的治疗。只有当对行为人精神疾病进行强制治疗，对于被收容人的健康，或对于给第三方可能造成的危险的防范，具有重要意义，或者是至少能够将行为人可能遭受到的健康威胁予以排除时，对行为人进行的强制治疗才是被允许的。除此之外，对行为人的其他疾病的强制治疗，均须遵守《刑罚执行法》第 101 条的规定。①

另外一个问题出现较多的领域，就是"放宽对行为人进行的收容（Vollzugslockerungen）"的相关措施。与刑罚执行相类似的是，放宽收容措施对于检验治疗效果，以及促进被收容人在被释放后更好地复归社会，具有重要的积极意义，因此也是非常必要的。对于收容放宽这一举措适用的具体的专门性规定，见于各个联邦州关于收容于精神病院措施以及保安处分措施的相关立法文件当中。自然，放宽针对行为人的收容措施，需以此措施的执行不会导致行为人逃脱监管从而继续犯罪为前提。但在具体案件中，

---

① 《刑罚执行法》第 101 条系关于"疾病治疗方面的强制措施"的规定，其具体内容为：对被监禁人进行医学上的检查、治疗或者护理，只有在存在生命危险，或对被监禁人及他人的健康存在重大危险时，才可强制实施；措施本身对被监禁人应是合理的，且不能给被监禁人的生命以及健康带来明显的危险。如果被监禁人有自我决定的能力，则执行机关无义务对其进行强制治疗。（第 1 款）只要其不会造成身体损害，为保健或疾病预防目的所进行的强制性身体检查也是允许的。（第 2 款）措施应在医生的专业指导下进行；但是如果医生未能及时赶往救护，并且延迟治疗可能给被监禁人带来生命危险，则亦可单独实施急救。（第 3 款）

对这一问题进行预测并非易事。对于被监管人在放松监管情况下继续严重危害社会的案件的大量报道，更给主管机关作出此类决定增添了许多压力。因此，可能会出现的情况是，为避免行为人在放宽监管情况下犯罪，可能给其自身带来的刑罚危险，亦即，监管机构负责人员因在作出决定过程中出现的工作失误，而被法院以渎职犯罪追究刑事责任，监管和收容机构负责人员在作出决定时，遂以保护社会公共利益为理由，而决定不对行为人放宽监管。显而易见的是，这种情况当然是与放宽监管措施的目的追求以及价值定位相悖的。

收容于精神病院措施执行中所存在的第三大问题，是收容措施对行为人执行的终结以及行为人的再社会化目的实现的问题。成功地终结收容措施执行，完成其最后一个阶段同时也是最重要的一个阶段的任务的条件，是行为人通过收容措施的执行，已经对复归社会之后的生活，做好了充分的准备。因此，为了帮助行为人尽快重新融入社会（Wiedereingliederung），司法机关应当为行为人提供期满释放之后必要的帮助与指导。①

需要指出的是，对于行为人而言，被释放之后舒适的住所、稳定的工作、固定的生活来源以及有效的社会帮助，固然十分重要，因为这些都是行为人在社会中正常生活的基础及必要的保障。但是，对于被解除收容措施的精神病人这一特殊的犯罪群体而言，其精神疾病能否在被释放后继续得到必要的治疗，特别是在出现突发情况之时，能否为其提供必要的照顾与护理，显得更为重要。

就此，根据《德国刑法典》第 67d 条第 2 款第 2 项的规定，如果法院在对行为人判处的收容措施执行的过程中，决定将剩余期限的收容措施缓期执行，那么，为了实现对行为人的有效控制，以及促进其尽快地实现再社会化，应当依照法律规定，对于行为人在解除收容措施的同时，开始适用行为监视措施。为有效防范行为人可能再次犯罪，从而对社会造成危害，刑罚执行委员会（Strafvollstreckungskammer）在行为监视措施执行期间，可以对行为人的日常生活做出相应的指示（Weisungen）（具体见《德国刑法典》第 68b 条）。

在此之外，如果在收容于精神病院措施缓期执行期间，行为人的精神

---

① 对此领域的系统而全面的实证研究，详细参见 Egg, Ambulante Nachsorge.

状况恶化，从而使其有可能继续实施犯罪，那么，法院可以决定将行为人在一定期限内重新收容，并根据在此期间被收容者精神状况的变化，来作出最终收容与否的决定（《德国刑法典》第67h条）。当然，在收容于精神病院措施缓期执行期间，对于行为人的精神疾病的继续治疗，可由一般的精神病院予以负责。

五、收容于精神病院措施与其他处罚措施的界分

法院根据《德国刑法典》第63条规定，对行为人所判处的收容于精神病院措施，应当与其他两种非刑事的安置措施区别开来。对于患有精神性疾病（psychische Krankheit）、精神性紊乱（psychische Störung）或者精神性障碍（psychische Behinderung）的行为人，虽然其并未实施任何违反刑法的犯罪行为，但是，如果因精神异常，而可能对其自身健康造成重大损害，或者是会严重危害社会安全、扰乱社会秩序，则有必要和可能，违背其意志将其收治于精神病院进行治疗。有权判处此类措施的机关，主要为照管法庭（Betreuungsgericht）。① 对于此种出于治安目的的收容措施（polizei-echtliche motivierte Unterbringung），其法律依据存在于各个联邦州有关对精神病人进行帮助的法律当中，其中包括《精神病人保护法（Psychisch Kranken Gesetz/PsychKG）》以及关于收容措施具体执行的法律（就此也包含比如《德国刑法典》第63条所规定的收容于精神病院措施进行执行的规定）。

患有精神疾病或者存在精神障碍的行为人，即使其并未实施任何触犯刑法的行为，并且对于社会也不具有任何危险性，亦可出于对其自身健康以及安全利益的考虑，而违背其意志，剥夺其行动自由，并将其强制收治于精神病院。对行为人施加此种收治措施的前提，必须是为了避免行为人自杀或者严重伤害自身；另外，为了促使行为人接受必要的医学检查或治

---

① 在此，需要对照管法庭予以简单的介绍。自《家庭事务程序改革法（Gesetz zur Reform des Verfahrens in Familiensachen）》颁行以来，照管法庭主要负责对成年人（Volljähriger）的照管（Betreuung）以及安置（Unterbringung）事务。监护法庭（Vormundschaftsgericht）是照管法院的前身，其于2009年8月31日正式完成了它的历史使命。在此之前，监护法庭的职责主要包括：决定成年人监护问题、根据各个联邦州关于精神病人收容的规定，对收容措施作出决定、决定未成年人（Minderjähriger）的监护以及照顾事宜以及决定收养程序。因《家庭事务程序改革法》的生效，自2009年9月1日开始，监护法庭中与成年的被监护人相关的职责，由照管法院继续负责；此外，其他的与未成年的被监护人相关的职责，则由家庭法院（Familiengericht）继续予以负责。

疗，这种措施的施加也可能是必需的。

六、对收容于精神病院措施适用的犯罪学分析

（一）对收容于精神病院措施适用的频率的分析

根据统计数据，2006 年，在西德（包含整个柏林在内）范围内，根据《德国刑法典》第 63 条之规定，共有 796 人被判处收容于精神病院的保安处分措施。其中，579 人（72.7%）属于无刑事责任能力人，其余 217 人，属于减轻刑事责任能力人（27.3%）。收容措施的判处，主要是因为行为人在无刑事责任能力或减轻刑事责任能力情况下，所实施的故意伤害、故意杀人以及性犯罪等（Körperverletzungs-, Tötungs- und Sexualdelikten）。总计来看，上述三种犯罪行为的比例，约占到了全部罪行的 61.6%。由于对于精神病人科处的收容措施的执行，实际上并无时间上的严格限制，因此，同时期收容于精神病院的行为人的绝对值，远远高于被判处收容措施的行为人的数量。在西德各州，共有 6061 人被依照《德国刑法典》第 63 条科处并执行收容于精神病院措施；在此之中，妇女的比例仅占 6.8%；此外，自 20 世纪 90 年代以来，被收容于精神病院的行为人的数量，有明显的增长趋势。①

（二）对收容于精神病院措施适用及执行实践的分析

在以上所提到的与收容于精神病院措施相关的基本数据之外，我们需要对其进行更为深入与细致的犯罪学研究与探讨。在此需要特别予以关注的，是雷格拉夫（Leygraf）对于全德范围内的被收容者的调查研究，以及由联邦犯罪研究中心（Kriminologische Zentralstelle/KrimZ）所开展的专门针对这一问题的研究项目。

雷格拉夫的调查开展于 1984 年 6 月 1 日至 1986 年 5 月 31 日期间。在此期间，其针对 2042 个被判处收容于精神病院措施的案例，进行了追踪调查和细致分析，而这些案件的数量，占到了在此期间全联邦德国范围内根据《德国刑法典》第 63 条规定所判处的收容于精神病院措施案件总数的 86.5%。类似地，联邦犯罪研究中心对 1980 年度和 1986 年度，由联邦统

---

① 具体数据来源于德国联邦统计局（Statistisches Bundesamt）官方网站，https://www.destatis.de/DE/Home/_inhalt.html.

计中心（Bundeszentralregisterdaten）记录在案的、被依照《德国刑法典》第
63 条规定科处收容于精神病院措施的行为人进行了研究，其数量分别为
1980 年的 154 人以及 1986 年的 184 人。同样，其研究对象也是非常具有代
表性的。

从研究结果上，两个研究均表明，被判处收容于精神病院措施的行为
人，在被判处收容措施之前，就已经出现了明显的表现异常
（Vorauffälligkeiten）。① 雷格拉夫的研究发现，61.3% 的被判处收容于精神病
院措施者，之前接受过一次甚至是多次的精神疾病治疗；类似地，联邦犯
罪研究中心调查得出的数据甚至更高，分别为 1980 年度的 76% 以及 1986 年
度的 79.2%。此外，多数被收容人（具体数据为：雷格拉夫 64.2%，联邦
犯罪研究中心 64.5% 和 59.8%）此前至少一次以上被法院科处过刑罚，其
中部分甚至被判处不得缓期执行的有期徒刑。

关于被收容于精神病院的收容对象所患有的精神疾病的具体的种类，
联邦犯罪研究中心的研究结果表明，排在第一位的是精神分裂症（die
schizophrenen Psychosen），具体的比例为 1980 年的 33.1% 以及 1986 年的
43.5%；精神错乱（Personlichkeitsstörung）以稍小一些的比例处于第二位，
具体的比例为 1980 年度的 33.1% 以及 1986 年度的 31.5%；智力低下（in-
tellektuelle Minderbegabung）处于第三位，具体的比例为 1980 年度的 31.2%
以及 1986 年度的 20.1%；狂躁症（hirnorganische Störung）以 1980 年度的
18.8% 以及 1986 年度的 20.1% 的具体比例，处于统计数据的最后一位。②

当然，同时需要注意的是，这些调查结果所能说明的问题，并不能够
被过于高估，甚至是得出过于绝对的结论。原因在于，随着收容于精神病
院措施执行的不断进行，行为人所患的精神疾病的种类及其所占的具体比
例，也出现了明显的变动。

在收容措施的具体执行情况，以及法院将对行为人判处的收容措施宣
告缓期执行的情况方面，只有联邦犯罪研究中心作了相应的调查。其调查
结果显示，在大约 2/3 的案件（具体数据为 1980 年度的 65% 以及 1986 年

---

① Leygraf, Psychisch kranke Straftäter, S. 54, 75；Dessecker, Straftäter undPsychiatrie, S. 52, 56.

② Dessecker, Straftäter undPsychiatrie, S. 54.

度的 63.6%）当中，法院只根据《德国刑法典》第 63 条之规定，单独对行为人判处了收容于精神病院措施；在剩余的约 1/3 的案件中，因行为人只具备减轻刑事责任能力的情况，法院在判处收容于精神病院措施的同时，对行为人判处了有期徒刑。在大约 1/4 至 1/5 的案件中（具体数据为 1980 年度的 19.5% 以及 1986 年度的 24.4%），法院在判处收容于精神病院措施的同时，根据《德国刑法典》第 67b 条规定，宣告将对其判处的收容于精神病院措施，予以缓期执行。[①] 在对收容于精神病院措施进行实际执行的案件中，联邦犯罪研究中心的调查数据显示，1980 年度，收容于精神病院措施的平均执行期限为 4.3 年。在此之后，联邦犯罪研究中心在 2006 年度对收容于精神病院措施的执行情况的调查表明，收容于精神病院措施的平均执行期限已经提高到了 5.5 年。[②]

此外，值得关注的是，保安处分措施执行完毕将行为人予以释放之后，行为人的再犯比例，明显低于刑罚措施执行完毕释放后犯罪人的再犯比例。具体而言，联邦犯罪研究中心 1997 年针对保安处分措施期满释放者的研究表明，有 17% 的行为人在期满释放后两年之内因犯罪而被处罚，36.2% 的行为人在期满释放后五年之内再次犯罪。另外，可以再对缓刑宣告的撤销情况予以关注。联邦犯罪研究中心的研究数据表明，大约 30% 的根据《德国刑法典》第 67b 条判处的、对收容措施的立即缓期执行，以及大约 17% 的根据《德国刑法典》第 67 条 d 第 2 款判处的对收容措施在执行一段时间之后的缓期执行，因存在德国刑法典规定的情形，而将其缓刑宣告予以撤销。[③]

对于以上所列数据，并不存在程式化的单一的理解和解读。一方面，其既可以成为德国保安处分措施相较于刑罚的执行情况更为有成效的证明；另一方面，其也可成为德国保安处分措施相较于刑罚的终结条件要更为严格的佐证。

---

① Dessecker, Straftäter undPsychiatrie, S. 82, 89.

② Dessecker, Straftäter undPsychiatrie, S. 120.

③ Dessecker, Straftäter undPsychiatrie, S. 131.

第二节　收容于戒除瘾癖机构的措施

一、收容于戒除瘾癖机构的措施所追求的刑事政策目的

根据《德国刑法典》第 64 条之规定，如果行为人存有过量摄入酒精或者其他麻醉性物品的癖好，而且存在行为人因其不良癖好而继续实施犯罪、危害社会的危险，那么，就应当对行为人判处收容于戒除瘾癖机构的保安处分措施。但是，需要予以注意的是，收容于戒除瘾癖机构措施的适用，需要受到以下限制：只有行为人在戒除瘾癖的机构中，存在能够被有效治疗的足够具体的前景（die hinreichend konkrete Aussicht），才可对其判处收容于戒除瘾癖机构的措施。

由此可见，法院对行为人判处的收容于戒除瘾癖的机构措施，其追求的刑事政策上的目的，在于保护社会免受具有人身危险性的（gefährlich）、存在特殊的瘾癖的（suchtmittelabhängig）行为人的侵害。而与收容于精神病院措施不同的是，从判处阶段开始，收容于戒除瘾癖机构措施所追求的，就是改造与保安的双重目的（doppelte Zielsetzung）。具体而言，通过收容于戒除瘾癖机构措施的判处，法院欲达到的一个目的是保护社会免受危险的具有特殊的瘾癖的行为人的侵害；通过戒除瘾癖机构的治疗，戒除行为人对酒精或其他的麻醉性物品的依赖（die Alkohol oder Drogenabhangigkeit），或者至少是将其依赖大大地予以减轻，是收容于戒除瘾癖机构措施判处与执行的另一目的。①

与之相应的是，即便行为人对社会而言是危险的，但是，其对酒精或其他的麻醉性物品的依赖，被证明是不能通过戒除瘾癖机构的治疗得以缓解或者消除的。比如，通过对行为人的多次的长时间的治疗发现，行为人的特殊瘾癖，并没有因治疗的进行而出现任何好转的迹象，因此，在医学上应当认为行为人存在明显的"治疗对抗性（therapieresistent）"，从而不必再对其进行戒除治疗。因不能满足收容于戒除瘾癖机构措施所追求的改造

---

① Nomos-Kommentar zum StGB，§ 64 Rn. 44.

目的——通过措施的判处及执行治愈行为人的特殊瘾癖，所以在此情况下，不能根据《德国刑法典》第 64 条规定，对行为人判处收容于戒除瘾癖机构这一保安处分措施。

当然，此种规定并不意味着对行为人的犯罪行为的纵容，在此种情况下，仍然可能对行为人判处的处罚包括：对行为人科处刑罚，当然并不排除的是，根据《刑罚执行法》第 65 条之规定，在刑罚执行过程中，由于行为人所存在的特殊情况，从而对其开展特殊治疗的可能。以及，根据《德国刑法典》第 63 条之规定，将行为人收容于精神病院。在此情况下，需以行为人的特殊瘾癖已经达到精神上的缺陷或障碍的程度为前提。①

收容于戒除瘾癖机构措施所欲达到的保安及改造的双重目的，在《德国刑法典》第 64 条的规定中，得到了充分的体现。德国联邦宪法法院于1994 年所作出的一个决定，对之予以了进一步的强调。② 也正是由于这一决定的作用和影响，在《德国刑法典》第 64 条第 2 句中，立法者明确规定："只有当存在通过治疗将行为人治愈，或者在相当一段时间内，保证其不再出现瘾癖的症状，从而防止其实施由于其瘾癖所导致的严重的犯罪行为的足够具体的前景时，才可判处这一措施。"

二、收容于戒除瘾癖机构的措施的适用条件

（一）犯罪人所具有的对瘾癖物品的依赖性

法院对行为人判处收容于戒除瘾癖机构的措施，所需具备的首要条件是，行为人存在过度摄入酒精或者其他的麻醉性物品的癖好。③ 在对于这一前提条件的表述中，立法者使用了"过度（Übermaß）"以及"癖好（Hang）"的措词和概念，这些概念属于典型的法律术语，而且在医学领域中，很难找到与其内涵及外延完全一致的对应表述。因此，在对此前提进行理解与判定时，法律专家与医疗专家的结论，往往很难达成一致。

给"癖好"这一概念下一个典型的法学定义的话，那就应该是，根植于行为人自身的，或因其本身所存的精神异常而导致的，或因其后天的行

---

① BGH NStZ 1994, 30.

② BVerfGE 91, 27.

③ 法律规定的原文是：der Täter den Hang hat, alkoholische Getränke oder andere berauschende Mittel im Übermaß zu sich zu nehmen.

为实践而获得的，总是想要过度摄入酒精或其他的麻醉性物品的强烈的冲动。① 实际上， "癖好"这一概念与"欲望（Sucht）"以及"依赖性（Abhängigkeit）"两个概念的内涵基本相同。② 具体而言，三个概念的共通点就在于，其所关注的，均系行为人内心的欲望，同时，行为人不断增长的内心的占有欲望，往往通过外在的占有的行为表现出来。因此，行为人具有特定的"癖好"的最为重要的标志在于，行为人通过不能完全自我控制的、对麻醉性物品的获取行为，通过此物品在精神上（psychisch）可能对其发挥的作用，来消除其内心的不舒服（Unlustgefühle）与不愉悦（Missbehagen）。③

由此可见，对行为人判处收容于戒除瘾癖机构措施，仅仅只需要其具备对于特定物品的精神上的依赖性；人们一般所说的身体上（physisch）的依赖，比如，在不能获得其想要的麻醉性物品时，行为人可能出现的颤抖（zittern）、发冷（frieren）以及出汗（schwitzen）等明显症状，并不是判处收容于戒除瘾癖机构措施的必要前提。④

对此举例予以说明：

> 36 岁的男性张三，因触犯数个罪行，被起诉到法院。在审判过程中法院发现，张三在 15 岁时，就已经开始吸食毒品，并于此后开始吸食大麻。虽然之后其也接触过其他的毒品，但张三一般只吸食大麻。他的日吸食量为 7~8 克，最多时甚至达到 15 克之多。而且在实施被起诉的犯罪行为之前以及之中，张三事实上也吸食了大麻。在本案中，法院需要决定，是否对行为人张三判处收容于戒除瘾癖机构措施。

在此，值得注意的是，在长时间的吸食之后，张三是否已在身体上对大麻产生一定程度的依赖性，这在科学上是无法作出判定的。但是，从张三长时间的吸食，以及在犯罪实施过程中还吸食大麻这一情况可知，张三在精神上必定已经实际产生了对于大麻的依赖性。因此，在本案中，实质

---

① BGH NStZ 1998, 407.
② Nomos-Kommentar zum StGB, § 64 Rn. 74.
③ Leipziger Kommentar zum StGB, § 64 Rn. 58.
④ BGH NStZ 1998, 407.

上已经具备了决定对张三判处收容于戒除瘾癖机构措施当中，对于"瘾癖"要件的要求。

与此同时，需要予以明确的是，所谓精神上的依赖性，主要是指，在不能获得麻醉性物品的情况下，行为人将会出现的内心的躁动（Unruhe）、愤怒（Angst）抑或是绝望情绪（depressive Verstimmungen）等。①

行为人的瘾癖的存在，必须是对酒精或其他的麻醉性物品的"过度地（im Übermaß）"摄入。由此必然产生的问题是，行为人对酒精或其他麻醉性物品要达到何种程度的依赖，才能算作是"过度"呢？就此而言，一般认为，如果行为人对酒精或其他麻醉性物品的摄入瘾癖，已经超过了其身体所能承受的范围，则显然属于"过度摄入"。② 当然，对于这一界限的划定，并不能够仅仅只是依赖于医学上的专业判断，其中亦应包含依照一般的社会观念对于这一程度的判断。尤其应当注意的是，在某些事例中，不应认定存在过度的状况，比如，行为人一日三餐习惯饮酒一杯，并在其饮酒后实施了侵犯法益的犯罪行为。在这种情况下，一般的社会观念只会将行为人的行为归入不良嗜好的范畴当中，甚至在行为人小饮一杯并不会导致醉酒的情况下，一般只会认为，饭时饮酒只是行为人个人的一种生活习惯，而不应认为存在过度饮酒的癖好。当然，如果由于对酒精或其他麻醉性物品的经常性的消费，对行为人的身体造成了巨大的伤害，或者甚至导致其工作或生活能力的减弱或丧失，则应认为，存在过度摄入麻醉性物品的瘾癖。③

反过来讲，如果仅存在行为人过度地摄入酒精或其他麻醉性物品的情况，但对于行为人是否存在瘾癖——其是否已经对酒精或其他的麻醉性物品产生依赖性——这一点不能确定的话，那么，也不能依据《德国刑法典》第64条之规定，对行为人判处收容于戒除瘾癖的机构的措施。原因在于，仅仅是存在对于酒精或其他麻醉性物品的"滥用（Missbrauch）"，不管是出现一次、两次、多次甚至是频繁出现，例如，行为人经常性地在聚会上醉酒，也尚且不能断言，行为人实际上存在"瘾癖"，并因此而对其科处和执

---

① BGH StV 1994, 76.

② BGHSt 3, 340.

③ BGHSt 3, 341.

行收容于戒除瘾癖机构的措施。

　　然而，在物品"滥用"与对之形成"瘾癖"之间，并不存在绝对的界限。按照医学上的专业观点，二者之间甚至可能发生转化。原因在于，行为人对于酒精或其他麻醉性物品的"滥用"，必然要求以行为人对酒精或其他麻醉性物品的欲求为基础。简单地看，如果行为人内心对酒精持排斥态度，则无论如何，其也不可能滥用酒精。如果在行为人对于酒精等产生需求的基础之上，情况继续恶化，那么，行为人就会产生摄入酒精或其他麻醉性物品的明显"瘾癖"。因此，在特定情况下，即使行为人仅存对酒精或其他的麻醉性物品的"滥用"，亦可依照《德国刑法典》第 64 条之规定，对其判处收容于戒除瘾癖机构的措施。但是，对此需要予以严格的限制。①

　　最后，行为人消费的对象必须是酒精或者其他麻醉性物品（alkoholische Getränke oder andere berauschende Mittel）。相对于酒精而言，对于"其他麻醉性物品（andere berauschende Mittel）"的范围的划定，要宽泛许多。具体而言，应包括像酒精一样，能给人带来麻醉效果的所有固体、液体以及气体物质。其中最为主要的，就是列于《麻醉剂管理法（Gesetz über den Verkehr mit Betäubungsmitteln/BtMG）》附件 1 – 3 当中的物品。其中，最为典型的比如海洛因（Heroin）、可卡因（Kokain）以及大麻（Haschisch）等。除此之外，包含在粘贴、溶解及洗涤用品中的迷幻物质（Schnüffelstoffe），以及医用的兴奋剂（Arznei- und Aufputschmittel）等，均可被归入麻醉性物品的范围当中。② 但需要注意的是，对于无形物质的瘾癖，比如，对电脑游戏或者是赌博的心理痴迷，则并不包含在《德国刑法典》第 64 条所调整的范围之内。

（二）收容于戒除瘾癖机构的措施适用的形式条件

　　行为人必须具有过度摄入麻醉性物品的瘾癖，在此条件之外，法院要对行为人判处收容于戒除瘾癖机构措施，还应满足以下条件：行为人因处于麻醉状态或因瘾癖的存在，而实施的违反刑法的行为，被法院判处刑罚，或者仅仅因其存在无刑事责任能力的状况，或因其无刑事责任能力的状况不能得到排除，而最终未被法院判处刑罚。

---

① Leipziger Kommentar zum StGB，§ 64 Rn. 59.

② Systematischer Kommentar zum StGB，§ 64 Rn. 5.

　　但是，对于这一条件是否具备的判断，在以下情况下可能存在困难。具体来看，行为人过度摄入酒精或其他麻醉性物品的行为，所带来的行为人的麻醉状态，使其对行为当时的事实情况作出了错误的判断，并因此导致，缺乏犯罪行为成立所必需的行为人主观上的罪过要件。对于此种情况，在对于收容于精神病院措施的判处中，关于行为人可能存在的错误认识的处理的相关讨论以及所得出的初步结论，具有参考性适用的可能。

　　行为人在犯罪当时是否具有刑事责任能力，对于收容于戒除瘾癖机构措施的判处而言，并不具有任何意义。相应地，收容于戒除瘾癖的机构的措施，既可能在行为人无刑事责任能力的情况下予以判处，也可能施加于具备完全的刑事责任能力的被追诉人。

　　行为人所实施的违反刑法的行为，应当属于行为人过度摄入酒精或者其他麻醉物品之后，处于麻醉状态下所实施的、带有一定的典型性的（symptomatisch）的法益侵害行为。当行为人处于麻醉状态下从而实施犯罪，或者是行为人的犯罪行为可直接归因于过度摄入麻醉物品的瘾癖，在此情况下，可认定存在此种"典型的联系（symptomatischer Zusammenhang）"。在一般情况下，行为人在麻醉状态下违反刑法的犯罪行为，触犯的是《德国刑法典》第 323a 条所规定的完全醉酒犯罪。[①] 但是，行为人可能触犯的罪行绝不仅限于此。只要是行为当时，行为人正处于由于过度摄入麻醉物质而出现的、与此麻醉物质相关的典型的中毒状态（Intoxikationszustand），即为已足。[②]

　　另如前文所述，除了行为人在麻醉状态下实施犯罪行为之外，行为人的瘾癖的存在，与其犯罪行为的实施之间，还可能存在另外一种关系，即行为人的罪行可被追溯到其具有的不良瘾癖。在此种情况下，在行为人的瘾癖与罪行之间，必须存在确定的引起与被引起的关系（ein ursächlicher Zusammenhang）。换句话说，由行为人的不良瘾癖所导致的行为人本身所具

---

　　① 《德国刑法典》第 323a 条的具体内容如下：行为人因故意或过失摄入酒精及其他麻醉性物品，而使自身出于麻醉状态，并且在此状态下犯下罪行，或仅仅只是因为其麻醉状态使其在行为当时无刑事责任能力，或其无刑事责任能力情况并不能得以排除，则对其判处五年以下有期徒刑或单处罚金。（第 1 款）对行为人所判刑罚，不能重于对行为人在麻醉状态下所犯罪行本应判处的刑罚。（第 2 款）如果行为人在麻醉状态下所犯罪行本身为告诉才处理的罪名，则对行为人完全麻醉的行为，亦应告诉才处理。（第 3 款）

　　② Leipziger Kommentar zum StGB，§ 64 Rn. 37.

有的危险性，必须在行为人的犯罪实施当中，得到明显的体现。因此，如果行为人在瘾癖的支配下，实施了为满足其瘾癖创造条件的犯罪行为（Beschaffungsdelikte），那么，法院亦应依据《德国刑法典》第 64 条之规定，对行为人判处收容于戒除瘾癖的机构的措施。此种犯罪行为最为典型的有：行为人非法侵入药店的行为、非法伪造处方的行为，以及为获得购买麻醉性物品所需要的金钱而实施的财产型犯罪等。由此可见，对于这种典型联系，需要从对行为人罪行的前因后果的细致的分析中，予以推导和得出。

对此试举一例予以说明：

> 朱八的经济状况捉襟见肘，为改善其经济状况，朱八抢劫了一银行。经查明，朱八存在明显的酒精依赖性，且其在抢劫银行之前，为给自己壮胆，而饮入了大量的白酒。

在此案中，如果要对行为人朱八依据《德国刑法典》第 64 条之规定，判处收容于戒除瘾癖机构措施，仅仅只是在行为当时，行为人处于醉酒状态，仍然是不够的；除此之外，还应对行为人朱八的犯罪行为，与其嗜酒瘾癖之间的内在联系，予以证明。而这一前提在本案中很难成立。原因在于，朱八的犯罪行为并不单单只是为自己讨个酒钱，而是对其一般的生活状况予以改善。与此同时，从朱八在行为之前大量饮酒的情况当中，也不能认定存在必要的典型性联系。毕竟，在犯罪之前喝酒壮胆的行为，即使是不存在饮酒癖好的犯罪人，在犯罪实施之前，很有可能也会这样做。

（三）收容于戒除瘾癖机构的措施适用的实质条件

根据《德国刑法典》第 64 条之规定，法院对行为人判处收容于戒除瘾癖的机构措施，所应具备的实质条件在于，可以期待，行为人因其瘾癖的存在，而在将来继续实施犯罪。这一预测的作出，应当以法院作出判决时的情况为依据。在此期间出现的情况，比如，行为人成功将其瘾癖戒除，应在判决中予以关注和评价。与《德国刑法典》第 63 条对于"行为人及其行为的整体评价（Gesamtwürdigung）"的明确规定不同的是，在《德国刑法典》第 64 条中，我们并没有看到类似的字眼与表述。虽然如此，但这并不意味着，在两个收容措施之间，存在着判断上的实质性差别；恰恰相反，在"预测（Prognose）"一词当中，已然包含了针对行为人及其行为的判断与评价。①

此外，将来可以期待的行为人将犯的罪名，应当具备相当的严重性（erheblich）。与《德国刑法典》第63条规定的措施相类似，轻微的刑事犯罪行为应当从中予以排除。存在争议的是，《德国刑法典》第63条与第64条所规定的措施的判处，所要求的严重性程度的门槛是否相同；或者说，科处第64条所规定的措施，所对应的犯罪行为的危险程度，是否要相对低一些。

考虑到，与《德国刑法典》第63条规定的收容于精神病院措施相比，第64条规定的收容于戒除瘾癖的机构措施，存有明确的期限限制（具体见《德国刑法典》第64d条第1款之规定）。与之相应的是，科处和执行这一措施，对于行为人的个人权益所可能造成的侵害，要明显小于没有期限限制的《德国刑法典》第63条规定的措施。因此，在对其前提进行判断时，其所要求的罪行的严重程度，应该也可以适当地低于收容于精神病院措施。当然，同时需要注意的是，将行为人收容于戒除瘾癖的机构，因其剥夺行为人的行动自由，以及将对行为人进行强制治疗也构成对行为人基本权益的极大限制及侵害，在这点上，两个收容措施之间实则并无明显的本质区别。因此，若仅仅只是能够预测，行为人在将来仍存在少量摄入麻醉性物品的可能，并不能导致对其判处收容于戒除瘾癖机构这一保安处分措施。②

此外，在将来罪行的可能性程度（Wahrscheinlichkeitsgrad）方面，《德国刑法典》第63条与第64条所规定的措施是否亦存在区别，就这一问题也存在较大争议。从两个条文的字面规定来看，立法者所运用的表述方式是存在差异的：在第63条中，立法者认为将来之犯罪的出现应是"可预期的（zu erwarten）"，而如上文所述，这也就意味着将来罪行出现的极大可能性；而在第64条中，立法者规定应存在将来出现犯罪的"危险（Gefahr）"。将两个条文及其中的用语作一比较，则很容易得出结论，《德国刑法典》第64条对于将来实施犯罪的可能性要求，要明显地低于第63条之规定。这当然也是因为，在有无期限限制问题上存在的差异，使得两个措施对行为人的侵害性程度明显不同。但是，也应注意的是，两个条文之间并不存在着本质上的明显区别。在判处收容于戒除瘾癖的机构措施时，如果仅仅只是存

---

① Nomos-Kommentar zum StGB, § 64 Rn. 85.

② BGH NStZ 1994, 280.

在行为人在将来再次犯罪的抽象的、模棱两可的可能性，亦不能以此为据，对行为人科处收容于戒除瘾癖机构这一保安处分措施。①

最后应予以注意的是，行为人在将来继续犯罪的危险，应是因其过度摄入酒精及其他的麻醉性物品的瘾癖所导致的；也就是说，在行为人的瘾癖与其继续犯罪的危险之间，必须存在内在的典型的联系（symptomatischer Zusammenhang）。

（四）将犯罪人瘾癖戒除的足够的期待

根据已废止的《德国刑法典》第 64 条第 2 款之规定，如果将行为人收容于戒除瘾癖的机构，对于其瘾癖的戒除而言，"从一开始就显得毫无希望（von vorn herein aussichtslos erscheint）"的话，那么，就不能对行为人科处收容于戒除瘾癖机构的措施。由此可以看出，《德国刑法典》第 64 条第 2 款之原来条款所规定的收容于戒除瘾癖机构措施，旨在追求改造以及保安的双重目的。在实践的具体执行过程中，这意味着，要对行为人科处收容于戒除瘾癖的机构，不仅需要从法律上对其进行判决，同时还需要从医学上对其进行确诊。在此所需要的，除了法律上的预测（Legalprognose），还有医学上的预测（Behandlungsprognose）。

然而，同时需要指出的是，《德国刑法典》第 64 条第 2 款原条款所规定的，对收容措施之适用予以排除，仅仅只在行为人确定没有任何治愈可能的例外情况下，才最终有可能出现。因此，在收容治疗可能对行为人产生的效果尚不能确定的情况下——比如，在不愿配合的初次被收容者案件中，这种情况尤为典型。因为在此情况下，收容治疗过程中首先要做的，就是给予被收容者积极接受治疗的动力——是可以对行为人判处收容于戒除瘾癖机构这一措施的。

根据德国联邦宪法法院于 1994 年 3 月 16 日所作出的决定，《德国刑法典》第 64 条第 2 款的规定，是对《联邦德国基本法》第 2 条②第 1 款以及

① Leipziger Kommentar zum StGB，§ 64 Rn. 84.
② 《联邦德国基本法》第 2 条规定的具体内容如下：在不侵犯他人权利，不扰乱宪法所保护的社会秩序，不违反习惯法规定的前提下，个人有自由决定自身发展的权利。（第 1 款）公民有保护其生命及身体完整的权利。个人的自由不得侵犯。上述权利只有给予法律规定才能予以剥夺。（第 2 款）

第 2 款第 2 句所规定的德国公民的基本权利的侵犯，因此是违宪的。① 在联邦宪法法院看来，只有通过对行为人的治疗，可以实现《德国刑法典》第 64 条规定的收容于戒除瘾癖机构措施所追求的目标时，才能对行为人科处这一收容措施。

在此决定的影响下，2007 年 7 月 16 日颁行的《收容于精神病院及收容于戒除瘾癖的机构改革法案（das Gesetz zur Sicherung der Unterbringung in einem psychiatrischen Krankenhaus und in einer Entziehungsanstalt vom 16. 7. 2007）》对《德国刑法典》第 64 条规定作出了重要修改。在此法案中，对《德国刑法典》第 64 条增加的第 2 句规定的内容为：只有当存在通过治疗将行为人治愈，或在相当一段时间内保证其不再出现瘾癖的症状，从而防止其实施由其瘾癖所导致的严重的犯罪行为的足够具体的前景（hinreichend konkrete Aussicht）的前提下，才可对其科处这一措施。根据以上规定，法院在作出判处决定之前，需要具体确定的是：根据行为人瘾癖迄今的发展情况、行为人特定的身体以及精神状况以及行为人犯罪可能对其产生的影响，其瘾癖是否仍可通过治疗予以消除。当然，在此需要具备的并不是绝对的、确定无疑的治愈保证，而是在基于充分事实的基础上，将行为人的瘾癖予以最终消除的极大可能性和积极前景。

实际上，将修改前后的《德国刑法典》第 64 条的表述方式②进行简单对比，可以发现，主要的变化在于，由消极预测——"毫无希望（aussichtslos）"向积极预测——"足够具体的前景（hinreichend konkrete Aussicht）"的转向。因此，对行为人科处收容于戒除瘾癖机构措施的门槛，实际上是被提高了。根据修改之后的规定，收容于戒除瘾癖机构措施被排除适用，不仅仅只是因为根本不存在将行为人治愈的可能性，在通过收容治疗，能否将行为人的瘾癖最终消除存在疑问的情况下，亦不能决定将其收容于戒除瘾癖的机构。③

---

① BVerfGE 91, 33.

② 简单来看，修改前的《德国刑法典》第 64 条第 2 款规定的内容为：如果将行为人收容于戒除瘾癖的机构，对于其瘾癖的戒除"从一开始就显得毫无希望"的话，则不能对行为人判处该措施。修改后的《德国刑法典》第 64 条第 2 句规定的内容为：只有存在通过治疗将行为人治愈，或在相当一段时间内保证其不再出现瘾癖症状，从而防止其作出由其瘾癖所导致的严重的犯罪行为的足够具体的前景时，才可对其判处此措施。

③ Tröndle/Fischer, Strafgesetzbuch und Nebengesetze, § 64 Rn. 17.

当然也有学者提出：通过刑法修改而对判处收容措施作出的更为严格的限制，表面看来，因为其将门槛提高，使得依据旧法应予以收容但依据新法却不再需要收容的行为人最终受益；但是，对于《德国刑法典》第64条所作修改的后果，却远不止于此。① 具体来看，对于法院来说，其在判处将行为人收容于戒除瘾癖的机构措施之时，将需要面对更大的压力，其需要对判处所应具备的条件作更为谨慎的判断。在法院判决中，关于对被追诉人科处和执行收容于戒除瘾癖机构措施，对于行为人瘾癖的消除所能够具备的具体的积极前景，法院需要展开详细分析并得出明确结论。可是，不得不说的是，对于这一更多需要医学方面专业知识的问题的回答，即使是医学专家也难以胜任，更何谈相较于其法律知识，医学知识必然相对缺乏的法官群体。此外，不应忽视的是，从结果上来看，对保安处分措施执行的减负，最终导致的是对刑罚执行的加负。毕竟，对于被德国联邦宪法法院阻断其收容治疗之路的行为人来说，其面前的路，并不是通向那自由的世界，而是直接通向监狱的铁笼。这样来看，联邦宪法法院所作出的、为行为人利益考虑的决定，却适得其反，把行为人送进了监狱。

（五）收容于戒除瘾癖机构的措施适用条件的特殊规定

在对《德国刑法典》第64条规定进行修改的过程中，纳入考虑范围的，不仅仅只是德国联邦最高法院的决定中所涉及的、对行为人在收容机构中的治愈可能性的问题。除此之外，修改之后的法律明确规定：如果行为人完全具备对其科处收容于戒除瘾癖机构措施的条件，则法院应当判处收容措施；对此，法院没有任何的自由裁量权。在此出现的"应当式规定（Soll-Vorschrift）"，在之前的法律规定中是没有的。因此，修改后的规定，并不属于严格意义上的自由裁量条款；如果条件完全具备的话，在立法者看来，法官除了对行为人判处收容措施之外，别无他选。

然而，这并不能被完全地予以绝对化，亦存在特殊情况下的例外。而这种例外，是全部保安处分措施对于"保安"与"改造"的总体目标的追求所蕴含的。此种例外的可能存在，使得以下情况成为可能：虽然对行为人进行收容治疗的"前景（Erfolgsaussicht）"较为乐观，但最终的"结果（Ausgangsbedingungen）"却不容乐观。当然，在此的结果，并不限于单纯的

---

① Müller-Dietz, Unterbringung in der Entziehungsanstalt, S. 359.

医学上对行为人改造的结果。在此情况下，法院亦可决定不对行为人科处收容于戒除瘾癖机构措施。①

之所以如此决定，是因为，在不断出现的新的治疗需要，以及层出不穷的需要收容治疗的行为人面前，司法资源总是非常有限的。在现有情况下，对行为人进行收容治疗，可能最终能将其治愈，因此是有效果的；但是，对行为人治疗的巨大的不符合比例的医疗及司法资源投入，却很难说是有效率的，甚至在相当情况下，会带来不良的后果。立法者予以明确的。此类人群，主要包括以下三种：②

第一类人群系德语知识储备不够，或者需要为其配备翻译的外国犯罪人，因此会妨碍治疗过程中的必要的正常交流。但是，仅仅只是语言不过关，并不能构成否决对外国人判处收容于戒除瘾癖机构措施的完全充分的理由。毕竟，为被改造人创造必要的良好的改造环境与改造条件，本来就是改造机关的职责所在。只有当这种障碍的克服，会遇到无法解决的困难时，比如说，行为人来自比较偏远的国家，而且其语言属于世界上比较稀少的语言种类，因此，无法给其配备懂得其母语的翻译者。并且，行为人在改造的过程中掌握必要的德语，从而进行正常的交流，并对治疗予以必要的配合，这种希望也十分渺茫。如此，才可因此最终决定放弃对行为人的收容治疗。③

第二类人群涉及的仍然是外国人，这类人面临的，是不久之后的驱逐出境的处罚。比如，外国犯罪人因其毒瘾铤而走险，跨国运输贩卖毒品，从而符合《德国刑法典》第64条规定的条件。对此，首先需要考虑的，还是司法资源的相对有限性。对于即将被驱逐出境的外国犯罪人，仍不放弃地对其进行收容治疗，这种做法的合理性是值得商榷的。其次是实践层面的考虑。如果针对外国犯罪人科处收容于戒除瘾癖机构措施，并真正地开始执行，在执行过程中，当然应当一视同仁。那么，在其符合条件时，亦应对其适用放松监管措施，以促进其更快地复归社会。但是，考虑到司法实践中出现的、在放松监管情况下发生的、屡见不鲜的逃跑行为，最初的

---

① 　BT-Drucks. 16/1344, 12.

② 　BT-Drucks. 16/1344, 12.

③ 　BT-Drucks. 16/5137, 10.

决定是否明智，实则很难经得起推敲。更何况，在此情况下，逃跑的还是不具有德国国籍的外国犯罪人。①

第三类犯罪人群的特点是，其犯罪行为的实施，并不主要是因为其"瘾癖"的支配，更多的是其自身所存在的精神上的异常所导致的。在此复杂情况下，要对行为人作出确定的判断及准确的分析，可能需要对其放松监管，进行实验性的测试。但是，因其精神上所存在的异常情况，这类措施的科处实际上是不被允许的。②

讨论了这么多，这一"应当"规定是否有其独立的价值，也是应予探讨的。因为在立法者所明示的上述三类情况下，《德国刑法典》第 64 条第 2 句所规定的"具体的积极前景"，显然已经不再存在。在此情况下，即使没有立法者所述及的以上权衡和考量，实际上，也可以直接地对收容措施的判处予以否决。③

三、收容于戒除瘾癖机构的措施的适用程序

收容于戒除瘾癖的机构的措施，由地方法院（Amtsgerichte）予以判处（《法院组织法（Gerichtsverfassungsgesetz/GVG）》第 24 条第 1 款第 2 项、第 2 款）。对于鉴定人鉴定的必要性（对此见《德国刑事诉讼法》第 80a 条、第 246a 条之规定）以及临时收容措施的判处（具体见《德国刑事诉讼法》第 126a 条之规定），因其与收容于精神病院措施之科处、适用和执行的相似性，在此不再赘述。上文在对于收容于精神病院措施的讨论中，就相关问题所得出的基本结论，同样适用。

四、收容于戒除瘾癖机构的措施的实施及执行

关于收容于戒除瘾癖的机构措施的实施的相关规定，主要包括《德国刑法典》第 67～67g 条；《德国刑事诉讼法》第 463 条；以及《刑罚执行条例》第 53 条等。对这一措施的具体执行的法律规定，主要是由各联邦州根据《刑事执行法》第 137 条、第 138 条规定，结合地方司法实践的具体情

---

① BT-Drucks. 16/1344, 12.

② BT-Drucks. 16/1344, 12.

③ Tröndle/Fischer, Strafgesetzbuch und Nebengesetze, § 64 Rn. 23.

况，所制定的地方性的保安处分措施执行以及收容措施执行方面的规范性文件。

　　收容于戒除瘾癖机构措施的执行场所，或者是一般的精神疾病治疗医院（psychiatrische Krankenhäuser），就此而言，其与《德国刑法典》第63条所规定的收容于精神病院措施的执行场所相同，或者是收容治疗瘾癖性犯罪人的专门机构（Sondereinrichtungen）。① 对于在一般的精神病院中所进行的对行为人的收容治疗，主要顾虑在于，治疗瘾癖性疾病，所需要的专业设备的缺乏，以及对行为人进行的社会性帮助的不足。为收到收容治疗的最佳效果，应尽可能地将不同类别的行为人进行隔离治疗，最为典型的比如，很多收容机构将具有酗酒瘾癖的行为人与其他被收容者相分离，对其进行专门的、更有针对性的特殊治疗。对于青少年以及未成年人的收容治疗，应遵循《青少年法院法（Jugendgerichtsgesetz/JGG）》第93a条以及第110条第1款的相关规定。

　　根据《刑罚执行法》第137条之规定，收容于戒除瘾癖的机构措施的执行的目的，在于将被收容人所具有的不良瘾癖治愈（von seinem Hang zu heilen），并矫正其由此导致的不良行为（die zugrunde liegende Fehlhaltung zu beheben）。在此，立法者所做的，就是将保安处分措施所一般性追求的"防止行为人继续犯罪危害社会"之目的，进行进一步的突出强调及具体展开。但是，治愈行为人的不良瘾癖，也就是使行为人完全地戒除、摆脱其瘾癖，矫正行为人不良行为的目的的实现，却远远要比制定困难得多。在各种理论著述和实务研究中，为防止成功戒除瘾癖者重新走上旧途，设想了比实践中实际存在方法多得多的各式各样的措施，但最终，任何人都不敢妄下定论，声称其所设计的路径，可以绝对地、彻底地防止吸毒者或酗酒者重操旧业。将行为人"瘾癖予以完全戒除和治愈"，作为一个远期的最终目标，是绝对可欲和可取的，但是在实践层面上，具体执行收容及治疗措施的过程中，却需要面对现实状况，制定出更切实际的目标、对策、手段和规则。在绝大多数情况下，收容治疗措施的目的，仅能满足于在一定的时间内，瘾癖患者对其依赖的麻醉性物品的自制与抗拒；也就是，通过治疗的影响与功效，在收容治疗措施执行完毕、行为人被执行机构予以释放之

---

①　Nomos-Kommentar zum StGB, § 64 Rn. 5.

后，其仍能够在自我控制下，不摄入其依赖的麻醉性物品，或在其意识到不能抗拒酒精或其他麻醉性物品的诱惑时，能够积极地寻求戒除瘾癖及其他相关机构的帮助。①

由于行为人对不同类型的麻醉性物品的不同程度的不同种类的瘾癖的存在，以及由于其个体差异所需要的、不同于他人的治疗方案与手段，在收容于戒除瘾癖机构措施的实际开展过程中，存在着对其具体构建的多种多样的设想。但是，整体上来看，一般的收容治疗措施的执行，主要包括以下主要阶段：首先，将行为人体内所存的、由于过量服用麻醉性物品而造成的身体性损伤，予以治疗，并在此过程中，说服、激励行为人积极地接受治疗；其次，对行为人之所以产生对酒精及其他麻醉性物品的依赖的心理及社会原因，进行细致的分析与探讨；再次，对症下药，具体地制定并执行对行为人的个性化治疗方案，在此过程中，应综合运用治疗、教育、监管、沟通、帮助与护理等医学及社会手段；复次，在行为人所存瘾癖基本得以克服的前提下，通过教育、帮扶、沟通等手段，对行为人开展释放前的准备工作；最后，在行为人被解除收容措施之后，应进一步地做好对其重新融入社会、恢复正常生活的帮助以及指导工作，尤其是应让行为人在他人帮助下，或者是自己独立地适应戒除瘾癖后的新的生活。②

当然，在执行过程中，也必定会出现很多阻碍收容治疗工作顺利开展的困难与问题，主要包括：行为人在戒除瘾癖之后的再犯可能；被收容者试图逃跑，逃避治疗；对教育帮助措施的滥用，比如，为使行为人尽早地复归社会，而对其放松监管措施，但在此过程中，出现了很多行为人逃跑等情况；等等。

五、收容于戒除瘾癖机构的措施与其他处罚措施的界分

就收容措施的适用对象来看，《德国刑法典》第 64 条规定的收容于戒除瘾癖机构措施，其主要的适用对象系无刑事责任能力人、或者是减轻刑事责任能力人。在这一点上，这一措施与《德国刑法典》第 63 条规定的收

---

① Systematischer Kommentar zum StGB, § 64 Rn. 14.
② Athen, Behandlung von Alkoholkranken, S. 65.

容于精神病院的措施,存在着明显的重合之处。①

因此,自然也就会产生如下的问题:应对其判处收容于戒除瘾癖的机构的行为人,是否也可以对其判处收容于精神病院措施呢?对此问题,根据《德国刑法典》第72条第1款的规定,在存在数个均可单独地实现保安处分目的的保安处分措施时,应当选择对行为人来说造成损害最小的保安处分措施类型。据此,正如前文所述,由于《德国刑法典》第63条规定的收容于精神病院措施,其适用及执行并无最长时期的限制;而根据《德国刑法典》第67d条第1款的规定,收容于戒除瘾癖机构措施的最长执行期限,一般情况下不得超过两年。有鉴于此,对于行为人而言,《德国刑法典》第64条所规定的收容于戒除瘾癖机构措施,明显要轻于第63条规定之收容于精神病院措施,由此,在两种措施竞合的情况下,一般应对行为人适用收容于戒除瘾癖机构措施。如果行为人仅仅因为存在已经查明的对麻醉物质的瘾癖,从而导致其全部或部分地丧失刑事责任能力,则一般情况下,只需对其判处收容于戒除瘾癖的机构措施,就可以达到保安处分的目的。但是,在更多情况下,行为人的无刑事责任能力或减轻刑事责任能力状态的出现,并不仅仅只是因为其对麻醉物品的依赖,在此之外,还可能存在精神疾病或心理障碍。在存在此种情况时,根据《德国刑法典》第72条第2款的规定,可对其同时判处《德国刑法典》第63条和第64条规定的收容于戒除瘾癖机构以及收容于精神病院措施。

此外,在被收容治疗的行为人具有对麻醉剂的依赖性时,则可能会产生收容于戒除瘾癖机构措施与《麻醉剂管理法》第35条关于暂停执行刑罚或保安处分措施的规定之间的竞合适用问题。在法院对行为人判处收容于戒除瘾癖的机构措施时,其不必也不能对于《麻醉剂管理法》第35条的特殊规定予以考虑。② 但是在执行过程中,法院对行为人科处的收容措施却是可以调整的,具体而言,如果针对行为人的麻醉剂的瘾癖,需要给予其专门治疗,并且满足了《麻醉剂管理法》第35条第1款第1句所规定的条件,在此情况下,执行机关在征得一审法院同意的前提下,可以决定对行为人暂停执行有期徒刑或者是剥夺自由的保安处分措施。之所以作此规定,主

---

① BGH NStZ 1994, 30.

② BGH StV 1993, 302.

要是出于给予犯罪人最佳的改造处遇，治愈其不良瘾癖，促进其早日回归社会的考虑。而且在此过程中，也会激发行为人积极治疗、努力改造自我的主动性，从而有利于实现刑罚或保安处分措施执行的目的。对于《德国刑法典》第67b条所规定的保安处分措施的缓期执行的可能，因其需要以对行为人及其行为的积极预测为前提，实际上与《麻醉剂管理法》第35条的规定并不相同。

六、对收容于戒除瘾癖机构的措施适用的犯罪学分析

（一）对收容于戒除瘾癖机构的措施适用频率的犯罪学分析

以2006年度为例，在整个西德范围内（包括整个柏林在内），根据《德国刑法典》第64条之规定，共有1602人被判处收容于戒除瘾癖机构的保安处分措施。其具体的适用对象的分布情况为，占比最高的系完全刑事责任能力人，占到了56.8%；减轻刑事责任能力人位居次席，占40.1%；远远少于前两者，无刑事责任能力人群体只占到了3.1%。最主要的起因罪行为财产型犯罪，考虑到行为人为满足其瘾癖创造条件、寻找资金的因素，仅抢劫罪一项就占到了37.4%，其他的犯罪中，所占比重较大的罪行是故意伤害罪（占比17%）和违反麻醉剂管理法的犯罪（占比21%）。人们一般认为，具有嗜酒瘾癖的行为人，如果参与到道路交通领域，则极有可能实施触犯《德国刑法典》第315c条以及第316条所规定的交通犯罪。但是，与这一认识相反的是，司法实践中，由于醉酒或者过量服用其他麻醉性物品，从而构成交通犯罪，并被法院判处收容于戒除瘾癖机构措施的犯罪人，所占的比重并不算大，仅占到5.2%。①

在2006年度，在全联邦德国范围内，将道路交通犯罪排除，警察机关共对约11.3万名犯罪嫌疑人在吸食毒品情况下实施的犯罪进行了立案侦查。而这一数据在醉酒情况下的犯罪中更为惊人，具体约为270万人。②

而与这两项数据相比，法院共对1602人判处了收容于戒除瘾癖机构措

---

① 具体数据来源于德国联邦统计局（Statistisches Bundesamt）官方网站，https://www.destatis.de/DE/Home/_inhalt.html。

② 具体数据来源于2006年度德国联邦政府刑事数据公开手册（Polizeiliche Kriminalstatistik 2006），https://www.bka.de/SharedDocs/Downloads/DE/Publikationen/PolizeilicheKriminalstatistik/pksJahrbuecherBis2011/pks2006.html。

施，这一数据显然还不及前两项数据的 1/100。两相对照，即使考虑到，由于存在实体以及程序两个方面诸多条件的限制，不一定所有的警察机关开始进行侦查的刑事案件，最终都能进入法院的审理程序，而且，并不一定所有进入法院审理程序的案件最终都会作出有罪判决。况且，由于适用条件的限制，法院并不能依据《德国刑法典》第 64 条之规定，对所有此类案件中的行为人均最终判处收容于戒除瘾癖的机构的措施，如此等等。然而，在警察机关所公布的立案数据，与法院最终判处保安措施数据之间所存在的巨大差异，不得不使人们意识到，对很多具有麻醉物品瘾癖的行为人，即使其实际上已满足判处收容于戒除瘾癖机构的措施的适用条件，法院却未能对其最终判处收容措施。对于这一问题，最主要的原因可能在于，在很多案件中，法院对行为人可能具有的对酒精及其他的麻醉性物品的瘾癖，事实上无从得知。

相较而言，戒除瘾癖的机构所收容的行为人的数量，要高于同期法院对其判处收容措施的行为人数量。例如，截至 2007 年 3 月 31 日的调查数据显示，全联邦德国范围内，根据《德国刑法典》第 64 条之规定，共有 2603 人被法院决定收容于戒除瘾癖的机构。其中，妇女所占的比重具体为 6.2%。相较于此前年度，不管是实际收容的行为人数量，还是被判处收容措施的行为人数量，均有较大比重的增长。①

（二）对收容于戒除瘾癖机构的措施适用及实施情况的犯罪学分析

如同前文对收容于精神病院措施的判处及实施情况的研究一样，为了能够对于依据《德国刑法典》第 64 条所判处的收容于戒除瘾癖机构措施的判处及实施情况获得更为生动和全面的认识，接下来的部分当中，仍将对雷格拉夫以及德国犯罪研究中心的调查数据进行介绍和分析。

在雷格拉夫对收容于戒除瘾癖机构措施的调查研究中，其对于 728 个案件进行了梳理和分析；而德国犯罪研究中心对 1986 年度的 249 个案件进行了研究和分析。在此之外，对于《德国刑法典》第 64 条规定的收容于戒除瘾癖机构措施所进行的非常有代表性和说服力的研究，是由梅特里卡特（Metrikat）所展开的，而其研究的重点，是对上文所提到的德国联邦宪法法

---

① 具体数据来源于德国联邦统计局（Statistisches Bundesamt）官方网站，https：//www. destatis. de/DE/Home/_ inhalt. html.

院于 1994 年所作出的决定的影响，进行追踪式的研究和评价，其研究的主要方式和路径，就是将下萨克森州 1992 至 1993 年度以及 1995 至 1996 年度科处和执行收容于戒除瘾癖机构措施的司法实践，进行了对比式的分析。

三项研究的结果一致显示，[①] 根据《德国刑法典》第 64 条所判处的收容于戒除瘾癖机构措施的对象，主要是对酒精存在不良瘾癖的嗜酒者（Alkoholabhängigkeit）。雷格拉夫的调查数据显示，嗜酒者的比例占到了 66.9%，而所有其他的麻醉性物品的依赖者（Betaubungsmittelabhängigkeit）总共占比仅为 33.1%。梅特里卡特的研究结果也基本如此。德国犯罪研究中心的分类稍微有些特殊，其比例分布情况如下：嗜酒者为 76.7%，其他麻醉性物品依赖者占到了 20.9%；在此之外，对药物依赖者（medikamentenabhängige Täter）单独列出，其所占比重较小，仅为 2.4%。在对数据的分析中，雷格拉夫指出，这两类人群的比重对比并不是绝对的。原因在于，其中有相当部分的行为人，过度摄入的并不仅仅局限于酒精或其他某一种麻醉性物品，而往往是几者兼而有之。抛开这点不谈，研究结果还显示，就不同的瘾癖人群而言，嗜酒者的年龄明显长于其他麻醉性物品的依赖者；而且，一般情况下，其对酒精的瘾癖开始的时间较晚，但同时持续的时间却较长。

对于酒精或其他麻醉性物品的瘾癖导致行为人实施犯罪行为，并由此而对其进行追诉，并施以处罚。就此过程而言，三个研究所得出的结果也完全一致。德国犯罪研究中心的调查显示，53.4% 的依据《德国刑法典》第 64 条规定被判处收容于戒除瘾癖机构措施的行为人，在之前并没有接受过任何的瘾癖戒除的治疗。雷格拉夫针对酒精依赖者这一犯罪人群的研究，得出了基本一致的结论。通过对所收集数据的分析比较，雷格拉夫发现，从瘾癖形成，到行为人最终实施瘾癖所导致的犯罪行为，其间一般平均要持续达大约 12 年之久。但是在这么长的时间之内，只有不到一半的（46.1%）行为人接受了戒除瘾癖的专门治疗，而对其他大多数行为人而言，对其科处和执行收容于戒除瘾癖机构措施，是其第一次接受专门的瘾癖戒除治疗。

---

① Leygraf, Alkoholabhängige Straftäter, S. 232；Dessecker, Suchtbehandlung als strafrechtliche Reaktion, S. 75；Metrikat, Unterbringung in einer Entziehungsanstalt nach § 64 StGB, S. 130.

在此之外，三项研究一致显示，就被判处收容于戒除瘾癖机构措施的行为人来看，其刑事前科（Kriminalitätsvorbelastung）问题都相当严重。① 基本上可以说，几乎所有的（雷格拉夫研究统计的数据为 92.5%）行为人均存在犯罪前科。而且，犯罪的频率相当之高，比如，雷格拉夫统计的平均次数为 8.3 次，德国犯罪研究中心统计的数据为平均 8.2 次。并且，监禁时间不算短，比如雷格拉夫统计的平均监禁时间为 4.2 年，德国犯罪研究中心统计的平均监禁时间为 39.8 个月（约为 3.3 年）。行为人所具有的瘾癖得不到诊治，这一人群所占的较高比例充分地说明，对于刑事追诉机关而言，行为人的瘾癖状态或者是未被查出，或者是未被予以足够的重视。

雷格拉夫在对具有酒精瘾癖的行为人这一人群（die Teilgruppe der alkoholabhängigen Untergebrachten）进行研究的过程中，根据其刑事前科的严重程度以及其此前的社会表现，将这一人群明显地划分为两大类——"较早开始（früh-kriminell）"的嗜酒者与"较晚开始（spät-kriminell）"的嗜酒者。而且其研究表明，对于"较早开始"的嗜酒者而言，其反社会行为（当然也包括犯罪行为在内）与其酒精瘾癖，是同时变得越来越重要的。与之有别的是，"较晚开始"的嗜酒者人群，之所以会触犯刑法，实施具有严重的社会危害性的犯罪行为，恰恰正是起因于其对酒精的瘾癖；换句话说，行为人的酒精瘾癖是先于其犯罪行为而出现的。②

与收容于戒除瘾癖机构措施执行进程（Vollstreckungsverlauf）相关的数据，可以从德国犯罪研究中心以及梅特里卡特的研究中有所了解。根据具体的研究数据和结果，又据《德国刑法典》第 64 条之规定，单独地科处收容于戒除瘾癖机构措施的情况，属于少数；相反，在绝大多数的案件中，法院在判处行为人收容于戒除瘾癖机构措施的同时，会对行为人同时科处一定期限的有期徒刑。③ 根据德国犯罪研究中心的数据统计，1980 年至 1990 年期间，对行为人所判处的收容于戒除瘾癖机构措施的最终的执行期限，平均为 23 个月左右，实际上，这大大低于立法者所设定的最高的执行

① Leygraf, Alkoholabhängige Straftäter, S. 234；Dessecker, Suchtbehandlung als strafrechtliche Reaktion, S. 76；Metrikat, Unterbringung in einer Entziehungsanstalt nach § 64 StGB, S. 137.

② Leygraf, Alkoholabhängige Straftäter, S. 236.

③ Dessecker, Suchtbehandlung als strafrechtliche Reaktion, S. 110, 150；Metrikat, Unterbringung in einer Entziehungsanstalt nach § 64 StGB, S. 180.

期限。但是，在有期徒刑与收容措施同时执行的案件中，如果将有期徒刑的执行期限也计算在内的话，最终的执行期限总和，肯定会被大大地予以延长（具体规定见《德国刑法典》第 67d 条第 1 款第 1 句、第 3 句）。在依赖酒精的行为人，与依赖其他麻醉性物品的行为人两个群体之间，其最终的执行时间基本相同。同时需要注意的是，11.4% 的行为人会因为在执行过程中，对其瘾癖治愈可能和希望的完全否定与最终否决，而使得对其科处的收容于戒除瘾癖机构措施不再继续予以执行。[1] 在 20 世纪 90 年代，根据梅特里卡特的统计，收容于戒除瘾癖机构措施的执行期限明显有所减少。在 1992 至 1993 年度当中，其执行期限下降到 18 个多月，到 1995 至 1996 年度，其执行期限仅为不到 16 个月。从中不难看出，不仅其期限大大地缩短，其期限减少的速度也明显越来越快。其中，由于对于被执行人不再存在瘾癖戒除的希望，而对其宣告执行终结，此类行为人的比例相较于 80 年代也有明显增长，由 80 年代的 44% 上升到 90 年代的 46.2%。[2]

对于收容于戒除瘾癖机构措施执行的有效性（Effektivität）评价而言，主要可以从两个方面获得：一是行为人瘾癖的最终戒除，或者是行为人在处理其瘾癖过程中具体方式的改变；二是对于收容措施执行的缓刑宣告，亦即，缓刑宣告率越高，且撤销缓刑的比例越低，说明行为人本身的主观恶性越小，对其改造的难度也越小，收容措施执行的效率评价，相应地也就越高。

鉴于在收容机构之外，对行为人在释放之后再次依赖麻醉性物品的比例统计存在极大的困难，研究者们退而求其次，对行为人在从收容机构释放之后的守法状况进行了统计。事实上，统计结果显示还是较为乐观的。在 1995 至 1996 年的观察期内，被判处收容于戒除瘾癖机构措施的行为人在被从收容机构释放之后，再犯罪率约为 41.9%。其中，吸食毒品的行为人的再犯罪比率，比依赖于酒精的行为人的再犯罪比率要高很多，具体再犯比率分别为 66.7% 和 31.8%，前者为后者的 2 倍还多。

继而从另一个角度进行考量，在对收容于戒除瘾癖机构措施的缓期执

---

① Dessecker, Suchtbehandlung als strafrechtliche Reaktion, S. 159.

② Metrikat, Unterbringung in einer Entziehungsanstalt nach § 64 StGB, S. 251, 258.

行决定的撤销方面，统计结果依然比较理想。① 具体而言，就根据《德国刑法典》第 67b 条所决定的、对于收容于戒除瘾癖机构措施的立即开始的缓期执行而言，缓刑决定的撤回比例为 33.3%；而根据《德国刑法典》第 67b 条第 2 款所事后决定的、对于收容于戒除瘾癖机构措施的缓期执行而言，其缓刑决定的撤回比例更低，仅为 5.7%。因此，总体来看，对收容于戒除瘾癖机构措施的执行效果以及执行效率的评价应该是积极的；也就是说，收容于戒除瘾癖机构措施的执行，对于具有特殊瘾癖的行为人的治愈而言是十分有效的，这一措施在保护社会整体免遭患有特殊瘾癖的行为人的侵犯方面，也实际发挥了不可或缺的重要作用。特别是考虑到，收容于戒除瘾癖机构措施之执行对象的犯罪前科的严重程度，在收容措施执行完毕之后，能够达到如此的效果，绝对是可喜的。

第三节 保安监管措施

一、保安监管措施所追求的刑事政策目的

保安监管措施规定在《德国刑法典》第 66 ~ 66c 条，这一保安处分措施所追求的刑事政策目的在于，保护社会大众免受已犯严重罪行，且因其具有的进行严重犯罪的癖好从而很有可能继续危害社会的犯罪人群的侵害。由此可见，保安监管措施所欲达到的，主要是社会防卫的目的。在此之外，至于说对犯罪人的改造目的，在保安监管措施的判处层面和阶段，基本上不发挥任何作用；在实施层面上，改造目的和功能相较于社会防卫目的，也仅处于从属和补充地位（具体见《刑事执行法》第 129 条第 2 句）。

实质上，保安监管措施的判处及执行，与行为人的罪过及其程度之间并无任何关系。其所关注的，仅仅是行为人本身所具有的特殊的人身危险性。与之相应，在行为人刑罚执行完毕释放之后，如果其自身仍然具有继续损害社会的危险性，亦可对其判处保安监管措施。由于保安监管措施仅仅关注社会防卫的独特定位，以及在特定情况下，这一措施甚至可以突破

① Metrikat, Unterbringung in einer Entziehungsanstalt nach § 64 StGB, S. 278, 293.

"责任原则"的限制，而将行为人终身"监禁"，因此，保安监管被视为德国刑事处罚（制裁）体系中的"最后杀手锏（ultima ratio）"，同时也是"刑事政策上的最后的紧急措施（letzte Notmaßnahme der Kriminalpolitik）"。

在刑事政策方面，保安监管措施存在较多争议。保安监管能够与犯罪人的责任及罪过相脱离，为达到防卫社会的目的，在刑罚期满之后，可以继续地将行为人予以"监禁"。这一般被认为是合法的，并且是不违反宪法的。① 针对保安监管措施，所提出的批评主要集中于，在 1998 年至 2008 年期间，立法者将保安监管措施的适用范围不断扩大，从而将这一在德国第一次刑事改革法案当中、被予以严格限制的"刑事政策上的最后紧急措施"，引入了适用范围不断扩大、适用条件模糊不清的歧途。

自 1969 年 6 月 25 日，德国第一次刑法改革法案（das 1. StrRG vom 25. 6. 1969）对《德国刑法典》第 66 条关于保安监管措施的规定予以确定之后，在其 20 多年的适用时间内，并没有出现所谓的"保护社会"方面的明显漏洞。但是，从 20 世纪 90 年代开始，越来越多的社会大众开始觉得，《德国刑法典》第 66 条对保安监管措施的规定实际上还远远不够，甚至有相当部分的民众认为，其规定的粗糙程度是不可容忍的。

造成这一转变的原因何在？是不是立法者在 30 年前的规定真的存在漏洞？并且随着司法实践的发展，处罚漏洞开始逐渐显露出来呢？回答当然是否定的。之所以会造成这一局面，直接的同时也是最主要的原因在于：1995 年前后，在德国接连出现了两起强奸女童并将其最终残忍杀害的恶性刑事案件。媒体对这两起案件所进行的铺天盖地的报道，在社会公众中引发了激烈的讨论。犯罪分子的残忍手段，以及案件被害人及其亲属所遭受的巨大痛苦，引发了民众广泛的同情，并强烈要求将罪大恶极的犯罪分子绳之以法。在此过程中，民众表现出了有效打击及防范恶性暴力犯罪，特别是危害严重的性犯罪的强烈诉求，对于这一诉求的满足，人们自然而然地首先想到的当然是刑法手段。具体而言，就是刑事惩罚理应更加严厉。

在这一社会性事件不断发酵的过程中，当时的德国联邦总理施罗德（Schröder）的一句话，引起了广泛的关注。在其发表于德国报纸的署名文章中，针对这一事件中群众的反应以及集体的呼声，施罗德呼吁，将这类

---

① Laubenthal, Renaissance der Sicherungsverwahrung, S. 708.

犯罪分子"清除出去！永远永远！（Wegschließen und zwar für immer！）"

　　有鉴于此，立法者对此也作出了多重反应。首先是在 1998 年 1 月 26 日，立法者颁布的《性犯罪惩治法》中，立法者将对于重罪、性犯罪以及情节严重的故意伤害罪的犯罪人，科处保安监管措施的条件予以了降低（《德国刑法典》第 66 条第 3 款）；并将当时德国刑法典中所规定的、对收容机构措施判处所设定的 10 年的最高期限予以了废除（《德国刑法典》第 67d 条第 1 款第 1 句之原规定）。

　　紧接着，几个联邦州利用其所享有的对于警察法律的地方立法权，针对具有特殊的再犯危险的犯罪人判处事后的保安监管措施的可能——在法院判决生效之后，在犯罪人刑罚执行即将完毕之前，对行为人科处保安监管措施——作出了规定。最开始，联邦立法者认为，如此的规定并非必要，而仅仅只是通过 2002 年 8 月 21 日颁布的刑法修正案，对保安监管措施的保留适用（法院在判决当时虽然并未同时判处保安监管措施，但是并未排除在将来对其适用的可能性），作出了规定。但是，德国联邦宪法法院 2004 年初因其存在程序上的缺陷，宣布各州法律中对保安监管措施事后适用的规定违宪。① 此后，联邦立法者却通过 2004 年 7 月 23 日所颁布的法律，将对保安监管措施的事后适用这一制度，引进了联邦立法当中，规定于现行《德国刑法典》第 66b 条规定当中。而且，比起各个联邦州的立法者所作出的规定，联邦立法者在其基础之上更进一步，规定不仅可以对再犯事后地适用保安监管措施，对于初犯来说，也可同样适用这一保安处分措施（《德国刑法典》第 66b 条第 2 款）。此后，通过 2007 年 7 月 23 日的立法，保安监管措施的事后适用范围，得到了进一步的扩大，即通过对《德国刑法典》第 66b 条第 1 款第 2 句规定的增加，在因存在法律规定上的原因，而无法在判决当时第一时间判处保安监管措施的"旧有案件"中，也可在符合条件的前提下，事后地对行为人科处保安监管措施。

　　更为值得注意的是，同样也是通过刑法的不断修改，保安监管措施也被引入了青少年刑法。具体而言，通过 2003 年的法律修改，《德国青少年法院法》第 106 条第 3 款至第 7 款增加了对未成年人适用保安监管措施的规定；通过 2008 年的法律修改，《德国青少年法院法》第 7 条第 2 款至第 4 款

---

　　① BVerfGE 109, 190.

增加了对青少年适用保安监管措施的规定。

虽然立法者将保安监管措施的适用范围不断扩大，但是，其减少犯罪（尤其是严重的暴力犯罪）、改善治安状况、保护社会整体利益的初衷，并未得以实现，并在这一点上，遭受到了严重的质疑。客观上来看，从 1993 年至 2003 年间，整个社会的治安形势呈现出倒退趋势。吊诡的是，恰恰是在立法者所欲重点整治的强奸妇女并将其最终杀害的类型案件中，这一趋势表现得最为明显。① 立法者在建构保安监管制度的过程中，其所依托的标准和尺度，并不是对立法现状、司法实践以及犯罪实证的科学而细致的分析，对其影响最为重大的，是在媒体具有严重的倾向性的宣传鼓动下，社会公众一次又一次的游行示威、一轮又一轮的口诛笔伐、一波又一波的强烈愤慨，以及在这其中所暗含的、社会公众对于极其残忍的暴力犯罪特别是性犯罪的恐慌和恐惧。其中，亦不乏政治家草率的表态，以及不负责任地对立法机关表达的言论施压。在对社会公共利益予以保护的正义呼声，以及犯罪人在其刑罚执行完毕之后对自由的正义呼喊

其间，立法者将其基本立场予以了重新界定，将这两种正义之间的天平也予以了重新校正。综观其间出现的纷繁复杂的法律修改以及制度构建，新适用的法律以及新构建的制度，对于作为弱者的个体的犯罪人而言，绝对是极为不利的。

暂且不论刑法修改的必要及正确与否，即使法律再严厉、制度再苛刻，如果立法者所欲惩罚、防卫和改造的犯罪人群在客观上是可以准确地予以界定的，其所作的法律修改，还是相对更加容易接受的。至少是，对于法律修改的合理性，是可以采用实证分析的方法，在这一人群中予以确定的；即使难以完全地予以确定，其造成的消极影响，因局限于特定的犯罪人群，对其修正也是更为简单和可行的。然而，恰恰是在目标犯罪人群的确定上，修改之后的法律和重构之后的制度存在着最大的模糊性和不定性，显然缺乏最为基本的准确性。

作为判处保安监管措施前提，行为人本身理应具有对于社会的严重的人身危险性和再犯可能性。毕竟，保安监管措施的实际判处与执行，将给行为人的基本权益——尤其是人身自由的基本人权——带来巨大的损害。

---

① Pfeiffer/Windzio/Kleimann, Auswirkungen der Mediennutzung, S. 415.

而对于行为人的人身危险性有无和程度，是需要在判处之前予以准确确定的。但是，在特殊的社会危险性的确定方面，缺乏的恰恰就是对其甄别与判定的准确性。在对严重的犯罪进行预测时，由于在所有的犯罪类型当中，严重犯罪——特别是运用暴力且造成严重后果的性侵犯罪——毕竟所占比例不大，因此，在对其进行细致的科学分析的过程中，所需要的实践中出现的一定数量典型案例的搜集，就显得较为困难；这反过来必定也会影响对其进行预测的准确性。在对保安监管措施的事后科处的条件进行判定的过程中，最为重要的，就是法律所规定的"新的事实"的出现。可是，因为法律对"新的事实"所设定的严格的筛选条件，在"新的事实"方面，行为人往往能够提出较多的合理的疑虑和抗辩。①

所有上述问题所导致的最终后果将是，相较于以前，越来越多的行为人因在危险性判断中所遭受到的不公正待遇，而被实际地判处保安监管措施。这不仅意味着对于行为人的基本权益的极大损害甚至是践踏，而且是对法治国家之自由原则的极大违背。其已远远超出了法律的范畴，形成了一个极大的亟须解决的社会问题。面对已经出现且日益严峻的与保安监管措施相关的系列问题，当下所能期待的同时也是最为现实的解决方案，就是在现有的《德国刑法典》第 66～66c 条规定的基础上，对保安监管措施的适用条件予以更为严格的限制；并借此，对保安监管措施作为刑罚领域的"最后手段"的定位，更为严格地进行坚守。

二、保安监管措施的适用条件

1998 年至 2008 年间，立法者对保安监管措施相关规定所作出的反复修改，保安监管业已成为内部构造极为繁复、内部规定极为繁琐、适用情况极为多样、适用条件极为复杂的一项措施和制度。根据对其适用程序上所设定的不同条件和要求，大致可将保安监管措施分为三大类别：保安监管措施与判决的同时适用（具体见《德国刑法典》第 66 条）；保安监管措施的保留适用，即，在判决当时，对行为人判处保安监管措施的条件还不成熟，但在判决中，对其适用加以保留性规定（具体见《德国刑法典》第 66a 条）；以及保安监管措施的事后适用，即在判决中，并未宣告对保安监管措

---

① Dessecker, Gefährlichkeit und Verhältnismäßigkeit, S. 184.

施予以保留，但在刑罚执行过程中，决定对行为人适用保安监管措施（具体见《德国刑法典》第 66b 条）。

自保安监管措施 1969 年被引入刑法典以来，传统上，一般将保安监管措施的同时适用情况分为两种：一为针对具有多项前科的犯罪人（具体见《德国刑法典》第 66 条第 1 款）；一为针对具有多项罪行的犯罪人（具体见《德国刑法典》第 66 条第 2 款）。此外，自 1998 年以来，《德国刑法典》第 66 条第 3 款对于性犯罪或其他严重犯罪的犯罪人，就保安监视措施的实际科处，规定了更为宽松的条件。

（一）对具有多项犯罪前科的犯罪人适用保安监管措施的条件

1. 对具有多项犯罪前科的犯罪人适用保安监管措施的形式条件

对具有多项前科（Vorstrafen）的犯罪人判处保安监管措施，根据《德国刑法典》第 66 条第 1 款第 1 条的规定，在形式上需要具备的条件是，在法院现在正对其进行审判的犯罪行为之前，犯罪人已因故意犯罪，而两度被判处 1 年以上有期徒刑。之所以规定这样的限制条件，其目的就在于，将出于社会防卫目的而需对其判处保安监管措施的犯罪人人群，限制在其之前罪行被判处 1 年以上有期徒刑的范围。因为在立法者看来，只有此类犯罪人群，才是保安监管措施适用与执行所特别针对的对象。在此之外，仅仅只是具有轻微的或者是一般的刑事犯罪前科的犯罪人群，并不需要出于特殊的社会防卫目的，而对其判处保安监管措施。因此，轻微犯罪人群是从保安监管措施的适用对象中予以排除的。

如果在之前的判决当中，行为人因犯数个罪行，而在一个审判程序中最终被法院判处刑罚，则在考察其情况是否符合上述条件时，应予以考量的，不是其整体刑罚的严厉程度，而应是针对具体罪行的单个宣告刑的严厉程度，即至少其数个罪行中，因某一个罪行被法院最终判处 1 年以上有期徒刑。[①] 针对青少年犯罪人群判处的少年刑罚（Jugendstrafe），亦属于上述"刑事前科"的范围。若是在青少年犯罪案件中，亦涉及法院按照《德国青少年法院法》第 33 条之规定，因青少年犯罪人犯有数个罪行，而将其在同一程序中作出判决的情况，则与成年人犯罪相同的是，在青少年犯罪人所

---

① BGHSt 24, 245.

犯的数个罪行当中，至少也应存在一个应被单独判处 1 年以上有期徒刑的
罪行。①

　　同时应予特别注意的是，在刑法所规定的两个刑事前科之间，应不存
在其判决之间的相关性，即两个判决之间必须是相互独立的。② 据此，若是
行为人因两个单独的罪行而被分别判处 1 年以上有期徒刑，但两个刑罚被在
同一判决中（依照《德国刑法典》第 54 条之规定）或者是事后（依照《德
国刑法典》第 55 条之规定）被合并为同一刑罚，则其并不符合判处保安监
视措施的法定形式条件（《德国刑法典》第 66 条第 4 款第 1 句）。但是，如
果法院对行为人之前所犯罪行的审判，是与导致法院考虑对行为人判处保
安监管措施的罪行的审判合并进行的，那么，虽然对前一罪行的宣告刑是
与后一罪行合并进行的，但是其仍可作为《德国刑法典》第 66 条第 1 款第
1 条意义上的"刑事前科"加以考量。③

　　此外，需要予以注意的是，在行为人被科处刑罚的两个罪行之间，相
隔时间不能太长。按照《德国刑法典》第 66 条第 4 款第 3 句的规定，如果
两个行为之间的相隔时间超过 5 年的话，那么，在对行为人判处保安监管措
施的考量过程中，不能再对其予以考虑。在此种"前科时效期间"经过的
情况下，之所以规定，对此类行为人不再判处保安监管措施，是因为行为
人在很长一段时间内（5 年以上）没有再次犯罪。这说明，即使不将其判处
保安监管措施并予以监禁（收容），其也能在守法状态下自由生活，所以没
有判处保安监管措施的必要。因此，正是基于这样的考虑，《德国刑法典》
第 66 条第 4 款第 4 句规定，将行为人在此 5 年内被有权机关予以监禁——
比如，行为人被判处拘留或其他的收容措施等——的时间从中扣除，这样
规定的原因在于，行为人被拘禁期间的守法行为，并不意味着其在自由状
态下也将遵纪守法。

　　除了行为人所存在的两次符合法律规定的刑事前科之外，要对其判处
保安监管措施，还应具备的条件是，行为人至少因为其之前的一项罪行而
被实际执行 2 年以上有期徒刑，或者是其被判处的剥夺自由的保安处分措施

---

① BGHSt 26, 154.
② BGHSt 30, 222.
③ BGHSt 52, 226.

已实际执行 2 年以上的时间（《德国刑法典》第 66 条第 1 款第 2 项）。通过这一条件的设定，保安监管措施适用对象的范围被进一步缩小，其仅限于虽经历了很长一段时间的监禁改造或者治疗，但在重获自由之后，又重新再次走上犯罪道路的犯罪人。而这类犯罪人群的行为表明，刑罚措施或保安处分措施执行机关对其进行的监管尤其是改造的努力，已被宣告无效，也同时表明，这类犯罪人自身具有极大的主观恶性以及人身危险。同时，将行为人之前所实际执行的监禁期限划定为两年以上，这不仅意味着，犯罪人之前所犯罪行的极大社会危害性，更说明，犯罪人接受执行机关改造的长期性与充足性。这也从另一个方面说明了，保安监管措施作为刑事处罚体系中的"最后杀手锏"的定位，以及作为"刑事政策上的最后的紧急措施"的属性。此外需要指出的是，犯罪人在因之前罪行而接受调查以及审判的过程中，所受到的剥夺自由的强制措施的期限，亦应按照《德国刑法典》第 51 条的规定，折算为《德国刑法典》第 66 条第 1 款第 2 点意义上的已执行的刑罚期限当中去（《德国刑法典》第 66 条第 4 款第 2 句）。

对犯罪人判处保安监管措施还应具备的另一条件是，犯罪人在新犯的罪行（也谓之法院决定对其判处保安监管措施的起因行为）中应因故意犯罪而被判处 2 年以上有期徒刑。2002 年的刑法修正案颁布后，即使犯罪人因新犯罪行而被法院判处无期徒刑，但是在符合条件时，法院仍可依据《德国刑法典》第 66 条第 1 款的规定，对犯罪人判处保安监管措施。但是，学者普遍认为，这一规定的增加是不具有任何实际意义的。原因在于，根据《德国刑法典》第 57a 条第 1 款的规定，如果因为犯罪人的主观恶性以及社会危害性极大，而需要将其与社会永远隔离，以实现保护社会公共利益的目的，那么，法院可对其宣判"不可予以假释及减刑的无期徒刑（die Versagung der Aussetzung zur Bewährung）"。与法院的此种判决相比，若是先对犯罪人判决无期徒刑，然后在其被予以假释或减刑释放之后，再对其判处保安监管措施，此种处置方式显得繁琐且没有必要。同样，如果犯罪人因数个行为被法院判处刑罚，则其中至少有一个罪行系故意犯罪，且应被单独判处 2 年以上有期徒刑。[1]

---

[1] BGH NJW 1972, 834.

2. 对具有多项犯罪前科的犯罪人适用保安监管措施的实质条件

从实质上看，要对犯罪人判处保安监视措施的前提应是，通过对行为人及其行为进行综合判断发现，因为行为人本身所存在的实施严重犯罪的癖好，故其对社会整体而言，是具有危险性的（《德国刑法典》第66条第1款第3项）。其中，最为核心的要件就是"严重犯罪的癖好（Hang zuerheblichen Straftaten）"这一概念。立法者使用这一表述的主要目的，在于对犯罪学上具有其自身典型特征的这一特定犯罪人群的有意划定。但是，这一概念的具体内涵是什么，以及这一特别划定的犯罪人群的典型特征又有哪些……立法者并没有对之予以进一步的规定或者说明。德国刑法学界的通说观点认为，所谓的"癖好"概念，是指犯罪人因其先天因素而具备的，或者通过后天活动所获得的严重的犯罪倾向。这一癖好的形成，使得犯罪人一旦具备犯罪条件时，就会毫无顾忌地实施严重侵犯法益的犯罪行为。[①]但是，这一通说的解释，并没有给我们带来多大的启发。不难发现的是，这一定义实际上只是用抽象的"犯罪的倾向性"这一表述，来对抽象的"犯罪的癖好"这一概念进行了替代式的解释说明。其结果是，即使通过其解释，我们对《德国刑法典》第66条规定的认识，依然过于抽象与模糊。

如果对于"癖好"这一概念进一步地研究，首先有一点是可以明确的，那就是，在对"癖好"这一概念在司法实践中运用时，其原因何在是不需予以关注的。这种癖好的产生，可能是因为行为人一般的反社会态度，也有可能起因于行为人意志的薄弱，在面对犯罪（尤其是犯罪可能获得的利益）的诱惑时，行为人丧失理智，丧失基本的自我控制，从而走上犯罪的道路，并无法自拔。由此看来，对"癖好"这一概念的解释，不能从对其原因的分析中获得，所谓的行为人的犯罪的"癖好"，更多的是犯罪人的一种状态（Zustand）、一种行为方式（Haltung）或一种特质（Disposition），也恰恰是犯罪人的这种状态（行为方式、特质）导致了行为人反复地犯下重罪。

对此，可以给我们最大的启示与指导的，莫过于针对于行为人，而对反复的犯罪行为的出现作出解释的犯罪学理论，最为典型的如自我控制论

---

① Tröndle/Fischer, Strafgesetzbuch und Nebengesetze, § 66 Rn. 6.

及自我责任论（Selbstkontrolle und Bindung）。① 在这一理论看来，犯罪最本质的原因，在于犯罪人自我控制的缺失（fehlende Selbstkontrolle）。在此，其阐述虽然亦有一定程度的模糊性，且对其理论，在犯罪学领域也不是不存在争议；但是，在将先前罪行、现存罪行以及将来可期待之罪行有机联系起来这一方面，这一理论的论证进路，还是相当具有说服力的。据此，对《德国刑法典》第66条意义上的"癖好"这一概念，可以这样理解：行为人本身具有缺乏一定程度的自我控制能力的明显表征，而正是由于这一原因，其才屡屡地实施触犯刑律的犯罪行为。

正如法律所规定的那样，对这一前提进行确定，需要对行为人及其行为进行全面的评价，这一评价过程主要包括对行为人迄今为止的一般性的社会行为、其迄今为止的犯罪行为轨迹以及对其自身的人格特征进行细致的分析。特别值得注意的是，在这一评价过程中，也需要对于犯罪之罪行的被害人予以关注。在前罪行、现罪行以及将来可能的罪行之间，需要存在所谓的"典型的联系（symptomatischer Zusammenhang）"，即所有可归因于行为人所具有的"犯罪的癖好"的罪行，均需系行为人缺乏必要的自我控制能力的表征。对此需要注意的是，在以下情形中，需要将"典型的联系"的存在予以排除，亦即，行为人之前罪行的发生，是出于与现在之罪行完全不同的主客观环境，比如说，犯罪人的前罪行是发生在犯罪人相互侵害的场合，而现在的罪行则完全不是。②

行为人犯罪的癖好所针对的需为具有"严重危害性"的犯罪（erhebliche Straftaten）。在对犯罪人已犯罪行以及将犯罪行的严重性程度进行说明时，虽然立法者运用了与《德国刑法典》第63条和第64条完全相同的措辞（均为），但是在《德国刑法典》第66条的语境下，立法者所欲表达的罪行的严重性程度，绝对远高于第63及64条所涉之罪行。之所以得出这一结论，一方面是因为，通过上文对保安监管措施形式要件的论述，可以明显看出，这一措施的适用对象，均为具有相当严重性的重罪；另一方面，根据《德国刑法典》第66条第1款第3条的规定，所谓的"严重危害性"

---

① 关于自我控制论及自我责任论之思想概述，参见 http://www.1-wv.de/Themen/selbstkontrolle.htm.

② BGH NStZ 1994, 281.

的犯罪，是指给被害人带来身体或精神上的重大损害，或者给其带来巨大经济损失的犯罪。这一附加性的说明，在《德国刑法典》第 63 条和第 64 条的规定中，是找不到的。

对于犯罪人将来可能实施的罪行的"危害性"的理解，除了可置于上文所述的背景之下，更为重要的，是将之放置于保安监管措施作为"刑事政策上最后的紧急手段"的性质的背景下来进行解读。不言自明的是，对"严重的危害性"的解释，必须是要给予严格的限制的。在此前提下，所谓的具有"严重的社会危害性"的行为，至少应是超越于刑法典为保安监管措施判处所设定的形式要件的严重程度之上的罪行。据此，具有严重危害性的行为，至少应为德国刑法典所规定的"重罪（Verbrechen）"。只有当犯罪人将来可能实施的罪行，是具有"极高程度的社会危害性（besonders hoher Schweregrad）"时，才可对其判处保安监管措施；如果犯罪人将来可能的罪行，仅仅只达到中等程度或轻微程度的刑事犯罪的话，则不可对其判处保安监管措施。①

鉴于行为人将来可能实施的犯罪行为，其"对于社会整体而言应是危险的（für die Allgemeinheit gefährlich）"。这一表述与《德国刑法典》第 63 条的规定如出一辙。正如上文所述，若是行为人可能实施的犯罪，将给其"关系亲密的人（nahestehende Personen）"（如妻子、子女、家属、同住的人等）带来危险的话，那么也应认定其对于社会整体而言是危险的。同样，对于行为人危险性判断的时间节点，也应是判决作出的当时。如果在此后的刑罚执行过程中，出现了影响对犯罪人的危险性判定的新情况，比如犯罪人在刑罚执行期间出现的某种发展趋势，则应对此种情况予以重视，并对其作出评价。亦即，在符合《德国刑法典》第 67c 条第 1 款所规定的条件的前提下，应决定将对行为人判处的保安监管措施予以缓期执行；在符合《德国刑法典》第 66b 条规定的条件时，应决定对犯罪人事后判处保安监管措施。

如果犯罪人的情况，完全满足德国刑法典所规定的判处保安监管措施的形式以及实质要件，则法院必须对其判处保安监管措施（obligatorisch）。

---

① BGH NStZ 1988, 496.

（二）对具有数个罪行的犯罪人适用保安监管措施的条件

对于之前并未被判处刑罚或者至少是并未被以《德国刑法典》第66条第1款所规定的特殊方式判处刑罚的行为人，在满足《德国刑法典》第66条第2款规定要求的前提下，为社会防卫的目的，亦可对其判处保安监管措施。由此可见，作为《德国刑法典》第66条第2款规定的保安监管措施种类所针对的对象，犯罪人在其现行罪行之前，并未被司法机关发现其罪行，因此亦并未接受任何审判，但其自身亦具有一定的社会危险性。

1. 对具有数个罪行的犯罪人适用保安监管措施的形式条件

从形式方面来看，依据《德国刑法典》第66条第2款的规定，对犯罪人判处保安监管措施的条件，是犯罪人犯有三个故意犯罪（drei vorsätzliche Straftaten），而且，针对其每一个犯罪行为，均应判处1年以上有期徒刑。对犯罪人判处保安监管措施，并不需要对其罪行已经作出相应的生效判决。但反过来讲，如果法院已对行为人的罪行作出相应的判决，并不妨碍《德国刑法典》第66条第2款规定的措施的适用。因此，《德国刑法典》第66条第4款第1句规定的，由于犯罪人已犯罪行的相关性，法院对其进行合并审理并一并作出判决，所以无法依据《德国刑法典》第66条第1款规定，对犯罪人判处保安监管措施，在此情况下，在满足第2款所规定的条件时，亦可依据第2款的相关规定，对行为人判处保安监管措施。但是，需要特别指出的是，在此情况下，只有两个罪行均应被分别判处1年以上有期徒刑，才能适用第2款的相关规定。进而言之，适用第2款的规定，亦并不存在对已犯罪行的已判刑罚的已执行期限的要求，但是如果存在刑罚已被执行的情况，亦不影响第2款规定的适用。故由于缺失《德国刑法典》第66条第1款所规定的已判刑罚的执行期限前提，从而不能对行为人判处保安监管措施的情况下，仍然存在适用第2款规定的可能性。

在法院对被告人正在进行的审判程序中，被告人必须因其受审罪行中的一个或多个，而可能被法院判处3年以上有期徒刑。因此，相较于《德国刑法典》第66条第1款所设定的2年以上有期徒刑的最低刑罚起点，第66条第2款的规定明显将刑罚的最低起点予以了提升。但与此同时，与第1款规定不同的是，第2款所设定的3年以上有期徒刑的起点，并不要求仅仅只针对一个罪行，而是针对三个罪行当中的一个或多个，"因三个罪行中的一个或几个"的措辞使用表明，即使三个罪名相结合而被法院判处3年以上有期徒刑，也是满足第 2 款所规定的条件的，而第 1 款所规定的 2 年以上有期徒刑的起点，则明确要求只针对数个罪行中的某一个。①

2. 对具有数个罪行的犯罪人适用保安监管措施的实质条件

从实质层面来看，适用《德国刑法典》第 66 条第 2 款的规定，与适用第 1 款的要求完全相同；也就是说，对行为人及其行为的总体评价必须表明，行为人具有实施具有严重的危害性的犯罪的癖好。因此，行为人对于社会整体而言是危险的。

如果犯罪人的情况同时满足德国刑法典所规定的形式以及实质要件，则与《德国刑法典》第 66 条第 1 款所规定的对法院判处保安监管措施的强制性规定不同的是，在《德国刑法典》第 66 条第 2 款的情况下，是否对行为人判处保安监管措施，法院享有充分的自由裁量权。至于法院进行自由裁量的标准，在于通过对犯罪人若干年的刑罚执行过程中的监禁及改造，犯罪人将最终如何行为。如若有足够的证据可以表明，在刑罚执行完毕之后，犯罪人已接受充分的教育及改造，从而在自由状态下能够遵纪守法、积极地融入社会，成功地实现再社会化，则法院有权直接决定，只对犯罪人单独判处刑罚措施，而对符合条件的、本来可以判处的保安监管措施予以放弃。②

（三）对性犯罪者以及其他具有危险性的犯罪人适用保安监管措施的条件

《德国刑法典》第 66 条第 3 款之规定，可追溯到 1998 年颁行的《性犯罪惩治法》，这一条款针对性犯罪者以及其他具有危险性的犯罪人，规定了判处保安监管措施的更为宽松的前提条件。其规定，对因犯有重罪（Verbrechen），对儿童、青少年、近亲属或者无反抗能力者的性犯罪（Sexualdeliktan einem Kind, Jugendlichen, Abhängigen oder Widerstandsunfähigen）（具体规定见《德国刑法典》第 174 条至 174c 条、第 176 条、第 179 条第 1 款至第 4 款、第 180 条、第 182 条），造成严重后果的故意伤害罪（qualifizierte Korperverletzung）（具体规定见《德国刑法典》第 224 条、第 225 条第 1 款、第 2 款），或醉酒犯罪（Rauschdelikt）（具体规定见《德国刑法典》

---

① Systematischer Kommentar zum StGB, § 66 Rn. 25.

② Systematischer Kommentar zum StGB, § 66 Rn. 27.

第 323a 条）罪行当中的两个罪行，而被法院在当前程序中进行审判的犯罪人，可对其判处保安监管措施。

从上述的列举方式可以看出，《德国刑法典》第 66 条第 3 款所采用的是有限列举的方式，但是其中所列举"重罪"一条，其所包含的罪名的数量，就远高于其他的各种具体罪名。因此，《德国刑法典》第 66 条第 3 款适用的罪名范围，实际上是非常广泛的。而且，通过将之与第 66 条第 1 款以及第 2 款规定的比较（尤其是适用范围的比较）可知，仍然是因为第 3 款适用对象中"重罪"一项的存在，其将第 1 款以及第 2 款适用对象的一大部分单独列出，并在第 1 款以及第 2 款规定的基础上，将其适用的条件大大地降低。具体方式在于，如果犯罪人所犯罪名属于第 3 款所列举的范围，在具有多个前科的犯罪人这一情况下（《德国刑法典》第 66 条第 1 款），其所要求的前科数量仅为一个（第 1 款要求为两个）；在具有多个已犯罪行的犯罪人这一情况下（《德国刑法典》第 66 条第 2 款），其所要求的已犯罪行的数量，也由第 2 款所要求的三个下降到两个。

由此可见，根据《德国刑法典》第 66 条第 3 款的规定，如果行为人在当前审判中，将因特定犯罪被判处两年以上有期徒刑，且在此之前，其因与现行犯罪同一类别的或相关犯罪中的一个或多个，而被判处 3 年以上有期徒刑，则就可对其判处保安监管措施。与《德国刑法典》第 66 条第 1 款的规定相比，第 3 款所要求的前科的数量有所减少，作为对其的弥补，在刑期要求上，第 3 款由第 1 款规定的 1 年上升到 3 年。除此之外，第 3 款所规定的条件与第 1 款所规定的条件完全相同，即都要求之前至少存在一次判决，至少存在一次刑罚执行，并且需要对犯罪人实施严重犯罪的癖好作出肯定的判定。

此外，根据《德国刑法典》第 66 条第 3 款第 2 句的规定，如果存在足够的证据证明，行为人实施了两个相关的犯罪，且每个犯罪均应对其判处 2 年以上有期徒刑，则法院亦可决定，对行为人适用保安监管措施。与第 66 条第 2 款的规定相比，第 3 款所要求的已犯罪行的数量由 3 个降低到了 2 个；作为对其的弥补，2 每个罪行应判处的最低刑罚由 1 年上升到了 2 年。与此同时，犯罪人因其罪行当中的一个或数个，而应被判处 3 年以上有期徒刑，且对其自身及其罪行的总体评价表明，行为人因其表现出的实施特定犯罪的癖好，对社会整体是具有危险性的。

（四）保安监管措施的保留适用的条件

对于保安监管措施的保留适用（Vorbehalt der Sicherungsverwahrung）于 2002 年被写入刑法，规定在《德国刑法典》第 66a 条当中。其适用的前提是，在法院作出判决的当时，其并不能足够确信地判定，行为人对社会整体是否具有危险性。保安监管措施保留适用的规定的存在，使得法院能够期待犯罪人在刑罚执行过程中所将得到的改造与发展，并将法院最终确定是否对犯罪人判处保安监管措施的时间，推迟到行为人被解除刑罚执行措施予以释放的前六个月。此规定所针对的对象，是《德国刑法典》第 66 条第 3 款所针对的性犯罪者以及其他具有危险性的犯罪人。法院判处对犯罪人保留适用保安监管措施的条件，是对具有多个前科（《德国刑法典》第 66a 条第 1 款、第 3 款第 1 句）以及具有多个已犯罪行（《德国刑法典》第 66a 条第 1 款、第 3 款第 2 句）情况下条件的简化。

比较有争议的是，法院决定对行为人判处保安监管措施的保留适用，需要满足怎样的实质性条件。按照法律条文的原意，在法院作出判决的当时，其并不能足够确信地判定，行为人对社会整体是否具有危险性。由此可见，法院所存在的"不确定性"，只能存在于对犯罪人对社会所存在的危险性的判断；同时，在这种不确定性之外，法院还需具备一定的确定性，那就是对行为人本身所存在的进行特定犯罪的癖好的确定性。简而言之，只有法院对行为人犯罪癖好确定时，其才能决定适用保安监管措施；同时因为其对行为人对社会所具有的危险性的不确定，才致使其决定对这一措施保留适用。[①]

然而，在此需要进一步追问的是，在"行为人实施特定犯罪的癖好"与"行为人因其犯罪而对社会具有的危险性"之间的界分，果真能如立法者所设想的那样简单清晰吗？答案很可能是否定的。恰恰是在这两点之间的界分上，不管是在理论探讨上，还是在实践应用上，都存在着广泛的争议。而且，笔者深感疑惑的是，若是已经可以确定行为人具有实施特定犯罪的癖好，也就是说，只要具备一定的条件的情况下，行为人就会想方设法地实际实施犯罪行为，那么，其对于社会而言还不够危险吗？反过来，如果法院就行为人对社会是否具有危险性存在疑问，也就是说，法院不能

---

① Tröndle/Fischer, Strafgesetzbuch und Nebengesetze, § 66a Rn. 5.

确切地判定，行为人在将来是否有可能继续犯罪从而危害社会，那么又如何谈得上行为人进行特定犯罪的癖好的确切存在呢？

此外，就法院不能确信行为人对社会是否具有危险性这一问题而言，不能认为，只要存在行为人在将来继续犯罪的模糊的可能性（bloße Möglichkeit），法院即可对其（保留）适用保安监管措施。相反，考虑到保安监管措施（保留）适用将给行为人带来的巨大损害与负担，只有当存在行为人在将来继续犯罪的极大可能性时（当然并没有达到完全确信的程度），法院才可决定，对行为人保留适用保安监管措施。①

通过对于保安监管措施的保留适用规定，对于这一措施的最终决定，被推迟到了对犯罪人的刑罚执行过程当中去。这一决定应在一审判程序中作出，这一审判的进行由犯罪人案件的一审法院负责（具体规定见《德国刑事诉讼法》第 275a 条）。在此审判程序中，只有在法院确信犯罪人对社会具有危险性时，才可对其最终决定判处保安监管措施。同时需要进一步指出的是，对于行为人将来可能进行的危害社会的犯罪应是"将给被害人带来精神上或身体上的巨大损害的、具有严重的社会危害性的犯罪（erhebliche Straftaten zu erwarten sind, durch welche die Opfer seelisch oder korperlich schwer geschädigt werden）"（《德国刑法典》第 66a 条第 2 款第 2 句）。在最初决定是否对犯罪人判处保安监管措施的审判程序中，可以予以考虑的对于被害人可能带来的经济上的巨大损失（《德国刑法典》第 66 条第 1 款第 3 点），在此将不再能够满足对犯罪人判处保安措施的条件要求。

如果存在应当对犯罪人判处保安监管措施的条件，则法院必须对其判决保安监管措施。如果在之后的程序中，并未最终决定对犯罪人判处保安监管措施，则之前法院所作出的对犯罪人保留适用保安监管措施的决定，将会自动失效。

（五）保安监管措施的事后适用条件

1. 保安监管措施对再犯的事后适用条件

即使是在初次审判中，法院并未决定对犯罪人判处保安监管措施，或者是仅仅对其判处了保安监管措施的保留适用，事后，法院也可根据《德国刑法典》第 66b 条之规定，对犯罪人判处保安监管措施。这一条文于

---

① Tröndle/Fischer, Strafgesetzbuch und Nebengesetze, § 66a Rn. 8.

2004 年写入德国刑法典，立法者之所以作出这样的规定，其目的在于，对于其社会危险性在刑罚执行期间才得以显现的犯罪人，即使是在法院对其判处的刑罚期限已满的情况下，亦不能将其释放，纵容其危害社会；相反，应以社会防卫的目的为主导，在虽然犯罪人并无罪过且将其继续监禁有可能违背适当性原则的情况下，对其事后地判处和执行保安监管措施，将其继续监禁，以防其危害社会。对于将犯罪人继续监禁的期限，法律规定，最长一般不超过 10 年（《德国刑法典》第 67d 条第 3 款）。但是，在犯罪人存在继续危害社会的危险的情况下，可将犯罪人继续监禁，而不受 10 年最高期限的限制。

与之前所探讨的保安监管措施相同的是，其均对犯罪人的基本权益造成了巨大的侵害；而不同的是，保安监管措施的事后判处，还会对法院已生效判决的既判力造成极大的损害。由此，法院事后地对犯罪人判处保安监管措施，当然需要满足更为严格的条件。

具体而言，法院不仅可对再犯判处保安监管（《德国刑法典》第 66b 条第 1 款），而且对于初犯，也可判处保安监管措施（《德国刑法典》第 66b 条第 2 款）。除此之外，最开始被收容于精神病院的行为人，在满足特定条件时，也可以通过适用新的保安监管措施，代替原来的收容措施（《德国刑法典》第 66b 条第 3 款）。

进一步来看，根据《德国刑法典》第 66b 条第 1 款的规定，法院对再犯判处保安监管措施，在形式上需要满足的条件是：犯罪人因犯有侵害重大的人身权益——生命（Leben）、身体完整（körperliche Unversehrtheit）、人身自由（persönliche Freiheit）、性自主权（sexuelle Selbstbestimmung）——的重罪（Verbrechen），或者是《德国刑法典》第 66 条第 3 款第 1 句所明确列举的轻罪（Vergehen）——性犯罪（Sexualdelikte）、加重的故意伤害（qualifizierte Körperverletzung）以及在醉酒状态下实施以上犯罪，而被法院判处监禁刑，且其刑罚已经开始执行。

如上文所述，为将对犯罪人的基本权益造成严重损害的保安监管措施的事后判处，限制在绝对的少数情况，法律所规定的加重的故意伤害这一罪行，只有在犯罪人的行为完全满足德国刑法典分则部分"侵害身体之罪行"一章中所规定的罪名的犯罪构成的基础上，才可认定。此外，对于《德国刑法典》第 66b 条第 1 款所规定的其他罪行，也应相应地进行严格认定。另外,《德国刑法典》第 66b 条第 1 款还规定,要对犯罪人事后判处保安监管措施,还应"具备《德国刑法典》第 66 条所规定的其他条件"。对于立法者的此种规定,应作如下理解:其一,在《德国刑法典》第 66b 条第 1 款对其特殊要求的轻罪(Vergehen)种类的规定中,对《德国刑法典》第 66 条第 3 款第 1 句所列举的轻罪进行了援引,但同时,在后者的基础之上减少了轻罪的具体数量。由此,根据法律相关规定,若要对《德国刑法典》第 66 条第 3 款第 1 句所列举的轻罪的犯罪人,事后地判处保安监管措施,其需要满足的条件,与根据《德国刑法典》第 66 条第 3 款第 1 句对犯罪人在判决当时判处保安监管措施的条件,应基本相同,只不过要对轻罪的具体范围进行限制。其二,对于(只有)一次犯罪前科的犯罪人,或(只有)两个罪行的犯罪人,在满足《德国刑法典》第 66 条第 3 款第 1 句及第 2 句所规定的相应条件的前提下,法院亦可对其事后地判处保安监管措施。

在实质层面上,根据《德国刑法典》第 66b 条第 1 款的规定,法院要对犯罪人事后判处保安监管措施,需要对犯罪人进行危险性预测(Gefährlichkeitsprognose)。对犯罪人、犯罪人所犯罪行以及犯罪人在刑罚执行期间的表现的总体评价,必须能够证明,犯罪人在将来仍然存在实施严重侵害他人精神或身体的恶性犯罪的最高程度的极大可能性(mit hoher Wahrscheinlichkeit)。

与《德国刑法典》第 66 条第 3 款所规定的、在判决当时对犯罪人判处保安监管措施所规定的实质上的条件相比,《德国刑法典》第 66b 条第 1 款的规定在两个方面有了较大的提升:其一就是犯罪人在将来从事的,应是具有严重的人身侵害性的犯罪,其罪行侵害的,应为重要的具有人身属性的重要的法益,仅仅只是侵害财产法益的经济性犯罪,是不够的;其二,犯罪人在将来进行犯罪的可能性,已由《德国刑法典》第 66 条第 3 款所规定的极大可能性,上升为第 66b 条第 1 款所规定的极高程度的极大可能性,其可能性程度有了更为严格的更高要求。当然,具体犯罪人继续犯罪的可能性程度,是极有可能还是最高程度的极有可能,或者是在简单的极有可能与最高程度的极有可能之间具体存在着何种差异,在法学理论上或者法律实践中,并不存在精确统计的百分比(当然,这可能也是以后的刑法学者运用实证分析手段,予以解决的重点问题领域),在具体案件中,对其进行具体的判断时，只能由法院从具体案件中行为人及其行为的具体情况出发，做出分析与裁量。

正是因为，法院的保安监管措施的事后判处决定，会对法院之前已作出判决的既判力带来损害，因此，在法院之前审判中，法官已予以采信的案件事实证据，在法院重新判处措施审判中，不能作为判断犯罪人所具有的人身危险性的依据。与法院对已生效判决的案件进行重审相类似，此处所讨论的"新"的事实（neue Tatsachen）中的所谓"新"，并不取决于事实生成时间的早晚，而是这一事实在最初的法院进行审判的过程中，法官对其是否具有获知并采信的可能性。在之前审判中法院已经得知的案件事实，当然要从新的证据的行列中予以排除；而同时需要注意的是，若是法院未能及时地获知案件事实，是因为法官所存在的审判错误，则并不能通过事后判处保安监管措施来对这一错误进行纠正。毕竟，法官的错误当然不能让被告为其买单，考虑到保安监管措施将给犯罪人带来的巨大痛苦，就更是如此。[①]

此外，如果前一审判程序的终结，并不是因为法院作出的有效判决，而是因为存在《德国刑事诉讼法》第204条所规定的、因存在事实上的或法律所规定的情况，法院决定不对案件进行审理，前述的新的事实的判断，以及采信的原则及方法，同样适用。根据《德国刑事诉讼法》第244条第2款的规定，为获知案件真相，法院应依职权，对所有对于其判决具有重要性的案件事实以及证据资料进行调查。据此，如果案件事实属于法院为根据《德国刑法典》第66条、第66a条之规定，对行为人判处保安监管措施所本应调查的对象，则在之后的审判过程中，不能将其认定为新的事实。所有对于案件事实证据的新颖性具有证明作用的案件情况，均应在法庭的审判程序中予以说明，并进行质证。因为这些情况是否存在以及真实与否，决定的不单单是程序是否开始或继续进行等程序性的问题，更为重要的是，其对于犯罪人是否满足德国刑法典所规定的、对行为人判处保安监管措施的条件，从而使法院最终决定是否对行为人判处保安监管措施，具有重要的意义甚至是决定性作用。[②]

---

①　BGHSt 50, 126.
②　BGHSt 51, 188.

当然，新的案件事实应有助于法院最终作出对犯罪人危险性的预测；即使不以对犯罪人及其罪行的总体评价为前提，其亦具备独立的价值。《德国刑法典》第 66b 条规定生效之后，在法院判决中，什么样的事实情况可以采信到作为犯罪人危险性判断的必要前提的对于犯罪人的整体评价中去，关于这一问题，很快就形成了一套约定俗成的判断标准以及方法。如果犯罪人在法庭审判的过程，做出了积极配合治疗的保证，但又在执行过程中，拒绝接受治疗甚至是从治疗机构脱逃，原则上，则可将犯罪人的此种行为，视为在判决生效后刑罚执行完毕之前所出现的新的事实证据。

然而，也应避免对于此类事实的僵化认定。虽然犯罪人在被监禁过程中，负有配合改造的义务（《刑事执行法》第 4 条第 1 款），但是，犯罪人对治疗的拒绝甚至是脱逃行为的原因，却并不一定完全存在于犯罪人自身。相反，通过对犯罪人、犯罪人所犯的罪行以及犯罪人在刑罚执行期间的表现的综合评价，所要预期实现的，正是避免犯罪人因其治疗的拒绝或脱逃行为，而可能遭受到不公正的待遇。犯罪人应受到应有的惩罚与制裁，但是其错误行为与其不利后果，应处于一定的平衡状态当中。否则的话，因犯罪人拒绝治疗或脱逃行为，而认定其危险性的存在，并在此基础上，对其判处保安监管措施，则很有可能让这一措施的判处，成为对行为人的过激的反应及不公正的待遇。即使是行为人在刑罚执行的过程中有越狱或威胁刑罚执行人员的犯罪行为，亦不可妄下断言，直接对其判处保安监管，而应具体案件具体分析。在此需要探讨的问题是，犯罪人在刑罚执行过程中所实施的不配合执行人员工作的行为，是否属于在之前的审判中未予注意或采信的新的事实。要进行这一判断，实际上就是判断行为人通过其现在的罪行，是否表现出与之前的罪行不同的危险性，其现在行为的危险性，是否与之前行为的危险性属于不同的范畴。

对此，如果仅仅只是对执行人员的不服从，仅可对其根据相关法律，给予相应的处理或处罚，而没有达到满足对其判处收容监管措施的条件。从另一方面来说，如果犯罪人在刑罚执行的过程中，因精神状况出现异常而使其表现出明显的犯罪倾向或欲望，且其精神异常的出现是在之前审判中不曾存在或根本无法得知的，则犯罪人的这种状况的出现，可以视为是对行为人危险性预测具有重要的证明作用的新的事实证据。

《德国刑法典》第 66b 条第 1 款第 2 句对新的事实证据的判定，给予了一定的限制。据其规定，如果在之前的审判过程中，犯罪人的情况满足《德国刑法典》第 66 条所规定的所有条件，仅仅只是因为在裁判的当时，存在着法律规定上的障碍（rechtliche Hindernisse）而不能对行为人判处保安监管措施；那么，在之后的审判中，之前获知及采信的证据，仍可作为新的事实予以使用。此处所谓的法律上的障碍，针对的主要是在之前的裁判当时，因《德国刑法典》第 66 条规定尚未生效，从而导致对行为人不可判处保安监管措施的情况。

通过立法上"满足《德国刑法典》第 66 条所规定的其他条件"的规定，能够得知，犯罪人的危险性，应是其实施具有严重危害性的犯罪的癖好的结果，也就是说，在之前罪行、与危险性预测相关的新的事实依据以及行为人将来可能从事的犯罪之间，应存在紧密的典型性联系。如果行为人的情况满足《德国刑法典》第 66b 条第 1 款所规定的、事后判处保安监管措施的条件，事后是否对行为人最终判处保安监管措施，由法院自由裁量决定。

2. 保安监管措施对初犯的事后适用条件

针对初犯的事后的保安监管措施的判处，《德国刑法典》第 66b 条第 2 款作出了相关的规定。这一措施适用的主要对象，是因犯有侵害重要的人身性法益（生命、身体、自由、性自主权），或者严重的抢劫犯罪、抢劫致死的重罪，而被法院判处五年以上有期徒刑及以上刑罚的犯罪人。与《德国刑法典》第 66b 条第 1 款规定不同的是，如果初次犯罪人仅仅犯有轻罪，则无论如何不能依据这一条款，对其事后判处保安监管。

对这一条款所涉及的、事后对初犯判处保安监管在形式上所应具备的条件，已在条文规定中得以充分的体现，在此不再展开。对于此条款所涉及的事后判处保安监管在实质上所应具备的条件，与《德国刑法典》第 66b 条第 1 款规定的适用基本相同；即存在新的事实依据，证明犯罪人在将来存在实施严重侵害他人身体或精神的、具有严重危害性的犯罪的、极高程度的极大可能性。

概而观之，这一条款成为众多批判以及争论的导火索。从犯罪学角度出发，针对初犯这一特殊的犯罪人群，立法者长期以来认为，对其危险性进行判断的现存的事实依据明显不足。众所周知，在对犯罪人的行为方式的预测中，一般所用的方法的内容是，如果在相当长的一段时间内，行为人能够遵纪守法，不再触犯刑法，则可期待其在今后亦不会再次犯罪；但是反过来，如果仅仅只是因为犯罪人一次的犯罪，而以此为基础或至少是引子，对其今后将继续犯罪的极高程度的极大可能性作出预测和判定，将是何等困难的任务？而通过此种路径得出的结果，又将是何等的不可信或不科学？①

以体系分析的方法对此规定进行分析，也会发现，其中存在着诸多的问题。在《德国刑法典》第 66b 条第 1 款对再犯事后判处保安监管措施的规定中，立法者要求，要根据此条款对犯罪人事后判处保安监管，需同时满足《德国刑法典》第 66 条所规定的一般性的条件；但是在《德国刑法典》第 66b 条第 2 款对于初犯事后判处保安监管措施的规定中，立法者（有意地）将这一规定予以了剔除。这样规定的后果，就是对初犯事后判处保安监管措施，仅需要满足《德国刑法典》第 66b 条第 2 款所规定的特殊条件。由此带来的必然后果是，对初犯事后判处保安监管措施的条件，竟然要宽松于对再犯判处此措施的条件，或者说，至少从条件的数量上来看是这样的。更为让人惊讶的是，对于犯罪人的同样的罪行，如果是在判决当时作出的话，需要满足的条件要求是比较高的，但是在经过一段时间的改造之后，事后再对其判处保安监管措施的话，需要满足的条件就没有那么多了。形象地说，越改造越危险?! 其中的矛盾显而易见，让人费解。

当然，在司法实践的具体适用中，法院以判例的形式，对这一明显不合理的规定进行了限制与完善。② 法院在依据这一条款，对初犯事后判处保安监管措施时，在实质层面上，都要求存在《德国刑法典》第 66 条第 1 款第 3 项意义上的、行为人实施特定的犯罪的癖好的存在。退一步说，立法者对"保安监管措施"在德国刑法典中所作出的相关规定的区别，一般只在于其需要满足的形式要件。在实质层面上，考虑到只要法院判处保安监管措施（不管是事先，还是事后；不管是初犯，还是再犯；不管是直接判处，还是予以保留），就将给行为人带来的基本权益的巨大损害，而且保安监管措施所针对的人群存在同一性（具有从事严重犯罪的极大困难的危险的犯罪人），各个措施及规定之间，并不（应该/可能）存在实质上的差异。对

---

① Schneider, Kriminalprognose, S. 103.
② BGHSt 50, 381; 51, 199.

于这一解释立场,《德国刑法典》第 67d 条第 3 款之规定亦可引为佐证,其无差别地将行为人进行特定犯罪的癖好的存在,作为保安监管措施判处的各种情况的必要条件。

借由对于《德国刑法典》第 66 条第 2 款的规定进行的总体评价,对于立法者的立法旨意进行探究,对于保安处分措施尤其是保安监管这一具体措施的理论及实践进行分析,我们可以得出如下结论:立法者所作出的这种规定,并不是特意地针对"初犯"这一人群,而是有"重大犯罪的重大危险"这一情况;其所关注的,绝非由犯罪人当前的罪行所必然联系到的其在将来继续犯罪的极大可能,而是由于此类人群本身所存在的巨大的社会危险性,出于对其进行特殊预防、保护社会的目的,而对其判处保安监管措施。这一规定对于"特殊预防"目的(保安处分措施整体及各个具体措施的共同理论根基)的强调和凸显有何利弊,孰是孰非,还需要在进一步的实践探索以及理论探讨当中予以厘清。

在满足《德国刑法典》第 66b 条第 2 款所规定的条件的基础上,法院对最终是否对初犯事后地判处保安监管措施,享有自由裁量权。

三、保安监管措施的适用程序

(一) 判决当时判处的保安监管措施的适用程序

此种保安监管措施由州法院予以判处。在决定过程中,对(专家)鉴定人鉴定结论的应用,参照收容于精神病院及收容于戒除瘾癖的机构措施适用中的相关规定。在法院最终对犯罪人判处保安监管措施之前,为保护社会整体利益,对于犯有性犯罪以及其他严重侵害社会整体利益的严重犯罪的具有较大的社会危险性的犯罪人,为防止其逃跑,可在侦查的过程中,提前对其判处临时性的保安监管措施(具体规定见《德国刑事诉讼法》第 112 条第 3 款、第 112a 条)。

(二) 保留适用及事后判处的保安监管措施的适用程序

根据《德国刑法典》第 66a 条作出的保安监管措施的保留适用决定,以及根据《德国刑法典》第 66b 条作出的保安监管措施的事后适用决定,必须由法院在独立的程序中予以判处,法院作出判处决定,应按照一般的审判程序来进行(《德国刑事诉讼法》第 275a 条)。判处决定由案件的一审法院作出;如果是在保安监管措施的事后判处的案件中,之前生效判决是由地方法院（Amtsgericht）作出的，那么，事后判处决定应由其上级法院的刑罚委员会（Strafkammer des Übergeordneten Landgerichts）负责。

保安监管措施的科处决定，由法院以判决的形式作出，犯罪人如若对此存在异议，可以对其提起上诉。倘若存在法院最终将会对犯罪人判处保安监管措施的肯定性判断，如果出现需要对犯罪人立即判处保安监管措施的紧急情况，比如，在犯罪人刑罚执行即将期满的情况下，如若不对犯罪人及时决定判处保安监管措施，则需要将其立即释放，根据《德国刑事诉讼法》第275a条第5款之规定，法院可对犯罪人作出"收容命令（Unter-bringungsbefehl）"。

四、保安监管措施的实施与执行

针对保安监管措施实施（Vollstreckung）的相关法律规定，见于《德国刑法典》第67a条、第67c条至第67e条、第67g条，《德国刑事诉讼法》第463条，《德国刑罚执行条例》第53条。

与收容于精神病院以及收容于戒除瘾癖机构措施的相关规定不同的是，在保安监管措施的执行过程中，不存在保安处分措施与刑罚措施相互转化的情况。一般在对犯罪人判处的刑罚措施执行完毕之后，才紧接着对其执行所判处的保安监管措施。1998年《性犯罪惩治法》的颁布给《德国刑法典》第66条规定带来了相应的修改，一般而言，对于法院第一次对犯罪人判处保安监管措施，法律并无期限的限制；而在此之前，废止前的《德国刑法典》第67d条第1款第1句规定，对犯罪人第一次判处保安监管措施的期限不应超过10年。而根据《德国刑法典》第67d条第3款的规定，在对犯罪人的保安监管措施执行10年之后，刑罚执行委员会应对犯罪人进行评判，若其通过期间的监管，亦不再具有继续进行严重犯罪的极大危险性，则应宣告其保安监管措施终结。

此外，德国刑法典新增的规定还有，在依据《德国刑法典》第67d条第3款的规定，作出最终决定，以及根据《德国刑法典》第67d条第2款规定，宣告将对犯罪人所判处的剩余期限的保安处分措施予以缓期执行之前，法院必须取得（专家）鉴定人关于犯罪人是否因其犯罪癖好的存在仍具有继续进行严重犯罪的危险性的鉴定结论（《德国刑事诉讼法》第463条第3款第4句）。

《刑事执行法》第 129 条至第 135 条对于保安监管措施的执行作出了相关的规定。从保安监管措施的命名亦可看出，在保安监管的执行过程中，最为关注的是此措施执行的社会防卫目的（《刑罚执行法》第 129 条第 1句），而对犯罪人改造的目的，仅仅处于从属地位。当然，在保安监管措施执行的过程中，执行机关亦有义务帮助犯罪人积极地接受改造，早日回归社会（《刑罚执行法》第 129 条第 2 句）。需要指出的是，在理论研究中，包括德国联邦宪法法院的判决中，出于对犯罪人人权的保护，以及为了保障保安处分目的更好地实现，均对犯罪人改造的目的予以了强调，且一致认为，保安监管执行机构的设置，应给行为人提供足够的接受改造、治疗，积极回归社会，适应社会环境，以及尝试改过自新的机会、场所和条件。即使是出于社会防卫的目的，而需要将犯罪人剥夺自由、予以监禁，但是在保安监管措施执行的过程中，在保证其执行效果（犯罪人积极地将自己置身于执行机关的管制之下，积极接受改造，争取早日回归社会）的前提下，应当争取最大限度地将措施执行（尤其是剥夺自由）的负面效果降到最低，从而以最小的代价获得最好的执行效果，无疑是最为理性与理想的选择。

为达到这一效果，执行机关自然应争取为犯罪人创造最有利于其再社会化（同时也是最接近于社会现实情况）的执行条件（《刑罚执行法》第 3条第 1 款、第 2 款、第 131 条）。在保安监管措施（当然也包括其他的保安处分措施）的执行过程中，被判处保安监管措施的被监禁者与被判处刑罚措施的被监禁者之间，存在着本质的区别：犯罪人被判处刑罚措施的前提，是其自身存在着罪过与责任，因此，犯罪人被予以监禁，实际上是其在为其自身的罪过赎罪；而行为人被判处保安监管措施，并不以其自身存在罪过为前提，其最重要的依据在于，行为人自身所存在的将来可能进行犯罪的危险性。但是，即使其将来继续犯罪的可能性再大，人们也不能百分之百地对其实施犯罪予以认定，退一步说，犯罪人将来可能实施的罪行，至少到现在为止还没有发生。因此，本质上看，被判处保安监管措施的犯罪人，事实上是为保护社会整体利益而被剥夺自由的特别意义上的"受害者"（Sonderopfer）。[1]

---

① Calliess/Müller-Dietz, Strafvollzugsgesetz, § 131 Rn. 1.

事实上，在保安监管措施的具体执行过程中，相较于一般的因判处刑罚而被监禁的犯罪人而言，被判处保安监管措施的被监管者，享有在监管机构内更多的"自由"与"优待"①，典型的比如，监室的特殊设计、独特的服装、更长的放风时间、更多的探视机会、更长的自由活动时间，以及在其刑满释放之前被给予的更多更好地适应社会的机会与条件，等等（具体规定参见《刑罚执行法》第 131～134 条）。当然，除此之外，被判处刑罚措施与被判处保安监管措施的犯罪人，在权利义务内容上基本相同。

对保安监管措施的执行，由刑罚执行体系中有期徒刑及其他监禁刑的执行机关负责。目前在德国，尚不存在独立的保安监管措施的主管和执行机构。

五、对保安监管措施适用的犯罪学分析

（一）对保安监管措施适用频率的犯罪学分析

以整个 2006 年度的数据为例，在原西德（包括整个柏林）范围内，总共有 83 人被判处保安监管措施。与其他保安处分措施相比，由于保安监管措施适用的绝对数字极为少见，这一措施具备了明显的例外特征。虽然自 1998 年开始，出于前文所述的原因，法院判处保安监管措施的人群大为增长，时间大为延长，条件大为宽松，范围大为扩展，但是相较于之前一个时期的保安监管措施，在适用的数量以及频率上，这一措施并没有明显的增长趋势。

进一步来看，在 2006 年度，所有被判处保安监管措施的犯罪人均为男性，作为保安监管措施判处的诱因的犯罪行为，最多的为性犯罪，占到了 34.9%；在 2005 年度占比最高的暴力性财产犯罪下降到第二位，具体比例为 24.1%。②

与前文所探讨的其他类型的剥夺自由的保安处分措施的实践情况一样，目前被执行保安监管措施的人数，较同期被判处保安监管的人数要多。截至 2007 年 3 月 31 日，在全德范围内，因被判处保安监管措施而被监禁的犯

---

① Kaiser/Schöch, Strafvollzug, § 10 Rn. 74.
② 具体数据来源于德国联邦统计局（Statistisches Bundesamt）官方网站，https://www.destatis.de/DE/Home/_inhalt.html.

罪人为 427 人，其中只有 1 人为女性。96.3% 的被判处保安监管措施的犯罪人，位于西德（包括整个柏林）范围内。之所以会出现此种情况，是因为，根据东部民主德国与西部联邦德国于 1990 年 8 月 30 日签署的《统一协议（Einigungsvertrag）》，在东部民主德国范围内，最初是不适用"保安监管措施"的相关规定的。

保安监管措施判处频率不存在明显的增长，与之不同的是，在此期间，保安监管执行机构收容的犯罪人总数，有了较大的增长，这主要是由刑法相关规定的修改，特别是对保安监管执行取消了监禁期限的限制所导致的。

与其他的被执行刑罚或其他保安处分措施的行为人相比，被执行保安监管措施的犯罪人的年龄要相对较大。具体而言，94.6% 的犯罪人为 40 周岁以上。被保安监管的犯罪人绝大多数为德国人，具体占比 97.9%。至于其婚姻状况，大多数被监管者为未婚（占比 54.8%）或离婚（占比 30.9%）状态，处于结婚或丧偶状态的犯罪人所占百分比相对较小（14.3%）。[①]

（二）对保安监管措施判处及实施实践的犯罪学分析

在 1998 年至 2008 年间，在保安监管措施适用范围不断扩展的背景下，对其判处及实施的实践，金齐格（Kinzig）作了比较系统和细致的研究。

在金齐格的研究中，其对 1981 年至 1990 年间，发生在巴登符腾堡州、拜仁州及北莱茵威斯特法伦州的 290 个判处保安监管措施的案件，进行了全面的分析。在这其中，对于虽然对其宣告判处保安监管措施的判决发生在 1981 年之前，但是直到其研究期间，对其判处的保安监管措施仍在执行的 36 个犯罪人的资料，金齐格也进行了追踪研究。在此之外，为获得对保安监管措施判处及实施全貌的科学而全面的认识，金齐格将其扩展到 1988 年至 1990 年间在三州范围内的 222 个未被判处保安监管措施的行为人。这一人群的特殊之处在于，因实施性犯罪或抢劫犯罪，其情况完全符合德国刑法典所规定的对其判处保安监管措施的形式上的条件，但是法院在综合评价的基础上，最终并未对其判处保安监管措施。

通过研究，金齐格发现，在被判处保安监管措施的犯罪人中间，存在

---

① 具体数据来源于德国联邦统计局（Statistisches Bundesamt）官方网站，https://www.destatis.de/DE/Home/_inhalt.html.

着形形色色的问题人物。但是从其家庭及社会背景方面进行分析，这些犯罪人却存在着诸多的共通之处，即，犯罪人的家庭及社会生活，基本上都是残缺不全甚至是劣迹斑斑的。比如，很多人从小便成长在单亲家庭里面，甚至一部分人是孤儿；与其监护人（不管是亲生父母还是其他人）之间，存在着巨大的交流障碍以及明显的逆反情绪；部分人在童年时代因其学习上以及生活上的不良表现而备受指责与打击，以致其对自身失去信心，甚至是"破罐破摔"；在其成长的过程中，一般存在着不同程度的自闭，不愿与他人交流，长期一人待在家里；一般情况下，犯罪人并未接受适当年限的教育，没有毕业证书；多数人并未有固定的职业，甚至没有足以养活自己的一技之长；在犯罪当时处于失业状态；没有固定的朋友圈子，甚至是没有可以信赖的人；如此等等。

需要注意的是，在金齐格所研究的最终被判处保安监管的犯罪人与最终并未被判处保安监管的犯罪人之间，在以上所涉及的家庭以及社会缺陷方面，两类人群之间并没有大的差异。鉴于此，金齐格认为，是否对犯罪人最终判处保安监管措施，与犯罪人之前的家庭状况以及社会经历之间，实则并无必然的联系。①

而在犯罪记录方面，金齐格研究所获得的最终结果也呈现出多样性。大多数的犯罪人（被判处保安监管的犯罪人为62.2%；未被判处保安监管的犯罪人为56.9%），在其满18岁之前就已经有犯罪行为被记录在案。在其最终根据《德国刑法典》第66条被判处保安监管措施之前，犯罪人因犯罪行为而受到刑事制裁的次数平均为10.8（未被判处保安监管的犯罪人平均为11.4）。而其之前接受审判的次数要更高一些，被判处保安监管的犯罪人为31.5次；未被判处保安监管的犯罪人为24.5次。具体到个别罪名，其犯罪人接受审判的次数要远远高于平均值，具体而言，犯有盗窃罪或诈骗罪的犯罪人，之前接受审判的次数为52.9次（被判处保安监管的犯罪人）及55.6次（未被判处保安监管的犯罪人）。出人意料的是，性犯罪者接受审判的数量要远远低于前二者，"仅为"平均19.6次。也正因为犯罪人接受审判甚至是刑事制裁的次数如此之高，在其最终被（或未被）判处保安监管措施之前，其有相当长的时间，是在刑罚执行机关（主要是监狱）中

---

① Kinzig, Sicherungsverwahrung auf dem Prüfstand, S. 173.

度过的，具体来看，被判处保安监管的犯罪人平均为 11.8 年，未被判处保安监管的犯罪人平均为 10.1 年；其中，盗窃犯与诈骗犯又一次地"脱颖而出"，分别为 15.3 年和 14.1 年。①

通过对于以上数据的简要摘举，我们能够非常直观地感觉到，针对立法者所规定的判处保安监管措施的形式上的条件，在法院对其进行审判之前，绝大多数的犯罪人已经完全达到了这一要求。这同时也可以非常有力地说明，保安监管措施只能作为"刑事政策上的最后的紧急措施"这一原则，在司法实践的具体应用中得到了全面的坚持和贯彻。

金齐格的研究结果②还显示，有略多于三分之一（34%）的犯罪人，被法院判处保安监管措施的被审判罪行系性犯罪（Sexualdelikt），紧随其后的是抢劫罪（Raubdelikt），占到 26.7%，接下来依次是盗窃罪（Diebstahlsdelikt）（15.4%）、故意杀人罪（Totschlagsdelikt）（12.9%）和诈骗罪（Betrugsdelikte）（7.5%）。同时需要注意的是，如果法院在同一个审判程序中对犯罪人的数个罪名进行审判，则要作具体的分析。之所以这样说，恰恰是因为，根据金齐格的研究结果，被判处保安监管的犯罪人，接受审判的罪行平均为 6.7 个（未被判处保安监管的犯罪人平均为 3.1 个）。同样引人注目的是，被判处保安监管措施的盗窃犯及抢劫犯接受审判的罪行数目，平均可达到 11.7 个和 12.9 个。③ 关于犯罪人在法院在对其判处保安监管措施的审判程序中被判处的有期徒刑期限，具体数据为，被判处保安监管的犯罪人平均为 89.8 个月；而未被判处保安监管的犯罪人平均为 64.8 个月。其中，获得刑期最长的犯罪人无疑是故意杀人犯，此犯罪人群平均被判处的刑期为 121.7 个月。④

在金齐格的研究中，其之所以会对 222 个未被判处保安监管措施的行为人的资料进行细致的分析，其目的就在于，通过将这一人群与被判处保安监管措施的犯罪人在各个研究方面进行比较，以期能够对于以下的问题作出回答：法院最终决定犯罪人是否具有从事严重犯罪的癖好，决定犯罪人是否对社会具有危险性，并最终决定是否对犯罪人判处保安监管措施，其

---

① Kinzig, Sicherungsverwahrung auf dem Prüfstand, S. 199.
② Kinzig, Sicherungsverwahrung auf dem Prüfstand, S. 165.
③ Kinzig, Sicherungsverwahrung auf dem Prüfstand, S. 266.
④ Kinzig, Sicherungsverwahrung auf dem Prüfstand, S. 247.

依据究竟何在？

如果从法院判决（尤其是判决的论证部分）对这一问题进行探究，我们会发现，法院据以回答这一问题的最为重要的依据，就在于犯罪人之前的罪行，以及所受刑罚与当前判决的相关性；犯罪人再犯的速度，以及犯罪人之前所接受的刑罚执行的有效性。从中不难看出，法院将分析与比较的重点，明显放在了犯罪人之前所受到的刑法上的制裁这一方面，但同时，法院通过其分析对象的具体性也向我们表明，对于犯罪人之前所受的刑事制裁这一点，不能作僵化的理解与适用，而应从犯罪学方面，针对其前因后果、内在联系，作系统细致的分析。

金齐格通过研究发现，法院在作出判决时，可以依据的比较科学的标准还远不止这些。对性犯罪者这一人群来说，除了对其刑事上的之前的判决、处罚、执行进行分析之外，我们要关注的，还有其犯罪时的责任能力状态以及其因其性犯罪而受到的刑罚处罚的强度。对抢劫犯这一犯罪人群而言，需要分析的因素较前者还要更多，除了对其因现在所受审判而被判处的刑罚强度予以关注之外，还要对其之前所从事的严重犯罪占其全部犯罪的比例进行分析。[1]

关于保安监管措施执行期限（Vollstreckung und Dauer des Vollzugs）的研究结果，在很多情况下存在着很大的变数，因而并不具有绝对的说服力。这主要是因为由于研究期限的限制，在研究当时，有很多的犯罪人的保安监管措施正在执行，尚未结束。抛开这一不确定的因素，通过金齐格的研究，我们可以发现，在研究当时仍被继续执行保安监管措施的犯罪人，从其被判处保安监管措施时开始计算，已被平均监禁 49.8 个月；依据《德国刑法典》第 67d 条第 2 款，被法院判处缓期执行其剩余期限的保安监管措施的犯罪人，从其被判处保安监管措施到被附条件释放之时，已被平均监禁 67.2 个月。相较于之前刑法条文所规定的 10 年期限，甚至是之后取消最长时间限制的规定，一般的对犯罪人的保安监管措施的执行期限，相对来说并不是很长。[2]

同样的，由于研究期限的限制，在研究进行的当时，部分犯罪人的保

---

① Kinzig, Sicherungsverwahrung auf dem Prüfstand, S. 349.

② Kinzig, Sicherungsverwahrung auf dem Prüfstand, S. 445.

安监管措施仍在执行当中，因此，对保安监管措施执行的有效性的分析也存在一定的缺陷。通过有限的调查研究，我们也可以发现，在根据《德国刑法典》第 66d 条第 2 款，被法院判处缓期执行其剩余期限的保安监管措施的犯罪人之中，有 37.1% 的犯罪人的缓期执行决定被撤销。①

　　若是考虑到之前研究所表明的，犯罪人在被判处保安监管措施之前实施犯罪、接受审判甚至是被科处刑罚的极高的比例及极大的数量，面对不到一半的撤回比率，我们应该将其认定为是对保安监管措施执行效果的积极证明。但同时应予以注意的是，并非所有的犯罪人被解除保安监管措施后不再继续犯罪，都可以作为其通过保安措施的执行已成功实现其再社会化的目标，从而认定其为保安监管措施执行的有效性的证明。由于之前所提及的、犯罪人被判处保安措施时的年龄偏高的现象（逾 90% 为 40 周岁以上），在很多案件中，犯罪人被解除保安监视措施时，其年事已高，从而一定程度上丧失了继续犯罪的能力与可能，其遵纪守法的原因，可能并不（主要或完全）因为是保安监管措施执行的积极效果。

第四节　剥夺自由的保安处分措施实施中的特有问题

一、辅助性原则与灵活性原则

　　《德国刑法典》第 67 条至第 67g 条对剥夺自由的保安处分措施的重点问题作出了专门的规定，正是因为这一问题领域的复杂性，德国刑法典的这几个相关条文被认为是"最晦涩、最复杂、最难理解也最无体系的规范领域"②。实际上，《德国刑法典》第 67 条至第 67g 条虽然乍一看纷繁复杂，无任何规律可循，但若对其适用的领域以及暗含其中的所涉利益范围进行进一步的细致分析，就不难发现条文之间的联系以及规律。当然，在具体分析条文及其相互间的关系之前，若能抽象出对此类措施均具有指导意义的一般性原则，则将更有利于简化及深化对条文本身的理解。

---

① Kinzig, Sicherungsverwahrung auf dem Prüfstand, S. 435.
② Jescheck/Weigend, Lehrbuch des Strafrechts, AT, S. 818.

对于剥夺自由的保安处分措施执行而言，最具有指导意义的、最为重要的原则当属辅助性（Subsidiarität）原则。① 在剥夺自由的保安处分措施的执行过程中，自始至终存在着个人对于自由的强烈渴望，与社会整体在危险个人面前的自我防卫的迫切需要之间的紧张关系。所有对保安处分措施执行的研究，均将重点放在二者之间相对平衡的达成。与此紧密相关的，就是《德国刑法典》第 62 条所规定的对保安处分措施具有重要指导意义的适当性原则。遵循这一原则的基本要求，所有保安处分措施的执行，均应以存在对此措施予以执行的必要为前提。具体到剥夺自由的保安处分措施上来说，其相对于对行为人权益侵害较小的非剥夺自由的保安处分措施而言，具有明确的辅助性。与之相应的，当也只有当为实现保安处分措施的目的（保护社会整体免受将来可能发生的犯罪的侵害，以及对于行为人的改造或治疗），而必须对行为人判处剥夺自由的保安处分措施，同时这一目的也不可能通过其他对行为人造成损害更小的保安处分措施（如非剥夺自由的保安监管措施）予以实现的情况下，才可认为存在判处剥夺自由的保安措施的必要性，才可最终决定对行为人判处此类措施。如果不存在上述必要性，则应将对行为人判处的剥夺自由的保安处分措施宣告缓期执行，或者是直接将其宣告终结。需要指出的是，在判处剥夺自由的保安处分措施时，并不需考虑辅助性原则，而只需满足德国刑法典规定的判处相关措施的条件，就可决定对行为人判处此措施；仅对剥夺自由的保安处分措施的执行，辅助性原则始才具有重要的指导意义。

在辅助性原则之外，灵活性（Flexibilität）原则对于保安处分措施的执行，亦有重要的指导意义。② 有如前文所述，保安处分措施的执行，意欲实现的仅仅是特殊预防目的；而根据《德国刑法典》第 57a 条第 1 款第 1 句第 2 项之规定，在刑罚执行中占有重要地位的罪过的补偿（Gedanke des Schuldausgleichs），在保安处分措施的执行中，并无任何作用。正是由于将焦点仅仅置于特殊预防之上，在保安处分措施的执行过程中，与刑罚措施的执行相比较，"功能上等效（funktionale Äquivalenten）"的手段被更多地予以

---

① Dessecker, Gefährlichkeit und Verhältnismäßigkeit, S. 331.
② Jescheck/Weigend, Lehrbuch des Strafrechts, AT, S. 818.

探讨，其执行的全过程所关注的，也仅仅只是其手段是否"合乎目的（Zweckmäßigkeitsgesichtspunkte）"。由此，在保安处分措施的执行过程中，存在着保安处分措施之间，甚至是保安处分措施与刑罚措施之间的相互转化与渗透。只要是更有利于保安处分措施目的之实现，即可认为是合理的、被允许的，虽然这可能涉及对之前所作决定与判决的修改甚至是废弃。

灵活性原则在运用过程中，明显存在着"灵活"与"随意"两个对立的方面，其中既有"机会（Chance）"，又有"危险（Gefahr）"。具体而言，"机会"的一面在于，在执行的过程中，可以根据对于行为人及其行为、对于行为人所具有的危险性以及对于行为人进行改造与治疗的必要性的实时分析，选择最快最好实现保安处分目的的最佳途径，提高保安处分措施执行的效果及效率；而"危险"的一面在于，对其任意地加以运用，可能导致执行机关之间的相互推诿。比如，对患有精神疾病或异常的行为人，在收容之前享有诊断权的精神病院，可能为了避免收容病情过于严重、治疗极为麻烦的行为人，而将其宣布为不可治疗的精神病人，从而推卸其本来对其担负的收容、治疗以及帮助的职责。

因此，立法者在赋予保安措施执行机关工作的灵活性的同时，亦同时对其进行了约束；也就是，只有以对行为人及其行为的科学的犯罪学上的分析为依据，才能决定灵活执行对行为人所判处的剥夺自由的保安处分措施。

在辅助性原则与灵活性原则的共同指导下，所产生的是一个富有变化的保安处分措施的执行体系。其中，包含了不同的保安措施之间的转化、剥夺自由的保安措施的缓期执行、剥夺自由的保安措施之间的相互转换、对非监禁性的治疗措施的运用以及将行为监视作为被附条件予以释放的行为人的帮助及监视手段等具体措施。如此复杂与繁琐的体系，难怪会给人留下最为复杂、最难以捉摸的规则体系的印象。但从另一个方面来看，面对着如此多样、繁复的行为人类型，面对着形形色色在执行中需要解决的及可能出现的问题，面对着保护社会免受将来犯罪的侵害以及保障行为人人权双重目标并在二者之间达成统一的繁重任务，面对着实践中层出不穷的新的犯罪类型及犯罪人种类，其规则体系的复杂也就不难理解了。一定程度上也可以说，多一种选择就多一种成功的可能。

二、剥夺自由的保安处分措施与刑罚措施的执行顺序

（一）剥夺自由的保安处分措施的预先执行

若对无刑事责任能力人或减轻刑事责任能力人，同时判处了剥夺自由的保安处分措施以及有期徒刑，则应判定，预先执行何种处罚措施。对于《德国刑法典》第 63 条规定的收容于精神病院的措施以及第 64 条规定的收容于戒除瘾癖机构措施，与有期徒刑之间的执行顺序问题，应适用"替代性原则（das Prinzip des Variierens）"，即在执行过程中以保安处分措施替代有期徒刑的执行。其实，这一原则的本意是，保安处分措施应先于有期徒刑执行，且保安处分措施执行的时间，应当计算在有期徒刑执行的时间之内。而其目的在于，通过将保安处分措施折算到有期徒刑刑期之中，避免对行为人造成自由的双重剥夺，以及相关权益的双重侵害。同时，通过将收容于精神病院的措施及收容于戒除瘾癖机构措施先于有期徒刑执行，以此选择一条最有利于促进特殊类型的行为人再社会化的刑事处罚措施的执行方式。[①] 也正是因为保安处分措施与刑罚措施之间存在的替代关系，使得德国刑法中的"双轨制"发生了变化，在刑事处罚措施的执行层面上，变成了一定意义上的"单轨制"。

根据《德国刑法典》第 67 条第 1 款的规定，保安处分措施的预先执行原则，只适用于收容于精神病院与收容于戒除瘾癖的机构两种措施的情况，而另外一种剥夺自由的保安处分措施——保安监管措施，却被予以排除。之所以如此规定，主要在于不同的保安处分措施所追求的目的或者说是主要目的的不同所导致的。根据《德国刑事执行法》第 136 条的规定，在收容于精神病院与收容于戒除瘾癖的机构两种措施的执行过程中，其主要追求的是对犯罪人的治疗以及改造的目的；而根据《德国刑事执行法》第 129 条的规定，在保安监管措施的执行过程中，主要意欲实现的，是这一措施的保安目的，相较而言，对于犯罪人在执行过程中的改造目的，显然处于从属的地位。因此，根据《德国刑事执行法》第 2 条对于刑罚执行的规定，相较于保安监管措施而言，刑罚措施的执行更有利于实现犯罪人再社会化

---

① Leipziger Kommentar zum StGB, § 67 Rn. 6.

的目的。[①]

当然，保安处分措施执行换算为刑罚执行的时间是有限制的。具体而言，根据《德国刑法典》第 67 条第 4 款的规定，如果根据《德国刑法典》第 63 条和第 64 条所判处的保安处分措施，部分或全部地先于刑罚措施执行，则其执行期限换算在刑罚执行期限的比例，最多不得超过对犯罪人所判处刑罚期限的 2/3。因此，至少有 1/3 的刑罚执行期限，是不能由保安措施的执行替代的。但是，根据《德国刑法典》第 67 条第 5 款第 1 句的相关规定，如果通过将保安处分措施执行期限折算为刑罚执行期限，已有一半以上的刑罚可视为执行完毕，则可在满足条件时，将犯罪人剩余期限的刑罚宣告缓期执行。

对此，试举一例予以说明：

> 犯罪人王一因盗窃罪而被法院最终判处一年零六个月的有期徒刑，由于其自身嗜酒瘾癖的存在，法院同时对其判处收容于戒除瘾癖机构的保安处分措施。

进一步而言，在第一种情形下，在王一的保安处分措施执行一年之后，因其符合《德国刑法典》第 67d 条第 2 款的规定，其剩余期限的保安措施被宣告缓期执行。在此情况下，王一被执行收容于戒除瘾癖的机构措施的一年的时间，就可以计算到有期徒刑的执行期限当中去，那么，王一的有期徒刑的剩余期限仅为六个月。而且根据《德国刑法典》第 67 条第 4 款、第 5 款第 1 句的规定，在此情况下，可对犯罪人王一剩余期限的有期徒刑宣告缓期执行。

在第二种情形下，如果犯罪人收容于戒除瘾癖的机构措施的执行时间仅为九个月，则此时可以将九个月的执行期限计算到有期徒刑的执行期限当中，因此，有期徒刑的剩余期限就为九个月。因对其有期徒刑的执行期限已经过半，根据《德国刑法典》第 67 条第 5 款第 1 句的规定，可将其剩余期限的有期徒刑宣告缓期执行。

在第三种情形下，如果犯罪人收容于戒除瘾癖机构措施的执行时间延

---

① Leipziger Kommentar zum StGB, § 67 Rn. 18.

长为两年，则此时，能够计算到有期徒刑的执行期限当中去的时间就仅为其所宣告的有期徒刑的 2/3（18 个月的 2/3），即一年的时间。由此，其有期徒刑的剩余期限就为六个月。当然，在此情况下，亦可将其剩余期限的有期徒刑宣告缓期执行。

通过 1986 年 4 月 13 日的刑法修正所增加的对换算期限的 2/3 的份额限制，在《麻醉剂管理法》中有着类似的规定。对此，《麻醉剂管理法》第 36 条第 1 款规定，如果犯罪人在被根据《麻醉剂管理法》第 35 条判处刑罚措施之前，已在戒除瘾癖的机构中接受过治疗，则其接受治疗的时间计算到有期徒刑执行期限当中的份额，不得超过对其判处的有期徒刑的 2/3。之所以两部法律都对折算的份额作此限制性规定，其目的就是在于，通过剩余刑罚执行的"达摩克利斯之剑"（Damoklesschwertder drohenden Reststraf-envollstreckung）的威慑作用，使得犯罪人获得在执行期间遵守法院指示、积极接受改造的动力。[1]

然而，在刑事政策的探讨中，这一规定被给予了不同程度的批评，甚至被认为是违反宪法。[2] 尽管存在着诸多激烈的批评，但德国联邦宪法法院在其决定中，对这一规定表示支持。由于有期徒刑与保安处分措施之间，在其所追求的目的上所存在的巨大的差异，因此，将保安处分措施的执行期限完全计算到有期徒刑的执行期限当中去，亦不是宪法所欲看到的。[3] 由此，对于这一规定的宪法上所存的争议，可以暂时告一段落。

此外，仍然让人费解的是，当然也是诸多学者提出批评意见的问题是，从一般的社会观念上进行考量，立法者通过此种规定，所欲追求的对其执行对象的威慑作用，以及在此作用下的积极接受改造的目的，如果考虑到，其执行对象并非一般的社会理性人，而是具有精神疾病或者是特殊瘾癖的犯罪人的话，此目的是否能对这一人群发挥作用，当然是值得商榷的。[4]

为促使《德国刑法典》第 64 条所规定的收容于戒除瘾癖的机构措施所针对的具有特殊的瘾癖的犯罪人积极配合治疗，接受改造，早日回归社会，在此之外 1986 年 4 月 13 日的刑法修正，还规定了另一措施。具体而言，根

---

① Leipziger Kommentar zum StGB, § 67 Rn. 22.

② LG Celle NStZ 1990, 453.

③ BVerfG NJW 1995, 1081.

④ Nomos-Kommentar zum StGB, § 67 Rn. 7.

据已废止的《德国刑法典》第 67 条第 4 款第 2 句的规定，如果在对犯罪人执行一年之后，因犯罪人自身的原因，导致对其进行的收容治疗措施完全没有实现其目的的任何可能，从而收容机构决定将对犯罪人进行的收容措施予以解除（原《德国刑法典》第 67d 条第 5 款第 1 句），那么，犯罪人被执行收容于戒除瘾癖的机构措施的一年的时间，将完全不能计算到对其判处的有期徒刑的执行期限之内。

对于这一将保安措施执行与刑罚执行期限之间的折算完全予以拒绝的规定，德国联邦宪法法院在其 1994 年的决定中，宣布其违宪。在德国联邦宪法法院看来，立法者此种规定，与《联邦德国基本法》第 2 条第 2 款第 2 句的冲突之处在于：其并未将不愿进行治疗与不能进行治疗的犯罪人区分开来。对于前者而言，因为其显示出自身极大的主观恶性与人身危险性，由此加大对其的处罚力度，延长对其的处罚时间，不仅可以更好地实现社会防卫的目的，而且通过执行工作的不断进行，犯罪人自身可能也会出现一定的转机，从而更有利于对其进行治疗与改造。但对于后者而言，其自身已存在导致其处于无责任能力或者是减轻责任能力的不良癖好，其认识以及辨认能力已有一定程度甚至是完全的丧失，对于这一人群，不进行具体的分析与判断，仅仅只是一味地加大对其的处罚力度，这可能是在做无用之功，造成司法资源的极大浪费；更为重要的是，犯罪人也是人，具有特殊癖好的犯罪人也是人，其亦应享有基本法所规定的人之为人的基本权益，其自由权亦是绝对不容侵犯的。因此，对这一人群适用前一规定，将构成对宪法的违反。[①]

在对这一问题的解决过程中，立法者发现，从医学角度来看，将不愿治疗的犯罪人与不能治疗的犯罪人予以区分，近乎是不可能完成的任务。因此，立法者干脆将《德国刑法典》第 67 条第 4 款第 2 句的规定，从德国刑法典中直接予以删除；相应地，不管是不能治疗还是不愿治疗的犯罪人，统统对其适用《德国刑法典》第 67 条第 4 款规定的、保安处分措施与刑罚措施之间期限转换的 2/3 的限额。但是，这一做法明显有"洗澡水和孩子一起泼掉"之嫌，因为，正如前文所述，完全不得转换的做法，对于不能治愈的犯罪人而言，是侵犯人权的，也是违宪的；但对不愿治疗的犯罪人

---

① Systematischer Kommentar zum StGB, § 67 Rn. 28.

来说，却是其罪有应得，绝对是有效促进其积极接受改造的一项措施。然而，立法者在仅仅存在医学上判断困难的情况下，就决定"一竿子打翻一船人"的做法，值得商榷。其更应做的（当然也是在司法实践以及法学理论上需要共同研究的），应是力争制定将两类人群进行有效界分的、有说服力的规范标准。当然，在这种标准真正产生之前，不管是对不愿接受治疗，还是不能治愈的犯罪人，均可将其保安措施的执行期限予以折算。这明显是对两类犯罪人而言均为有利的做法，这也是遵循"存疑有利被告"原则而必须做出的选择。

如果出现的问题是，在适用保安处分措施的预先执行规定之后，并不可根据《德国刑法典》第 67 条第 5 款第 1 句的规定，将犯罪人的剩余期限的有期徒刑宣告缓期执行，则问题将会更加复杂与棘手。此种问题主要出现在以下情况中：在对犯罪人决定判处剩余期限的有期徒刑缓期执行的过程中，出现了犯罪人并不同意对其宣告缓刑，或者是即使是在刑期折算之后，仍不能满足《德国刑法典》第 67 条第 5 款所规定的、一半刑期已执行完毕的期限条件。由此，出于保护社会公共利益的考虑，在此两种情况下，并不能对犯罪人宣告剩余期限监禁刑的缓期执行。自然而然应当得出的结论是，在此情况下，只能决定对犯罪人继续执行其剩余期限的有期徒刑。

然而，这种看似符合逻辑的办法，却绝对不符合刑事政策上的要求。原因在于，如果将刚刚从精神病院或者是戒除瘾癖的机构中释放出来的犯罪人，紧接着投入监狱的牢笼中去，其在监狱中再次走上老路的危险性要大很多。因为在将其释放之前，保安处分执行机构将会提前采取促进其积极适应社会生活的措施；在将其释放之后，保安处分执行机构还在社会工作志愿者的协助下对其进行帮助与指导，最大限度地促进其再社会化。可是，如果将其监禁于监狱当中，且不论监狱工作人员并不会对症下药地对其开展帮助以及指导工作，其周围的环境（完全监禁），以及平常所接触到的人（其他犯罪人），对其再社会化进程明显是不利的，甚至可以说是有害的。因此，如若将其投入监狱，已成功对其实现的治疗以及改造，可能最终会毁于一旦。这绝对不是我们想看到的，也绝对是不合理的。

在这种情况下，根据《德国刑法典》第 67 条第 5 款第 2 句的规定，原则上应将保安处分措施继续执行。也就是说，如果犯罪人本人不同意对其宣告缓期执行，则将在保安措施执行机构中，完成对其有期徒刑剩余期限的执行。与此同时，如果是因执行期限尚未达到，而不能对犯罪人宣告剩余期限有期徒刑的缓期执行，则在期限达到之前，可将犯罪人置于保安措施执行机构中执行。就立法者为收容于戒除瘾癖的机构措施执行期限的两年时间的限制而言，在此可不予适用，也就是说，在行为人被最终释放之前，不管是保安处分措施的执行还是有期徒刑的执行，均可在精神病院（收容于精神病院措施的执行本身并无期限的限制）以及戒除瘾癖的机构中进行。①

（二）刑罚措施的预先执行

在《德国刑法典》第 67 条第 1 款对于保安处分措施的预先执行（Vorwegvollzug der Strafe）作出原则性规定之外，第 67 条第 2 款还规定，在特殊情况下，法院亦可决定将刑罚措施预先执行。根据这一规定，为更好地实现保安处分措施执行的目的，法院可决定将有期徒刑的全部或者部分先于保安处分措施进行执行。

与保安处分措施先于刑罚措施执行情况下，可将已经执行的保安处分措施期限计算进有期徒刑的执行期限的规定，有所不同的是，在刑罚措施先于保安处分措施执行之时，却不能反过来，将刑罚措施的已经执行的期限计算进保安处分措施的执行期限之内。因此，在一犯罪人判处相同时间的保安处分措施以及有期徒刑的情况下，可能仅仅只是因为法院最终决定的执行的先后顺序不同，从而导致对犯罪人最终监禁的时间也大不相同。而且必然的是，在刑罚措施先于保安处分措施执行的情况下，执行的期限相对要长。正因为此，需要对法院决定将刑罚措施预先执行的情况，予以严格的限制。②

在法院判决中，存在着诸多不同的法院决定对其预先执行刑罚措施的案件群组（Fallgruppen）。比如，通过刑罚执行给犯罪人带来的愧疚感（Leidensdruck），使其积极地配合治疗，接受改造，更好地实现对其收容治疗的效果。在理论上，对于这一问题存在着较大的争议。因为照此观点，法院决定对犯罪人预先执行刑罚的目的，就是激发其内心的愧疚感，更好地配合治疗接受改造；但是这一目的实现的基础，在于犯罪人内心真的会

---

① Tröndle/Fischer, Strafgesetzbuch und Nebengesetze, § 67d Rn. 5.

② Leipziger Kommentar zum StGB, § 67 Rn. 59.

产生愧疚感，且愧疚感对于其最终改造成功、重返社会真的具有重大的影响作用。但是，令人遗憾的是，不管是对犯罪人的内心状况，还是其内心变化与外在行为的因果关系，在司法实践以及医学研究中，均不存在肯定性的答案。

实际上，更值得怀疑的是，犯罪人接受治疗的积极性与动力，在其从未接受过此类治疗之前，仅仅只是在"带给其痛苦"的刑罚执行过程中，就可以产生并发挥作用。对患有精神疾病或具有特殊瘾癖的犯罪人进行收容改造的困难的实践，以及差强人意的改造结果，恰恰也是从另一个方面证明了，对在刑罚执行过程中意欲激发此类人群积极接受治疗早日回归社会的动力的尝试的不科学甚至是不可能。在刑罚执行过程中，既不存在专业的治疗手段及医护人员，也不存在医生与患者之间的个人关系及交流的建立。在这种情况下，动力的激发，即使有，其对犯罪人改造所能产生的实际效果也很难确定。按照一般的社会观念，在刑罚执行中，患有精神疾病或特殊瘾癖的犯罪人，走向另一个恶化的极端的可能性会更大一些。因此，在未对犯罪人的个人状况，其所需要的治疗的种类，包括其在刑罚执行过程中可能具备接收治疗的积极性的时间点，作出详细的分析与科学的预测之前，法院绝不能妄下断言，轻率地决定对犯罪人预先执行刑罚措施。而且，法院对这一预测应极有把握，否则，如果仅仅只是具备发生的可能而已，则并不足以作此决定。不难看出，在此措施的适用中，存在着极为明显的，出于社会防卫、特殊预防甚至是一般的让犯罪人得到应有惩罚的考虑，将亟须接受治疗，或者仅仅是其主观上不愿进行治疗但客观上存在着极大治疗必要与治愈的可能的"特殊"的犯罪人"扔进"牢笼的危险。而这绝对是稍有良知的人所不愿看到的，也是我们应极力避免的。

此外，适用此规定的犯罪人群还包括：对其执行保安处分措施所欲达到的特殊预防目的（das spezialpräventive Ziel），在具备特殊条件时，通过刑罚措施的执行可以将其更好地实现。根据《麻醉剂管理法》第35条第1款的规定，在刑罚执行过程中，为更好地实现改造目的，可将具有麻醉物品依赖性的犯罪人，转入治疗其特殊瘾癖的医疗机构。在此情况下，并不存在所谓的"更有利于其特殊预防目的的刑罚执行方式"；因为按照其规定，对正在被执行保安处分措施的犯罪人，如果将其置于专业性的医疗机构更有利于其改造，亦可将其转入该机构继续治疗。①

与之不同的是，《德国刑事诉讼法》第 9 条所规定的，将犯罪人转入更有利于其再社会化的社会治疗机构，仅仅只针对正在被执行刑罚措施的犯罪人。因此，如果对于本应被执行保安处分措施的犯罪人，将其置于社会治疗机构当中，通过各种社会性改造手段的运用，以及社会工作志愿者的帮助，更有利于其成功地实现再社会化的目标，则法院可决定对其预先执行刑罚措施，在刑罚措施执行过程中，再将其置于社会治疗机构当中接受改造。② 在司法实践中，这一措施的主要适用人群是具有减轻刑事责任能力状况的性犯罪者。

根据《德国刑法典》第 67 条第 2 款第 1 句的规定，对于所有的犯罪人群，法院决定对其预先执行刑罚措施的原因，在于且只能够在于，通过刑罚措施的预先执行，可以更好地实现保安处分措施执行所欲达到的特殊预防的目的。除此之外，罪过原则在此不能予以考量；也就是说，不能因为对犯罪人预先执行保安处分措施，且在保安处分措施执行完毕之后，或者是将犯罪人的剩余期限的刑罚宣告缓期执行，或者是将犯罪人继续监禁于保安处分措施执行机构当中。由此可见，虽然法院对其判处了有期徒刑，但是一般情况下并不存在实际执行的问题，甚至犯罪人连一天监狱都没有进过。仅仅为惩罚犯罪人，而决定对其预先执行刑罚措施的考量，是不恰当的。除此之外，伴随着一般情况下对犯罪人的保安处分措施的预先执行决定，以及在将其最终释放之前始终将其拘禁于保安处分措施执行机构中的要求，会让保安处分措施执行机构人满为患的担忧，亦不属于法院在决定对犯罪人究竟预先执行何种措施时，所应考虑的问题。如果法院在预先执行刑罚措施是否更有利于实现对犯罪人执行保安处分措施所欲达到的目的的问题上存在疑问，则法院应当决定对犯罪人预先执行保安处分措施。

之所以这样决定，原因在于，首先，在《德国刑法典》第 67 条第 1 款的规定中，将预先执行保安处分措施作为原则，将预先执行刑罚措施作为例外。因此在例外情况与一般情况存在疑问时，理应适应一般性的规定。其次，正如前文所述，预先执行刑罚措施，将带给犯罪人的损害，明显要

---

① Leipziger Kommentar zum StGB, § 67 Rn. 93.

② Nomos-Kommentar zum StGB, § 67 Rn. 39.

重于预先执行保安处分措施带给犯罪人的损害。因此，在对预先执行何种措施存在疑问时，遵循"存疑有利被告"的原则，应适用对犯罪人而言损害最小的规定。相应地，应当决定对其预先执行保安处分措施。

除了以上所讨论的、法院决定对犯罪人预先执行刑罚措施之外，还存在另外一种法院"应当"决定预先执行刑罚措施的情况。具体而言，刑罚措施预先执行的此种情形，主要是考虑到在保安处分措施执行完毕之后，将犯罪人紧接着关进监狱，很有可能对其已经达到的收容治疗以及改造的积极效果，产生极为不利的影响，甚至是会让保安处分措施执行过程中所有的投入、所有的努力都前功尽弃。因此，法院会将保安处分措施执行完毕的犯罪人，直接地予以释放。

进一步地探讨这一规定，会发现其中存在的问题在于：其一，如果要将犯罪人在保安处分措施执行完毕之后，直接予以释放，或者至少是附条件地予以释放，也即宣告缓期执行，需要满足《德国刑法典》第 67 条第 5款的规定，其中最为主要的就是这一条款所规定的时间条件，即，将犯罪人已经执行的保安处分措施的期限，折算到有期徒刑当中，但其已执行期限仍未达到对犯罪人最初所判处的有期徒刑的期限的一半；另外，有可能存在对其宣告剩余刑期的缓期执行，但犯罪人本人并不同意的情形。其二，对应前一问题，如果是因存在执行期限不足或者是犯罪人不同意的障碍，而不能将其剩余刑期宣告缓期执行，则已不能决定对犯罪人执行剩余期限的有期徒刑，而是为保障与巩固之前对其执行保安处分措施的效果，应将其继续监禁于保安措施执行机构当中。其三，可是，相应地会出现进一步的问题，若是将此类犯罪人均继续监禁于保安措施执行机构中，因为之前所述及的保安处分执行机构已人满为患的现状，包括如果在两年（甚至更长）的执行之后，若其刑期仍为达到判处的 1/2 的话，其本应执行的剩余刑期至少也会是两年以上。如此规定，给保安处分执行机构所带来的额外压力以及工作负担之大，可想而知。

以上所列三个问题，有着相互联系的一面，但是更多的是其相互间的矛盾关系。其言之，只要法院对犯罪人预先执行保安处分措施的决定一经作出，犯罪人就肯定不会再走进监狱的大门，要不就将其（附条件地）释放，要不其就一直收容于保安处分执行机构当中（在期限条件不符合的情况下）。但是，保安处分执行机构中已经人满为患的现实，又使得这一制度构想失去了现实的基础。如此看来，要解决这一问题，最终还是必须从最初的法院之决定上着手。既然这种尴尬局面的起因，是在于法院决定对犯罪人预先执行保安处分措施，那么，就只能以法院决定对行为人预先执行刑罚措施为起点，但是其间又存在着如前所述的对犯罪人权益的侵害以及为惩罚而惩罚的问题。如此，问题在于，如何既理想地解决这一执行难的问题，又同时把对犯罪人所造成的损害降到最小呢？

《德国刑法典》第 67 条第 5 款规定了法院决定对犯罪人预先执行刑罚措施的第二种情形，也即，如果犯罪人被法院同时判处较长时间的有期徒刑以及剥夺自由的保安处分措施，则法院应决定，对行为人预先执行一定期限的有期徒刑。其中有两点需要注意：第一，"一定期限"究竟是多长？既然我们前面提到了，之所以存在这一尴尬局面，主要是因为法院所判决的有期徒刑期限，在将对犯罪人执行的保安处分措施的期限计算在内之后，仍不能达到原判刑期的 1/2，且本着对犯罪人侵害最小的原则，法院所判决的"一定期限"加上将对犯罪人可能执行的保安处分措施的期限，应约为原判有期徒刑之刑期的 1/2。第二，应注意本条文中所使用的"应当"规定。立法者之所以这样规定，主要是出于减轻法院工作量的考虑。因为如前所述，在法院决定中，应以预先执行保安处分措施为原则，以预先执行刑罚措施为例外。由此，在不存在特殊理由的情况下，法院有义务决定，对犯罪人预先执行保安处分措施；反之，如果法院决定对犯罪人预先执行刑罚措施，就必须在其判决中对其依据予以特殊的说明。而在法律上存在此种"应当"规定时，法院可直接依据此条款作出裁判，不需要其他的特殊说明。

根据《德国刑法典》第 67 条第 2 款第 4 句的规定，对于被法院同时判处刑罚措施以及剥夺自由的保安处分措施的外国犯罪人，如果法院对其判处驱逐出境的刑罚措施，则此措施应先于保安处分措施执行。在此种情况下，对犯罪人收容于精神病院或收容于戒除瘾癖的机构的保安措施的执行，本来就应该予以限制。

具体原因在于，由于对犯罪人的精神疾病以及特殊瘾癖的治疗，本来就存在很大的不确定性，实际上无从得知对其进行的治疗能否最终奏效；即使存在着治愈的极大可能性，但是这一过程具体需要多长时间，也基本上无据可查（尤其是对精神病人的治疗）。因此，倘若将这上述两种保安处分措施先于刑罚措施（驱逐出境）执行，我们不知道需要等待多长时间，才能最终将外国犯罪人真正地驱逐出境。而且，在保安处分机构中的监禁措施与监狱的监禁措施，在强度上绝对不可同日而语。更何况，在保安措施的执行过程中，为保质保量地完成治疗以及改造的任务，经常需要放宽对犯罪人的控制以及监禁措施，甚至会实验性地将其放归社会，若在此过程中，发生外国犯罪人脱逃的情况，最终势必得不偿失；若是其继续进行危害德国社会的公共利益或德国国民的个人法益的犯罪行为，更是无异于养虎为患，好心办坏事。毕竟，对犯罪人的改造与治疗虽然是保安处分措施的重要目的，但绝不是其唯一的目的，其目的之一还在于对德国社会整体的保护与防卫。又加之现今保安措施执行机构面临的场所、人员、财政的紧张状况，直接将此类外国犯罪人驱逐出境，虽然可能会存在对外国国民的人权保障的缺失，但绝对是用最小的代价实现最大的社会利益之举。

根据对德国刑事执行体系具有普遍的指导意义的灵活性原则，在具体的执行过程中，亦可根据现实情况的不断变化，而对法院之前决定的执行顺序予以事后的改变（具体适用见《德国刑法典》第 67 条第 3 款）。在做出改变决定时，法院最应予以考虑的，是犯罪人的具体的执行状况。

（三）确定剥夺自由的保安处分措施与刑罚措施的执行顺序的程序

根据《德国刑法典》第 67 条第 2 款规定，刑事处罚措施的执行顺序应由案件的主管法院负责作出安排。

此外，对法院所确定的执行顺序予以事后的改变、将剩余期限的刑罚措施或者剥夺自由的保安处分措施宣告缓期执行，则由刑罚执行委员会负责（详见《德国刑事诉讼法》第 463 条第 1 款、第 462a 条第 1 款）。

三、剥夺自由的保安处分措施之间的转换

如果是在法院根据《德国刑法典》第 63 条和第 64 条判处收容于精神病院以及收容于戒除瘾癖的机构措施之后的执行过程中，发现彼一种的收容措施更有利于实现犯罪人的再社会化目标，则可根据《德国刑法典》第 67a 条第 1 款的规定，将此种收容措施的执行转换为彼种措施的执行。

对此，试举一例予以说明：

张三因吸食毒品的癖好，而被法院判处收容于戒除瘾癖机构的保

安处分措施。在此后的执行过程中，张三又被诊断出，因吸毒而患有严重的精神分裂症。在此情况下，若是法院能够确信，其他的专门诊治精神分裂的精神病院的治疗，能够更有利于张三重新过上没有犯罪的生活，成功地实现其再社会化目标，那么，法院可以决定将对张三判处的收容于戒除瘾癖机构的措施，转换为收容于精神病院的措施。

　　就此，需要指出的是，到底具体是什么原因导致了在另外一个收容机构中，能够更好地实现对行为人的改造及其再社会化，并无实质影响。因此，如果是在执行过程中，行为人自身出现了新的情况，当然可能导致收容机构以及收容措施的转换；即使是，行为人的情况是在开始执行之前就已经存在，只不过是因为法官在判决时的误判，导致了对其判处的措施不适于或者是不利于其治疗与改造，也不妨碍事后将其收容机构及收容措施予以转换。犯罪人在需要转换的当时，是否完全具备德国刑法典所规定的收容于另外一机构的条件，也并不重要。因此，即使是，犯罪人在犯罪的当时并不是处于无刑事责任能力或者减轻刑事责任能力状态（《德国刑法典》第63条规定的判处收容于精神病院的法定条件），但只要是在精神病院中更有利于其治疗，亦可将其由戒除瘾癖的机构转换到精神病院中继续执行。

　　总而言之，在此两种措施相互转换中，唯一考虑的因素，就是究竟何种措施更有利于犯罪人成功地实现再社会化。

　　在此之外，《德国刑法典》第67a条第2款增加了此两种收容措施与保安监管措施之间转换的可能性。其规定的具体内容为：只要是有利于犯罪人的再社会化，亦可将正在被执行保安监管措施的犯罪人，转换为继续执行收容于精神病院措施或收容于戒除瘾癖的机构措施。根据新增加的《德国刑法典》第67a条第2款第2句的规定，如果在刑罚执行过程中，犯罪人出现了《德国刑法典》第20条和第21条规定的无刑事责任能力状况或者是减轻刑事责任能力状况，亦可将其收容于精神病院或者戒除瘾癖的机构。由此可见，如果是在有期徒刑的执行过程中，发现收容于精神病院或戒除瘾癖的机构措施，更有利于实现犯罪人再社会化的目标，且明显并无必要对行为人执行保安监管措施，则可直接将刑罚措施的执行转换为收容于精神病院或戒除瘾癖的机构的保安处分措施的执行。如此一来，在刑罚措施执行与保安处分措施执行之间，建立起了顺畅的流转机制，且其价值定位非常明显，那就是为了对犯罪人更好地改造。①

刑罚措施转换为保安处分措施而继续地予以执行，自无障碍；但是，如果是反方向的流转，则是法律所明令禁止的。不仅如此，《德国刑法典》第 63 条及第 64 条规定的收容措施，也不能反过来转换成保安监管措施的执行。原因在于，根据《刑事执行法》第 129 条的规定，保安监管措施执行的首要目的，在于社会防卫，对行为人的改造仅仅只是处于第二位的从属地位。因此，若从收容于精神病院及收容于戒除瘾癖的机构转换到保安监管措施的执行，则犯罪人的改造及再社会化目的就会退居二位，不可能得到更好的保障及实现。而正如前文所述，之所以在不同的保安措施甚至是保安措施与刑罚措施之间进行转换，其原因仅在于，对犯罪人更好地改造及再社会化。②

但是，2004 年 7 月 23 日，在保安监管措施的事后判处被写入刑法之后，就随之出现了一个例外情况。具言之，根据《德国刑法典》第 66 条 b第 3 款的规定，如果收容于精神病院的犯罪人并不存在精神疾病或异常，那么，即使其存在极大的社会危害性，仍须对其解除精神病院的收容措施；在此情况下，将对其执行保安监管措施。

对此，存在激烈争议的是：如果在保安措施执行完毕之后，还需对法院对犯罪人判处的有期徒刑予以执行，此时，是否亦可根据《德国刑法典》第 66b 条第 3 款的规定，对犯罪人事后决定执行保安监管措施？德国联邦法院第一刑事审判庭（1. Senat des BGH）在其判决中表示，在此种情况下，《德国刑法典》第 66b 条第 1 款及第 2 款规定，会对第 3 款的规定产生阻断效应（Sperrwirkung）。因为，按照第 1 款及第 2 款的规定，在对犯罪人有期徒刑执行完毕之后，须对其继续执行保安监管措施，以防其在一段时间内继续危害社会。由此，如果为了实现保护社会免受将来的犯罪的侵害的目的，并不需要再适用第 3 款规定。③ 虽然德国联邦法院并未在法律条文中找到对其观点的佐证，但是，在立法理由中，其找到了对其观点的有力支撑。

---

① BT Drucks. 16/1110, 17.

② BVerfG NJW 1995, 775.

③ BGHSt 52, 36.

联邦法院发现，立法者认为，只有在犯罪人因无罪过，因此在保安措施之外并未被判处刑罚措施，或者是刑罚措施先于保安处分措施执行，因此在保安措施执行完毕之后，不再需要对刑罚措施进行执行的情况下，才可适用第 3 款的规定。①

德国联邦法院第四刑事审判庭（4. Senat des BGH）并不赞成第一审判庭的观点。其在向大审判委员会（Großer Senat）所提交的意见中认为，第一刑事审判庭所搜集的立法资料并没有足够的说服力，对这些资料存在着不同理解的可能。而且，更为重要的是，在第一审判庭的论证中，存在着明显的矛盾之处。具体来看，如果是犯罪人因其没有罪过或者是罪过程度较低，而未被判处刑罚或者仅被判处较短期限的刑罚，则可对其适用所要求条件"较松"的第 3 款规定，事后地判处保安监管措施。但是，若是犯罪人因其罪过程度较高而被判处较长期限的刑罚，则对其只能适用条件"较为严格"的第 1 款及第 2 款的规定，对其事后地判处保安监管措施。罪过越小，刑期越短，条件越低；罪过越大，刑期越长，条件却越高。似乎犯罪人永远无法逃脱被事后判处保安监管措施的命运?! 而且，在第 1 款及第 2 款规定的情形下，其所针对的，是在其审判程序中并未被判处无期限地剥夺自由的保安监管措施的犯罪人；而在第 3 款所规定的情形下，其所针对的，却是在审判程序中已被判处剥夺自由的保安处分措施，且其措施已被宣告执行完毕，但却又被无期限地予以保安监管的犯罪人。两者之间，适用对象的巨大差异，根本不存在第一刑事审判庭所谓的第 1 款及第 2 款适用对于第 3 款适用的阻断作用。② 虽然如此，大审判委员会还是基本采纳了第一刑事审判庭的观点，但是同时明确指出，在此种案件中，应当直接适用《德国刑法典》第 66b 条第 1 款及第 2 款的规定。

在法律条文的具体规定上，《德国刑法典》第 67a 条仅仅只对保安处分措施之间的相互转换作出了规定，而对于保安处分措施与刑罚措施之间的转换，却并未作出规定。因此，在犯罪人由刑罚执行转换为保安处分措施执行的案件中，并不能适用此条款。对于促进被执行刑罚者更好地再社会化问题，作出明确规定的是《刑事执行法》第 9 条中关于转换到社会治疗

---

① BGHSt 52, 36.

② BGH NStZ 2008, 335.

机构的规定，以及《刑事执行法》第 65 条关于转换到精神病院的规定。同样，在由《德国刑法典》第 63 条、第 64 条以及第 66 条所规定的措施转换到社会治疗机构执行时，亦不能适用《德国刑法典》第 67a 条的规定。① 如果要将收容于精神病院或戒除瘾癖的机构及被执行保安监管措施的犯罪人，转为执行社会矫正措施，则只能依据《德国刑法典》第 67 条第 1 款及第 2 款的规定，将上述保安处分措施的执行，转换为刑罚措施的执行；进而根据《刑事执行法》第 9 条的规定，将被执行有期徒刑的犯罪人，转换到社会矫正措施进行继续改造。

最后需要指出的是，根据《德国刑法典》第 67b 条将某种保安处分措施的执行转换为其他的保安处分措施，并不会对其法律性质（Rechtsnatur）产生影响。② 根据《德国刑法典》第 67b 条第 4 项的规定，其执行期限及执行中的要求与指示，仍应得到遵守。此外，如果事后证明，原保安处分措施的执行实际上更有利于犯罪人的再社会化，或者被判处保安监管措施的犯罪人，通过对其执行收容于精神病院或戒除瘾癖机构措施，并不能取得任何的效果；则亦可事后作出决定，仍然执行法院原本对犯罪人所判处的保安处分措施（《德国刑法典》第 67a 条第 3 款）。

四、剥夺自由的保安处分措施的缓期执行

（一）剥夺自由的保安处分措施的缓期执行的条件

与判处有期徒刑一样，对犯罪人判处剥夺自由的保安处分措施的同时，需要考虑是否对其宣告保安措施的缓期执行。涉及剥夺自由的保安处分措施的缓刑宣告，可将之具体分为四类：

1. 判处剥夺自由的保安处分措施当时的缓刑宣告的条件

根据《德国刑法典》第 63 条及第 64 条所判处的保安处分措施，在判决当时，法院就可决定，将保安处分措施予以缓期执行（《德国刑法典》第 67b 条第 1 款）。其前提是，存在特殊情况足以证明，即使将对犯罪人判处的保安处分措施予以缓期执行，仍可达到保安处分措施执行所欲追求的目的。比如，如果是可以证明，通过非监禁的精神病院治疗、单纯的药物治

---

① OLG Hamm NStZ 1987，44.

② Nomos-Kommentar zum StGB，§ 67a Rn. 30.

疗以及行政法上（öffentlichrechtlich）所规定的，或者是民法上（zivilrechtlich）所规定的治疗措施，可以防止将来犯罪人继续实施严重危害社会的犯罪，就可认为存在此种"特殊情况"。与之相反，仅仅只是犯罪人悔改的意愿（即使其再强烈），不能认为存在此种特殊情况，因为在此，实际需要的是犯罪人改邪归正、不再犯罪的持续的现实的足够保证。[1]

如果法院同时对犯罪人判处剥夺自由的保安处分措施及一定期限的有期徒刑，则根据《德国刑法典》第67b条第1款第2句之规定，若未对其有期徒刑宣告缓期执行，则亦不能对其保安处分措施宣告缓期执行。如果法院决定预先执行其有期徒刑，则在其保安处分措施开始执行时，仍可决定将保安处分措施予以缓期执行。如果犯罪人被法院判处保安监管措施，则不存在在判决当时即宣告将保安监管措施缓期执行的可能。

2. 预先执行刑罚措施情况下剥夺自由的保安处分措施的缓刑宣告的条件

如果在同一判决中，法院同时对犯罪人判处剥夺自由的保安处分措施和刑罚措施，且决定将刑罚措施预先进行执行，则在刑罚措施执行完毕之前，需对保安处分措施的缓期执行问题予以判断（《德国刑法典》第67c条第1款第1句）。之所以如此规定，是因为立法者认为，通过对犯罪人的有期徒刑的执行，在判决当时存在的证明犯罪人本身所具有的危险性的情况，可能已经被成功地消除。[2]

与《德国刑法典》第67b条所规定的在判决当时宣告措施的缓期执行的条件不同，根据《德国刑法典》第67c条之规定，保安处分措施的缓期执行并不需要"特殊情况"的存在。其所规定的前提是，在决定当时，犯罪人是否仍具有作为对判处保安处分措施根据的、将来实施具有严重社会危害性犯罪的可能，以及如若存在这种可能性，是否存在其他的对犯罪人损害较小的、但同样可以达到防止其继续犯罪目的的保安处分措施种类。

与《德国刑法典》第67b条所规定的条件进行比较，可以看出：《德国刑法典》第67c条所规定的缓刑宣告的条件，明显要轻于第67b条所设定的条件。在第67b条的规定中，对犯罪人宣告缓期执行的条件为积极条件，只有证明其存在时才可判处；而与之相反，第67c条所规定的条件为消极条

---

[1]　BGH NStZ 1983, 167.

[2]　Nomos-Kommentar zum StGB, § 67c Rn. 2.

件，只要不能证明其存在就可判处。并且，在第67c条的规定中，其条件明显要宽松很多，也就对犯罪人更为有利。究其原因，主要有二：一则，在刑罚执行中激发犯罪人本身的积极性，因为只要其积极接受改造，一般在刑罚执行完毕时，就可将对其判处的保安处分措施予以缓期执行；二则是出于节省司法资源的考虑。对刑罚措施及保安处分措施的执行效果，不可能存在绝对的证明，我们在对犯罪人的改造效果作出评价时，着眼点应止于其能够自控、不再犯罪或更进一步成功实现再社会化，而不能草木皆兵，反应过度，稍有不良表现就将其继续监禁。否则的话，这不仅是对司法资源的浪费，也是对犯罪人人权的侵犯及人格的践踏。

3. 判决生效三年之后剥夺自由的保安处分措施的缓刑宣告的条件

根据《德国刑法典》第67c条第2款第1句的规定，如果在判处保安处分措施的判决生效三年之后，仍未出现前文所探讨的情形，则法院须重新对保安处分措施的判处予以确认（erneute und bestätigende Anordnung des Gerichts）。对此最为典型的，就是犯罪人逃脱保安处分措施执行的情况。《德国刑法典》第67c条第2款第2句规定，犯罪人被国家机关予以关押（如被执行刑罚或被拘留、逮捕等）的时间，不计算在三年的期限之内。在三年之后，法院需要重新对犯罪人决定判处保安处分措施，其必要性在于，三年期限过去之后，判决当时对犯罪人所具危险性的判断，并在此基础上对其判处保安处分措施所依据的事实情况，可能因犯罪人在此期间自觉地接受治疗，以及家庭及经济状况的好转等因素而发生转折性的变化。

因此，法院必须判定，对犯罪人判处保安处分措施的必要性是否仍然存在。如果法院认为这一问题的答案是肯定的，则其应对犯罪人重新判处保安处分措施；同样，若存在特殊情况表明，即使将对犯罪人判处的保安处分措施宣告缓期执行，仍可达到保安处分措施执行的目的，则法院可在判决当时，宣告将对犯罪人判处的保安措施缓期执行（《德国刑法典》第67c条第2款第2句、第3句）。法院重新判处保安处分措施的情况，与初次判处基本相同。若是法院得出保安处分措施的目的已经达到的结论，则应宣告保安处分措施终结（《德国刑法典》第67c条第2款第5句）。

4. 剥夺自由的保安处分措施执行过程中缓刑宣告的条件

如果并不存在《德国刑法典》第67b条或者第67c条所规定的、将对犯罪人判处的保安处分措施予以缓期执行的情况，则应开始对行为人执行保安处分措施。在执行过程中，法院应当定期地检测，从保安处分措施所欲达到的目的出发，是否仍然要求继续执行保安处分措施，或者是剩余期限的保安处分措施是否可宣告缓期执行（《德国刑法典》第67e条第1款第1句）。

法院进行检测的期限，因保安处分措施种类的不同而有所差异，分别是：收容于戒除瘾癖机构措施的检测期限为6个月；收容于精神病院措施的检测期限为1年；保安监管措施的检测期限为2年。根据《德国刑法典》第67e条第2款、第3款的规定，在具体的案件中，法院也可决定将检测期限适当地缩短。如果通过检测，法院发现即使不对犯罪人继续执行保安处分措施，其也不会再继续犯罪危害社会，则应将对犯罪人判处的保安处分措施宣告缓期执行（《德国刑法典》第67d条第2款第1句）；如果不能得出此种结论，则须继续执行对犯罪人判处的保安处分措施。

在司法实践中，根据《德国刑法典》第67d条第2款之规定，对犯罪人宣告剩余期限的保安处分措施予以缓期执行，具有重大的意义。在3种剥夺自由的保安处分措施中间，如果犯罪人被法院判处收容于戒除瘾癖机构措施的话，虽然立法者对其规定了法院所能判处的最高期限为2年（《德国刑法典》第67d条第1款），但也只有等到两年最高期限届满，犯罪人才能重获自由。如果犯罪人被判处保安监管措施，立法者在规定了10年最高期限的基础之上，又另行规定，在特殊情况下，可以对犯罪人判处无期限的保安监管措施。据此，被执行保安监管措施的犯罪人要重获自由，可能需要10年的时间甚至是一辈子。而如果犯罪人被法院判处收容于精神病院措施的话，立法者压根就没有对此措施规定任何期限上的限制。鉴于此，犯罪人能否重获自由不仅需要其自身改造的积极性与动力，还需要对其进行的治疗工作能够顺利地开展并且奏效，否则的话，被收容者终身都难以走出精神病院的大门。

越来越漫长的监禁期限，越来越渺茫的释放希望，犯罪人若希望在执行期间或者是执行最高期限（假如存在的话）届满之前，就能较早地重获自由，其唯一的机会，就是在法院进行的定期检测中，能够被予以积极的评价，从而被法院宣告其保安处分措施的缓期执行。正是因为执行过程中对剩余期限的保安处分措施缓刑宣告对于犯罪人而言的重要性，对其条件进行检测，必然需要尽可能细致及科学地展开；而程式化僵化的处理，则是应该竭力予以避免的。

根据《德国刑法典》第 67d 条第 2 款第 1 句的规定，只有能够期待，在中止对犯罪人执行保安处分措施的情况下，其不会继续实施犯罪时，法院才可将对犯罪人判处的剩余期限的保安处分措施宣告缓期执行。与这一条件的判定紧密相关的，有两个问题。

其一，对"不会继续实施犯罪"这一措辞的理解，可能存在问题。若按其字面意思来理解，在犯罪人被最终解除保安处分措施执行之前，其不能再有任何形式的触犯刑律的行为发生。但是，从一般的社会常理上来理解，要求犯罪人在十年（保安监管措施）或者甚至是终身（保安监管措施、收容于精神病院措施）都不得再犯罪，且法院只有在确定这种保证可以真正奏效的前提下，才能最终决定将犯罪人剩余期限的保安处分措施予以缓期执行。那么，这种情况绝对是凤毛麟角的事情，犯罪人"提前"重获自由的希望，也会再次成为阳光下的泡沫，一触即破。但若这样要求，是明显极不合理且极不人道的。从实际上来看，在法院最终决定将犯罪人剩余期限的保安处分措施宣告缓期执行之前，立法者之所以要对犯罪人继续犯罪的可能性作出要求，无非是想要法院在决定之前，将犯罪人重获自由的个人诉求与社会整体可能受犯罪人将来犯罪侵害的危险之间进行衡量。只要犯罪人的个人利益与社会的整体利益之间并不会出现明显的失衡——存在若将犯罪人予以释放，则社会利益将面临重大损害的可能，就可将犯罪人剩余期限的保安处分措施宣告缓期执行；反过来说，只有当法院从犯罪人将来可能从事的犯罪的种类（Art）及强度（Schwere）进行判断，发现其对社会整体利益造成重大的威胁或者是侵害时，才能将缓刑宣告的可能予以否决。即使存在着对社会整体利益的威胁或侵害，但仅仅是微小的利益损害，那么，也不能对犯罪人继续执行此三种"监禁性"的严重剥夺犯罪人自由的保安处分措施。①

其二，对于"可以期待（wenn zu erwarten ist）"这一措辞的理解，也存在问题。在 1998 年《性犯罪惩治法》颁行之前，法律中此处所用的措辞，仅仅只是"只要犯罪人可负责任地接受检验"。正如前文所提到的，1998 年《性犯罪惩治法》颁布的背景，是在德国发生的两起对未成年少女的奸杀

---

① OLG Hamburg NJW 1970, 1933; OLG Karlsruhe NJW 1974, 1390.

案。虽然这两起案件，绝对不是处于保安处分措施缓刑考验期的犯罪人，但是这一系列案件的发生，让立法者以及法院，在犯罪人对个人自由的合理诉求与社会整体防范严重的犯罪对其侵犯的保护要求二者之间的衡量上，明显更加倾向于对社会整体利益的保护。因此，之前对犯罪人判处保安处分措施执行过程中的缓期执行，本身所具备的明显的"实验性特征（Charakter eines Experiments）"，已失去了其赖以存在的刑法上的依据。①

取而代之的，是对社会整体利益的保护更为有利、对犯罪人要求更为严格的"足够的期待"的规定。当然，即使是在德国刑法典新的规定中，其要求的也绝不是犯罪人在将来不再继续实施重大犯罪的百分之百的保证。在以前的"实验性"的规定中，其要求的是具有事实上的依据的"将来不再犯罪的极大可能性（die durch Tatsachen begründete Wahrscheinlichkeit künftiger straffreier Führung）"；在现在的"可期待"的规定中，与上文中所讨论的《德国刑法典》第63条所规定的判处收容措施的条件相类似，其所要求的是"极高程度的极大可能性（Wahrscheinlichkeit höheren Grades）"。同时，在具体的案件中，针对不同的犯罪人所可能实施的不同类型的犯罪，所要求的可能性程度是不同的。这主要取决于犯罪人在将来进行犯罪侵害的法益的重要程度，亦即，如果犯罪人将来可能实施的是财产犯罪，则法院对其判处缓期执行所要求的、对其不再犯罪的可能性的程度，就会相对较低；但如果将来犯罪人可能实施的是人身犯罪，则法院对其判处缓期执行所要求具备的、对其不再继续犯罪的可能性的肯定，就要高很多。

在对犯罪人将来可能进行的犯罪以及对这种危险的可能进行评价时，法院应在"适当性原则（Verhältnismäßigkeitsgrundsatz）"的指导下，进行"综合的、全面的评价（Gesamtwürdigung）"。其中，除了对犯罪人将来可能进行的犯罪的种类、其危害性及可能性进行评价外，还需重点对犯罪人已被执行保安处分措施的期限予以关注；也就是说，其被执行保安处分措施的时间越长，其对自由的诉求也就越强烈，其在总体评价中的重要性也就越大。②

对此试举例说明：

---

① BVerfGE 70, 313.
② OLG Karlsruhe NStZ 1999, 37.

赵四在其 15 岁至 24 岁期间，曾 5 次因盗窃罪、诈骗罪等财产犯罪被法院判处自由刑。在其 25 岁时，在醉酒状况下，赵四又因盗窃 1 件皮毛大衣而被捕。在审判过程中，法院确定赵四患有精神分裂症，因此属于减轻刑事责任能力人。法院最终以盗窃罪判处赵四有期徒刑 9 个月，并同时对其判处收容于精神病院的保安处分措施。

在判决生效以后，赵四被收容于精神病院 11 年。精神病院认为，通过治疗，赵四的状况并没有明显好转，其精神分裂状况并没有明显减轻，且在治疗过程中，赵四拒绝服用医生开处的药物。由此，精神病院并不认为，赵四具有在社会上自由生活的能力。在对犯罪人赵四的情况进行综合评价过程中，精神病院对赵四作出的评价是不利的。但是考虑到，赵四被判处保安处分措施的罪名（盗窃罪）仅属于一般的刑事犯罪（mittlere Kriminalität）；而且，从其之前的犯罪记录（均为财产犯罪）来看，并不存在在将来进行重大犯罪（尤其是侵犯人身的犯罪）的危险；最为重要的是，赵四已被收容于精神病院的时间达 11 年之久（与法院对其判处的 9 个月的有期徒刑相比是何等的漫长）。因此，法院最终决定，根据《德国刑法典》第 67d 条第 2 款的规定，将其保安处分措施宣告缓期执行。[1]

负责对判处缓期执行条件进行审核的机关，为刑罚执行委员会（Strafvollstreckungskammer）（具体规定见《德国刑事诉讼法》第 463 条第 3 款第 1 句、第 454 条、第 462a 条）。在进行决定的过程中，法院应当依据（专家）鉴定人的鉴定结论（《德国刑事诉讼法》第 463 条第 3 款第 3 句、第 454 条第 2 款）。如果犯罪人因被判处收容于精神病院措施而被长期收容于同一精神病院，那么，为了避免出现程式化的鉴定结论，每次对其进行评价，须听取不同的与此精神病院无关的鉴定人的鉴定意见和结论。

（二）剥夺自由的保安处分措施缓期执行的法律后果

保安处分措施缓刑决定的法律后果是，被判处的保安处分措施不再（继续）执行，对被判处保安处分措施的犯罪人应予以释放。根据相关的法律规定，在保安处分措施缓期执行决定生效之时，应立即开始对犯罪人执

---

① BVerfGE 70, 317.

行行为监视措施（具体规定见《德国刑法典》第 67b 条第 2 款、第 67c 条第 1 款第 2 句、第 67c 条第 2 款第 4 句、第 67d 条第 2 款第 2 句）。根据《德国刑法典》第 68b 条的规定，为保证已经执行的保安处分措施的效果，最大可能地避免犯罪人再次犯罪，法院可以通过行为监视的执行继续来对犯罪人发布具体指示。

在行为监视执行过程中，犯罪人将会得到行为监视机构以及缓刑帮助工作者的监视与帮助。如果犯罪人不能保证在自由状态下不再继续犯罪，因而使对其判处的保安处分措施的继续执行成为必要，则法院须将对其宣告的缓刑决定予以撤回。根据《德国刑法典》第 67g 条第 1 款的规定，对犯罪人撤回缓刑决定的具体情形主要包括：犯罪人在行为监视措施执行期间，或在缓刑宣告后行为监视措施开始执行之前，继续犯罪；犯罪人在行为监视措施执行期间，有意或严重地违反法院所作出的指示；犯罪人脱逃行为监视机构或缓刑帮助工作者的监视。在上述几种情况下，法院决定将对犯罪人宣告的缓期执行决定予以撤回的前提均在于，犯罪人的行为显示最初决定对其判处保安处分措施的情况依然存在；由此可能导致其在将来继续从事严重危害社会的犯罪，并且需要继续执行保安处分措施，才能将犯罪人的此种情况予以消除。因此，最为关键的是，在犯罪人被判处保安措施之前的犯罪、犯罪人在缓期执行期间所作出的违规甚至是违法行为以及犯罪人在将来可能进行的犯罪之间，是否存在内在的必然性联系。[①]

除此之外，根据《德国刑法典》第 67g 条第 2 款的规定，如果在行为监视措施执行期间，犯罪人的精神或身体状况发生了巨大的改变，且这种改变有致使其继续犯罪的危险时，法院亦可决定，将缓刑决定予以撤回；或者是事后出现其他的应将缓刑决定予以撤回的情况（《德国刑法典》第 67g 条第 3 款）。需要重点指出的是，如果犯罪人依据《德国刑法典》第 63 条及第 64 条规定，被判处保安处分措施，在最终决定将其缓刑决定予以撤回之前，须根据《德国刑法典》第 67h 条的规定，对其进行有期限的保安处分措施的尝试执行。如果在保安处分措施缓期执行期间，并未出现需要将对犯罪人的缓刑决定予以撤回的情况，则被宣告缓刑的保安处分措施，以行为监视措施的执行完毕而宣告终结（《德国刑法典》第 67g 条第 5 款）。

---

① Systematischer Kommentar zum StGB, § 67g Rn. 8, 10.

五、剥夺自由的保安处分措施执行的终结

除了前文提到的保安处分措施的终结方式以外，保安处分措施还可因以下方式而宣告执行完毕：

第一，根据《德国刑法典》第63条规定所判处的收容于精神病院措施，在其判处的条件不再存在时，法院应将其宣告执行完毕（《德国刑法典》第67d条第6款第1句）。这种情况可能是因为犯罪人精神状况的改善，或者是作为第63条措施基础的犯罪人的危险性已经不复存在。如果是从一开始就不存在判处《德国刑法典》第63条规定的收容于精神病院措施的条件，只不过是因为鉴定结论错误或法官误判等原因，而对犯罪人判处了收容于精神病院措施，那么，法院也当然必须宣告将本措施的执行终结。

随着收容于精神病院措施执行终结，应同时开始对犯罪人执行行为监视措施。如果法院能够确定，即使不对犯罪人执行行为监视措施，其在将来亦不存在继续犯罪的可能，则可不对犯罪人执行行为监视措施（《德国刑法典》第67d条第2句、第3句）。如果虽然犯罪人的精神疾病或异常已被消除，但其对于社会整体仍具有犯罪的危险性，自2004年开始，法院可以决定对犯罪人事后地判处保安监管措施（《德国刑法典》第66b条第3款）。收容于精神病院措施的执行时间，要计算入同时判处但稍后执行的有期徒刑的执行期限当中（《德国刑法典》第67条第4款）。

第二，如果保安处分措施执行的目的已经实现，则法院应将对犯罪人判处的收容于戒除瘾癖机构措施（《德国刑法典》第64条）或保安监管措施（《德国刑法典》第66条）宣告执行终结。

如果在法院判处保安处分措施的判决生效3年之后，保安处分措施仍未开始执行，根据《德国刑法典》第67c条第2款第5句的规定，法院应对犯罪人的情况予以重新判定：如果犯罪人的状况明显好转，则可宣告最初对其判处的保安措施执行终结；如果仍然存在执行保安处分措施的必要，则法院需要重新对犯罪人宣告保安处分措施。在此，如果保安措施宣告执行终结，则不需对犯罪人执行行为监视措施。犯罪人在戒除瘾癖的机构中的收容时间，可以计算进同时对其判处但稍后开始执行的有期徒刑的执行期限当中（《德国刑法典》第67条第4款）。①

---

①　BVerfG NJW 1995, 2406.

第三，如果《德国刑法典》第 64 条第 2 句规定的情形不再存在，也就是不再存在将犯罪人所具有的特殊瘾癖予以戒除的足够希望时，法院亦应宣告，收容于戒除瘾癖机构措施执行终结（《德国刑法典》第 67d 条第 5 款第 1 句）。

在修改之前的《德国刑法典》第 67d 条第 5 款第 1 句的规定中，立法者设定了"戒除瘾癖的措施开始执行 1 年之后，才可对是否存在此种希望进行判定"的条件。对此，联邦宪法法院宣布这一条件违宪。其认为，在戒除瘾癖措施执行的任何时间点，都必须存在将犯罪人特殊瘾癖治愈的足够希望。毕竟，考虑到收容于戒除瘾癖机构的措施的执行，将给犯罪人基本权益带来巨大的损害，在任何时间，只要是不存在治愈希望，就应当立即将措施的执行宣告终结，而不应存在 1 年时间的限制。犯罪人在戒除瘾癖的机构中的收容时间，可以计算进同时对其判处但稍后开始执行的有期徒刑的执行期限当中（《德国刑法典》第 67 条第 4 款）。对犯罪人宣告收容措施执行终结的同时，将依据法律规定，对其执行行为监视措施。

第四，如果法律规定的最高期限已经届满，亦应将保安处分措施的执行宣告终结（《德国刑法典》第 67 条 d 第 4 款）。

由于 1998 年《性犯罪惩治法》取消了对保安监管措施的 10 年最高期限的限制，加上《德国刑法典》自立法之初，出于对精神病患者的特殊性的考虑，并未对收容于精神病院措施予以最高期限的限制。因此，《德国刑法典》第 67 条 d 第 4 款的规定，目前只适用于收容于戒除瘾癖机构的措施的执行。

根据《德国刑法典》第 67d 条第 1 款的规定，收容于戒除瘾癖的机构措施的最高执行期限为两年。根据《德国刑法典》第 67d 条第 3 款的规定，如果保安监管措施执行 10 年之后，法院认为犯罪人不再具有继续进行重大犯罪的危险，亦可将其保安监管措施的执行宣告终结。根据法律规定，若法院将保安监管措施的执行宣告终结，则须对犯罪人继续执行行为监视措施。

第五，在特殊情况下，亦可由于保安处分措施的继续执行不符合《德国刑法典》第 62 条规定的"适当性原则"，而将其宣告执行终结。

《德国刑法典》第 67d 条第 6 款第 1 句及第 2 句，针对收容于精神病院的措施的执行，作出了此种限制：如果法院通过对犯罪人、其罪行及对其已经进行的保安处分措施的执行综合分析发现，鉴于犯罪人已经进行的犯罪以及将来可能进行的犯罪的严重性，若继续执行对其判处的收容于精神病院措施或保安监管措施，则明显违背"适当性原则"；也即，因为保护较小的社会公共利益而损害相对更为重要的犯罪人的个人权益，根据宪法对犯罪人的基本权益保护的规定，可将对犯罪人判处的收容于精神病院措施或保安监管措施宣告执行完毕。随着此两种措施执行的终结，同时开始对犯罪人执行行为监视措施。当然，如果法院认为，即使不执行行为监视措施，犯罪人也不存在继续犯罪的危险，则可决定不再执行（《德国刑法典》第67d 条第 6 款第 2 句、第 3 句）。

第六，根据《德国刑法典》第 67f 条的规定，先前判处的收容于戒除瘾癖机构的措施的执行，可因法院重新判处的同类的收容措施的开始执行，而被宣告终结。

第七，正如上文所提到的，如果保安处分措施的执行被法院宣告缓期执行，且在行为监视措施执行期间，并未发生需要将缓刑决定予以撤销的情况，那么，在行为监视措施执行完毕之时，原来的保安处分措施也同时执行终结（《德国刑法典》第 67g 条第 5 款）。

结语：保安处分制度离中国远吗？

在行文即将结束的结语部分，笔者意欲将写作过程中思考最多的一个问题，给出一个基于自己感性认识的纯粹主观性和个人化的回答。问题是：保安处分制度离中国远吗？而我的回答就是：其实真的不远。

接下来，对于这一回答的阐述分两个部分进行：一是将对德国保安处分制度可能存在的误读予以阐释；二是对保安处分解决中国现实问题的可能性加以探讨。

其一，对于刑事制裁体系框架内的保安处分措施，一般可能存在的误读，主要集中在以下两个方面：

（一）保安处分侵犯人权？

保安处分正式写入德国刑法发生在 1933 年，当时的德国正处在希特勒纳粹政权的统治之下。且在当时颁布的《惯犯法》中规定，对性犯罪者可判处"强制性阉割"的保安处分措施。由此，很容易让人产生《惯犯法》及其规定的保安处分措施侵犯人权的认识。

毋庸置疑，当时的强制性阉割措施的规定，很大程度上是受到希特勒的种族主义思想的影响，其认为性犯罪者必将繁殖劣种的后代，为保证德意志民族的优质性，应永远禁止性犯罪者生育后代。但之后，也恰恰是因为此措施严重侵犯人权的弊端，在希特勒政权垮台后，此措施立即遭到了废止。

此外，也有观点认为可以无限期适用的保安监管措施（Sicherungsver-wahrung）侵犯人权。对此，2009 年 12 月 17 日，欧洲人权法院（Europais-cher Gerichtshof für Menschenrechte/EGMR）作出了一项题为"超过最长期限的保安监管措施的执行不具有正当性"的决议。在决议中，欧洲人权法院法院认为，将保安监管措施无任何期限地予以执行，构成对《欧洲人权法案（Europaische Menschenrechtskonvention/EMRK）》第 5 条规定的个人应享有的自由权利（Recht auf Freiheit）的侵犯，以及第 7 条所规定的"罪刑法定原则（法无明文规定不为罪/keine Strafe ohne Gesetz）"的违犯。

对于普遍存在的对于保安处分措施的判处以及执行侵犯基本人权（尤其是自由权）的质疑（且这种质疑并不仅限于无期限限制的保安监管措施），笔者认为，可从以下两个方面进行澄清：第一，在《德国刑法典》第 6 章第 62 条当中，立法者开门见山地规定了"适当性原则（Verhältnismaßigkeit）"，这一原则构成对所有的保安处分措施判处以及执行的限制。适当性原则所指的，实质上就是保安处分措施的适用对行为人将会带来的侵害，与保安处分措施适用所能保护的社会利益之间的适当性；也就是说，不能为保护较小的社会利益而牺牲较大的个人利益。

实际上，德国刑法典中规定的适当性原则要求，保安处分措施适用所要保护的社会利益必须明显高于其将侵害的个人权益。可以看出，不管是剥夺自由的保安处分，还是非剥夺自由的保安处分，其适用与执行都隐含着个人与社会之间的利益权衡。在世界上许多国家的法律或者宪法性文件中，在对公民的自由与权利作出规定的同时都要规定对公民的自由与权利的必要的限制。而对公民自由权利限制的理由，一般就在于对社会公共利益的保护。

进而，针对于德国刑法典所要求的适当性原则，不仅存在《德国刑法典》第 62 条的明确规定，立法者对于具体的保安处分措施判处的条件的规定，以及法院在判处保安处分措施过程中自由裁量权的行使，均须遵循"适当性原则"，注意对行为人的基本权利的保护。因此可以说，保安处分措施的判处与实施，必定会给行为人造成个人权益的损害，却不一定构成对其宪法规定的人权的侵犯。

第二，如果犯罪人实施的犯罪行为侵害了一定的个人或社会法益，作为对其罪行的报应，国家可代表社会整体，对其判处以及执行剥夺其一定权益的刑罚措施，这就是刑事古典学派的基本观点。由于作为犯罪之报应的刑罚，最早源自人类社会早期的复仇制度，是人类本性的自发行为，因此不管是从感情上，还是从社会道义上，都不难为一般的社会个体所接受。当然，随着人类社会的不断发展，对于对犯罪人行为的报应刑罚的施加，须以犯罪人具有刑事责任能力为前提，而且刑罚的强度应与犯罪人的罪过程度相当。

但是，随着社会治安情况的不断恶化，简单的对犯罪行为事后的报应，对犯罪人事后的惩罚，已不能满足国家有效打击犯罪、维护社会安宁的需要。由此，刑罚的目的观念或者说刑罚的预防观念，被刑事现代学派提出并不断扩大其影响。但是，由于刑罚作为对犯罪的报应带有本质上的"滞后性"，因此并不能很好地实现刑罚的预防功效。正是有鉴于此，尤其考虑到刑事古典学派对刑罚的报应本性的坚守，刑事现代学派提出了只立足于"对将来之犯罪"进行预防的保安处分制度的设想。

与此前的"刑罚措施"面向以前不同，"保安处分措施"着眼于以后；与"刑罚措施"以罪行的发生为前提不同，"保安处分措施"更多关注的是"以后罪行的可能发生"；与"刑罚措施"以犯罪人的"罪过"为裁量标准不同，"保安处分措施"完全以行为人的"人身危险性"为标尺……诸多的不同，使得乍一接触保安处分措施的人，很难一下子从固有的"刑罚措施"的思维模式中跳出来，由此就会将"保安处分措施"不同于"刑罚措施"之处，理解为对行为人权益的侵犯。也就是不以行为人所具有的对其罪行的罪过为前提，甚至是不需要行为人已触犯刑法而对法益造成任何侵害，仅仅只是因为行为人是"危险"的，就可对其判处与"刑罚措施"同样严厉的"保安处分措施"，这看似确实是对行为人基本权利的侵害甚至是践踏。

然而，我们应尝试着以保安处分的思维对保安处分制度进行辩证分析。对于六种保安处分措施，首先我们应将其进行区别对待：对于三种非剥夺自由的保安处分措施，因其与刑罚中的监禁刑相差较大，在此不作分析；对于三种剥夺自由的保安处分措施中的收容于精神病院以及收容于戒除瘾癖的机构措施因适用的对象的有限性（精神病人、特殊瘾癖的病人）在此亦不作分析。其中受到诟病最多的、与一般的监禁刑最为类似、涉及行为人范围最广的、剥夺自由的时间最长的就是"保安监管措施"。接下来笔者就对这一措施展开分析。

为保护社会免受将来的犯罪的威胁或侵害，为达到预防特定行为人将来犯罪危害社会的目的，刑法在刑罚措施之外，规定了保安处分措施（保安监管措施）。保安监管措施措施适用的对象，是已经多次犯罪的犯罪人

（刑度、刑期、刑种、已执行时间均有要求），或者是已经数次触犯刑法但尚未受到审判的行为人（因其未受过审判因此不能将其称为"犯罪人"）。对此类人群适用保安监管措施的前提就是其具备"一定程度的人身危险性"，且根据德国联邦法院的相关判例，"一定程度"的判断应满足最高程度的最大可能性。或者换种通俗的说法，对于之前已罪行累累、恶贯满盈的犯罪人，法院预测其将来进行犯罪几乎已成定局，且是严重侵害他人身体或精神健康的恶性犯罪，如果从理性人的角度出发，可否对其判处保安监管措施，在一定时间内将其关押？如果将行为人释放后，其将很有可能继续犯罪，是否可以延长执行时间以观后效？假如得出的答案是肯定的，那么，保安监管措施的适用以及执行，就不涉及对犯罪人人权的践踏，而是为保护社会公共利益而对犯罪人自由的限制及剥夺。由此可见，保安处分措施虽不以犯罪人的罪过为标准，但是在适用过程中对行为人危险性判断的严格程度，可以保证保安措施运用的谨慎性以及必要性。保安处分措施并非法西斯设计出的侵犯人权、灭绝种族的工具，而是以刑罚目的的观念为指导，以特殊预防为目的的理性制度。这一制度的目的就是更好地维护社会的稳定与安宁。

（二）保安处分制度极其残忍

对于一个制度的严酷程度，并不能仅仅看到这一制度对执行对象所造成的损害，而应该看到执行这一制度所获得的成果，是否远远大于其所付出的代价。

将精神病人永远关进精神病院或许显得残忍；因一次的酒后驾车将行为人终身禁驾或许显得残忍；因行为人一次失足的犯罪将其饭碗剥夺或许显得残忍；将数次犯罪的累犯终身予以监禁或许显得残忍……然而，看到一次酒后驾车造成的驾驶人车毁人亡，造成数个家庭家破人亡的严重后果；看到马路杀手日渐猖狂，牙牙学语的婴儿葬身车轮之下，朝气蓬勃的大学生葬身校门之外……而凶手却是年轻与迷茫的面孔下一脸茫然表情，若将其驾驶证吊销可以避免惨剧的再次发生，这种措施还残忍吗？

看到黑心粉丝造成数千人食物中毒，老板却无动于衷，继续生产；看到财物人员挪用款项，给公司甚至是国家造成重大损失，但是类似事件却屡禁不绝；看到无德医生医德败坏，将一心求生的患者推入鬼门关……如果将这些人从特定行业的从业人员中予以剔除，这种措施残忍吗？看到变态杀手连环杀人，致他人生死于不顾，看到暴徒向小学生甚至是幼儿园儿童举起了屠刀，将其终身监禁还残忍吗？

保安处分制度，并不是为达目的不择手段的暴力措施，而是在充分权衡利弊基础上，提出的国家刑法对社会公众的一种更好的保护手段。

其二，德国的保安处分措施能够解决中国的问题吗？

对于这一问题，可以换一个角度来做出回答：中国社会问题的解决，确实可能需要保安处分。

对此，笔者试以现实中发生的真实案例予以说明：

2010 年 3 月 23 日 7 时许，福建省南平市实验小学门口，前外科医生郑民生55 秒内连续刺杀 13 名小学生，造成 8 死 5 伤的惨痛后果。郑民生 42 岁，失业、无房、无妻无子。在本案中，犯罪人郑民生具有明显的反社会倾向。根据郑民生自己供述，其反社会倾向主要来源于三个方面：一是辞职后工作无着，二是恋爱失败，三是受一些身边人员闲言刺激。

在本案发生之后，各级政府机关为更好地保护少年儿童的人身安全，加大了公安机关对中小学以及幼儿园等场所的保护力度。

但是，在这"中国屠童第一案"之后，

2010 年 4 月 28 日 15 时左右，雷州市白沙镇一名乡村老师持刀砍伤广东雷州市雷城第一小学 16 名学生和 1 名教师；2010 年 4 月 29 日上午，47 岁的无业人员徐玉元持刀进入江苏省泰兴市泰兴镇中心幼儿园，最终致 32 人受伤，其中学生 29 人、老师 2 人、保安 1 人；2010 年 5 月 12 日 8 时左右，陕西省南郑县圣水镇幼儿园发生凶杀案犯罪嫌疑人，48 岁的吴焕民持菜刀闯入幼儿园砍杀，致使 7 名儿童（5 男 2 女）和 2 名教师死亡，另有 2 名儿童伤势严重，吴焕民行凶后返回家中自杀身亡……

一起起的恶意杀人事件，暴徒举起的屠刀所面对的并不是与其有着深仇大恨的仇人，而是一个个弱小的尚不谙世事的幼小生命；暴徒杀人并不是为了报仇雪恨、图财害命，而是满足目的的报复社会。郑民生在被制服后疯狂大叫："他们不让我活，我也不让他们活！""多杀一个赚一个！"现在听来，仍然令人毛骨悚然。当然，这些丧心病狂的犯罪分子，最终会受到法律的制裁，更为准确地说，是受到国家对其施加的刑罚手段的制裁。但是，这种制裁来得太晚，相信有不少的社会公众，尤其是孩童们的家长，都在由衷地呼唤：若是一切都未发生该有多好。

因此，仅仅只靠临时应急措施的采取，并不能根本性地解决问题，我们要做的，是构建有效的制度。还是以南平血案的犯罪人郑民生为例。在公安机关的稍后的调查过程中，其邻居表示："感觉他怪怪的，我们两家是隔壁，但他和我见面，也不打招呼，我后来也不和他打招呼了。""话不多，挺内向的，经常自己嘀咕，偶尔在户外大声唱歌。"郑与同事关系处理得也不是很好；辞职后，他经常骂母亲，结果把母亲骂走；一杂货店老板表示郑"突然非常凶狠地拿出一瓶啤酒，砸在桌子上，操着碎瓶子冲了出去。事后，他说自己这么做是想试试能不能去打架"；有一次，郑对邻居表示"要做一点惊天动地的事情，比如杀个人什么的"……

由以上情况可以看出，郑在犯罪之前已显示出明显的行为异常，甚至亦曾表示出明显的犯罪冲动及欲望。其人身危险性程度，已经足以让法院对其决定执行行为监视措施，以有效地防止其走上犯罪的不归路。

当然，笔者的这种设想，主要还是对德国保安处分制度与中国的社会现实问题之间的感性联想，如果要在我国建立完善的保安处分制度，仍需考虑社会、法律、民情、文化等各个方面的国情因素。而应看到的是，近年来我国的多项刑法修改和刑事改革，已在保安处分制度的构建上有所推进。例如，我国《刑法修正案（八）》新增，并经《刑法修正案（九）》完善的"禁止令制度"，与德国行为监视措施具有同质性和类似性，系刑法意义上的保安处分，其根据在于适用对象的人身危险性，对其适用应遵循法定性原则和相当性原则等。学者指出，以禁止令为开端，我国刑法应设专章系统规定保安处分体系，形成刑罚与保安处分并存的二元化刑事制裁体系。① 又如，我国《刑法修正案（九）》新增"从业禁止制度"，我国刑法

---

① 参见张勇：《禁止令：保安处分刑法化的试金石》，载《湖南师范大学社会科学学报》2011年第6期。

中的从业禁止从性质上属于保安处分措施，以德国刑法上的职业禁止制度为镜鉴，其适用以利用职业便利实施犯罪或实施违背职业特定义务的犯罪被判处刑罚为前提，并以犯罪情况和预防再犯罪的需要为实质根据。[①]

在此背景下，本书意欲达到的目的，主要在于对德国的保安处分制度作介绍性的研究，为我国现阶段社会问题的解决提供更多的刑法上的选择。在目前研究的基础上，笔者也会继续致力于对德国保安处分制度的深层次的论证，以及对德国制度与中国现实之间的兼容问题进行更为细致的思考。

---

① 参见童策：《刑法中从业禁止的性质及其适用》，载《华东政法大学学报》2016 年第 4 期。

参考文献

1. 中文著作

高铭暄：《刑法学原理（第三卷）》，中国人民大学出版社 2005 年版。

马克昌：《外国刑法学总论（大陆法系）》，中国人民大学出版社 2009 年版。

马克昌：《刑罚通论》，武汉大学出版社 1999 年版。

马克昌：《比较刑法原理：外国刑法学总论》，武汉大学出版社 2002 年版。

苗有水：《保安处分与中国刑法发展》，中国方正出版社 2001 年版。

2. 中文期刊论文

陈忠林：《我国劳动教养制度的法律困境、价值危机与改革方向——关于制定〈强制性社会预防措施法〉的设想》，载《法学家》2004 年第 4 期。

侯保田：《我国现行法中的保安处分》，载《法律科学（西北政法学院学报)》1994 年第 4 期。

梁根林：《劳动教养何去何从》，载《法学》2001 年第 6 期。

屈学武：《保安处分与中国刑法改革》，载《法学研究》1996 年第 5 期。

童策：《刑法中从业禁止的性质及其适用》，载《华东政法大学学报》2016 年第 4 期。

喻伟：《保安处分刑事立法化——我国刑法改革上的重大议题》，载《法学评论》1996 年第 5 期。

张勇：《禁止令：保安处分刑法化的试金石》，载《湖南师范大学社会科学学报》2011 年第 6 期。

3. 德文评注

Geppert/Hanack, Strafgesetzbuch: Leipziger Kommentar, 12. Aufl., Berlin, 2008.

引注形式: Leipziger Kommentar zum StGB.

Kindhäuser/Neumann/Paeffgen. Nomos-Kommentar zum Strafgesetzbuch, 2. Aufl., Baden-Baden, 2005.

引注形式: Nomos-Kommentar zum StGB.

Meyer/Goßner, Strafprozessordnung, 48. Aufl., München, 2005.

引注形式: Meyer/Goßner, Strafprozessordnung.

Rudolphi/Samson/Horn, Systematischer Kommentar zum Strafgesetzbuch, Berlin, 2008.

引注形式: Systematischer Kommentar zum StGB.

Tröndle/Fischer, Strafgesetzbuch und Nebengesetze, 53. Aufl., München, 2006.

引注形式: Tröndle/Fischer, Strafgesetzbuch und Nebengesetze.

4. 德文专著

Baumann, Alternativ-Entwurf eines Strafgesetzbuches, Tübingen, 1969.

引注形式: Baumann, Alternativ-Entwurf.

Block, Rechtliche Strukturen der Sozialen Dienste in der Justiz, 2. Aufl., 1997.

引注形式: Block, Soziale Dienste in der Justiz.

Binding, Grundriss des Deutschen Strafprocessrechts, Berlin, 1886.

引注形式: Binding, Grundriss des Deutschen Strafprocessrechts.

Birkmeyer, Strafeund sichernde Maßnahmen, München, 1906.

引注形式: Birkmeyer, Strafe und sichernde Maßnahmen.

Calliess/Müller-Dietz, Strafvollzugsgesetz, München, 2005.

引注形式: Calliess/Müller-Dietz, Strafvollzugsgesetz.

Dessecker, Straftäter undPsychiatrie: Eine empirische Untersuchung zur

Praxis der Maßregel nach § 63 StGB im Vergleich mit der Maßregel nach § 64 StGB und sanktionslosen Verfahren, Wiesbaden, 1997.

引注形式: Dessecker, Straftäter undPsychiatrie.

Dessecker, Suchtbehandlung als strafrechtliche Reaktion: Eine empirische Untersuchung zur Anordnung und Vollstreckung der Maßregel nach § 64 StGB, Wiesbaden, 1996.

引注形式: Dessecker, Suchtbehandlung als strafrechtliche Reaktion.

Egg, Ambulante Nachsorge nach Straf- und Maßregelvollzug, Wiesbaden, 2004.

引注形式: Egg, Ambulante Nachsorge.

Eser, Zur Entwicklung von Maßregeln der Besserung und Sicherung als zweite Spur im Strafrecht, in: Britz, Grundfragen staatlichen Strafens: Festschrift für Heinz Miller-Dietz zum 70. Geburtstag, München, 2001.

引注形式: Eser, Entwicklung von Maßregeln der Besserung und Sicherung.

Jescheck/Weigend, Lehrbuch des Strafrechts, Allgemeiner Teil, 5. Aufl. , Berlin, 1996.

引注形式: Jescheck/Weigend, Lehrbuch des Strafrechts, AT.

Kaiser/Schöch, Strafvollzug. Ein Lehrbuch, Heidelberg, 2002.

引注形式: Kaiser/Schöch, Strafvollzug.

Kinzig, Die Sicherungsverwahrung auf dem Prüfstand. Ergebnisse einer theoretischen und empirischen Bestandsaufnahme des Zustands einer Maßregel, Freiburg, 1996.

引注形式: Kinzig, Sicherungsverwahrung auf dem Prüfstand.

Leygraf, Psychisch kranke Straftäter, Epidemiologie und aktuelle Praxis des psychiatrischen Maßregelvollzugs, Berlin, 1988.

引注形式: Leygraf, Psychisch kranke Straftäter.

Liszt, Der Zweckgedanke im Strafrecht, in: Strafrechtliche Aufsätze und Vorträge, Band I, Berlin, 1905.

引注形式: Liszt, Zweckgedanke im Strafrecht.

Liszt, Forderungen der Kriminalpolitikund der Vorentwurf eines schweizerischen Strafgesetzbuchs, in: Strafrechtliche Aufsätze und Vorträge, Band I,

Berlin, 1905.

引注形式: Liszt, Vorentwurf eines schweizerischen Strafgesetzbuchs.

Liszt, Lehrbuch des deutschen Strafrechts, 18. Aufl. , Berlin, 1911.

引注形式: Liszt, Lehrbuch des deutschen Strafrechts.

Liszt, Nach welchen Grundsätzen ist die Revision des Strafgesetzbuchs in Aussicht zu nehmen?, in: Strafrechtliche Aufsätze und Vorträge, Band I, Berlin, 1905.

引注形式: Liszt, Revision des Strafgesetzbuchs.

Metrikat, Die Unterbringung in einer Entziehungsanstalt nach § 64 StGB-Eine Maßregel im Wandel? : Eine vergleichende, empirische Untersuchung zur Entscheidung des Bundesverfassungsgerichts vom 16. 03. 1994, BVerfGE 91, 1, Frankfurt, 2002.

引注形式: Metrikat, Unterbringung in einer Entziehungsanstalt nach § 64 StGB.

Müller, Das Gewohnheitsverbrechergesetz vom 24. November 1933, Berlin, 1997.

引注形式: Müller, Gewohnheitsverbrechergesetz.

Redwitz, Die polizeilichen Maßregeln des RStGB und ihr Verhältnis zu dessen allgemeinen Grundsätzen, Berlin, 1909.

引注形式: Redwitz, Polizeiliche Maßregeln des RStGB.

Sachverständige Kommission vom Reichs-Justizamt, Vorentwurf zu einem Deutschen Strafgesetzbuch, Berlin, 1909.

引注形式: Vorentwurf zu einem Deutschen Strafgesetzbuch.

Schmidt, Einführung in die Geschichte der deutschen Strafrechtspflege, Gottingen, 1947.

引注形式: Schmidt, Geschichte der deutschen Strafrechtspflege.

Schubert, Quellen zur Reform des Straf- und Strafprozessrechts: Entwürfe zu einem Strafgesetzbuch (1919, 1922, 1924/25 und 1927), Berlin, 1995.

引注形式: Schubert, Entwürfe zu einem Strafgesetzbuch.

Schöch, Empfehlen sich Änderungen und Ergänzungen bei den strafrechtlichen Sanktionen ohne Freiheitsentzug?, München, 1992.

引注形式: Schöch, Änderungen und Ergänzungen.

Schöch, Strafzumessungspraxis und Verkehrsdelinquenz. Kriminologische Aspekte der Strafzumessung am Beispiel einer empirischen Untersuchung zur Trunkenheit im Verkehr, Stuttgart, 1973.

引注形式: Schöch, Strafzumessungspraxis und Verkehrsdelinquenz.

Ukena, Die Unterbringung in einem psychiatrischen Krankenhaus, Frankfurt, 1991.

引注形式: Ukena, Unterbringung in einem psychiatrischen Krankenhaus.

Welzel, Das Deutsche Strafrecht, Berlin, 11. Aufl. , 1969.

引注形式: Welzel, Deutsche Strafrecht.

5. 德文期刊论文

Athen, Möglichkeiten und Grenzen der Behandlung von Alkoholkranken imMaßregelvollzug, Monatsschriftfür Kriminologie und Strafrechtsreform, 1989.

引注形式: Athen, Behandlung von Alkoholkranken.

Birkmeyer, Die Strafgesetzgebung in rechtsvergleichender Darstellung, Zeitschrift für diegesamte Strafrechtswissenschaft, 1896.

引注形式: Birkmeyer, Strafgesetzgebung in rechtsvergleichender Darstellung.

Dessecker, Gefährlichkeit und Verhältnismäßigkeit: Eine Untersuchung zum Maßregelrecht, Berlin, 2008.

引注形式: Dessecker, Gefährlichkeit und Verhältnismäßigkeit.

Eisenbart, Gekrönte Preisschrift über die Frage: Inwiefem läßt sich eine außerordentliche Strafe, welche nicht als bloßes Sicherungsmittel, sondern als eigentliche Strafe erkannt wird, rechtfertigen?, in: Klein, Archiv des Criminalrechts, Berlin, 1801.

引注形式: Eisenbart, Gekrönte Preisschrift über die Frage.

Frisch, Die Maßregeln der Besserung und Sicherung im strafrechtlichen Rechtsfolgensystem, Zeitschrift für die gesamte Strafrechtswissenschaft, 1990.

引注形式: Frisch, Maßregeln der Besserung und Sicherung im strafrechtlichen Rechtsfolgensystem.

Hippel, Vorentwurf, Schulenstreitund Strafzwecke, Zeitschrift für diegesamte Strafrechtswissenschaft, 1910.

引注形式: Hippel, Vorentwurf, Schulenstreit und Strafzwecke.

Laubenthal, Die Renaissance der Sicherungsverwahrung, Zeitschrift für die gesamteStrafrechtswissenschaft, 2004.

引注形式: Laubenthal, Renaissance der Sicherungsverwahrung.

Leygraf, Alkoholabhängige Straftäter: Zur Problematik der Unterbringung nach § 64 StGB, Fortschritte der Neurologie und Psychiatrie, 1987.

引注形式: Leygraf, Alkoholabhängige Straftäter.

Kahl, Gegenentwurf zum Vorentwurf eines deutschen Strafgesetz- buchs. Deutsche Juristen Zeitung, 1911.

引注形式: Kahl, Gegenentwurf.

Müller-Dietz, Unterbringung in der Entziehungsanstalt und Verfassung, Juris- tische Rundschau, 1995.

引注形式: Müller-Dietz, Unterbringung in der Entziehungsanstalt.

Pfeiffer/Windzio/Kleimann, Die Medien, das Böse und wir: Zu den Aus- wirkungen der Mediennutzung auf Kriminalitätswahrnehmung, Strafbedürfnisse und Kriminalpolitik, Monatsschrift für Kriminologie und Strafrechtsreform, 2004.

引注形式: Pfeiffer/Windzio/Kleimann, Auswirkungen der Mediennutzung.

Schneider, Die Kriminalprognose bei der nachträglichen Sicherungsverwahr- ung—An den Grenzen der klinischen Kriminologie, Strafverteidiger, 2006.

引注形式: Schneider, Kriminalprognose.

Schöch, Bewährungshilfe und Führungsaufsicht in der Strafrechtspflege, Neue Zeitschrift für Strafrecht, 1992.

引注形式: Schöch, Bewährungshilfe und Führungsaufsicht.

Schwind, Zur Zukunft der Sozialtherapeutischen Anstalt, Neue Zeitschrift fürStrafrecht, 1981.

引注形式: Schwind, Zukunft der Sozialtherapeutischen Anstalt.

Stooss, Welche Anforderungen stellt die Kriminalpolitik an ein eidgenössisches Strafgesetzbuch?, Zeitschrift für Schweizer Strafrecht, 1891.

引注形式: Stooss, Eidgenössisches Strafgesetzbuch.

6. 德文立法文件

BT Drucks. 16/1110.

BT-Drucks. 16/1344.

BT-Drucks. 16/1993.

BT-Drucks. 16/5137.

7. 德文司法判例

BGHSt 3, 340.

BGHSt7, 165.

BGHSt18, 167.

BGHSt 22, 385.

BGHSt 24, 134.

BGHSt 24, 245.

BGHSt 26, 154.

BGHSt 27, 166.

BGHSt 27, 246.

BGHSt 30, 222.

BGHSt31, 132.

BGHSt 42, 385.

BGHSt 50, 126.

BGHSt 50, 381.

BGHSt 51, 188.

BGHSt 51, 199.

BGHSt 52, 36.

BGHSt 52, 226.

BGH NStZ 1981, 390.

BGH NStZ1983, 168.

BGH NStZ 1988, 176.

BGH NStZ 1988, 496.

BGHNStZ 1991, 183.

BGH NStZ 1991, 528.

BGH NStZ 1992, 178.

BGH NStZ 1993, 78.

BGH NStZ 1994, 30.

BGH NStZ 1994, 280.

BGH NStZ 1995, 124.

BGH NStZ 1995, 228.

BGH NStZ1995, 284.

BGH NStZ 1998, 407.

BGH NStZ 2008, 335.

BGH NJW 1972, 834.

BGH NJW 1976, 1949.

BGH StV 1989, 388.

BGH StV 1993, 302.

BGH StV 1994, 76.

BGHSt（GS）50, 93.

BVerfGE7, 198.

BVerfGE55, 28.

BVerfGE 70, 313.

BVerfGE 85, 134.

BVerfGE 91, 27.

BVerfGE 109, 190.

BVerfG NJW 1995, 775.

BVerfG NJW 1995, 1081.

BVerfG NJW 1995, 2406.

BayObLG NJW 1957, 958.

OLG Hamburg NJW 1970, 1933.

OLG Karlsruhe NJW 1974, 1390.

OLG Stuttgart NStZ 1987, 142.

OLG Hamm NStZ 1987, 44.

OLG Karlsruhe NStZ 1999, 37.

LG Celle NStZ 1990, 453.